听王荣生教授评课

（2021年版）

王荣生◎著

中国轻工业出版社

图书在版编目（CIP）数据

听王荣生教授评课：2021年版／王荣生著. —北京：中国轻工业出版社，2021.4（2025.1重印）

ISBN 978-7-5184-3313-1

Ⅰ. ①听… Ⅱ. ①王… Ⅲ. ①中学语文课－教学研究 Ⅳ. ①G633.302

中国版本图书馆CIP数据核字（2020）第247900号

责任编辑：牟　聪　吴　红　　责任终审：腾炎福
策划编辑：吴　红　　责任校对：刘志颖　　责任监印：吴维斌

出版发行：中国轻工业出版社（北京鲁谷东街5号，邮编：100040）
印　　刷：三河市鑫金马印装有限公司
经　　销：各地新华书店
版　　次：2025年1月第1版第7次印刷
开　　本：787×1092　1/16　印张：16
字　　数：207千字
印　　数：16001—19000
书　　号：ISBN 978-7-5184-3313-1　定价：52.00元
读者热线：010-65181109
发行电话：010-85119832　010-85119912
网　　址：http://www.chlip.com.cn　http://www.wqedu.com
电子信箱：1012305542@qq.com

242059Y1C107ZBW

前　言

课例研究，既是语文教学研究的一个领域，也是语文教学研究的一种方法。

研究表明，我国语文教学的问题和困难，主要出在教学内容上，而不仅仅是教学方法上。有鉴于此，我力主从教学内容角度观课评教。

本书是我从教学内容角度观课评教的实践，分“名课研习”“名课研讨”“课例评析”“课例兼评”四个板块。为了便于交流，所评议的课，均附录课例及课文。

上述四个板块，可以看成是从教学内容角度观课评教的四种样式：

- “名课研习”——细致解析优秀语文教师的名课，供语文教师研习。
- “名课研讨”——由一堂课延伸，研讨执教者在理论和实践上的某种主张，讨论其对语文课程与教学的意义。
- “课例评析”——评议比较典型的课例，从学理上分析语文教学中普遍存在的问题并提出改进建议。
- “课例兼评”——分析语文教学的某种现象，兼及对一些课例的评议。

在我看来，观课评教是一种教学研究的活动，目的是谋求语文教学的改善。而研究，必得面对问题，必须正视问题。在“课例评析”“课例兼评”中，我对一些课例进行了批评，需要郑重声明的是：这些批评不是针对教师个人的。我在许多场合反复说过这样的话：

“我国语文课程与教学内容的问题，表现在课堂教学方面，是集团性地、长时期地、大面积地出现教学内容的不正确、不合适。认识语文教学的问题，应该树立这样一个原则：语文教师在课堂教学中出现的集团性问题乃至错误，一定不是教师个体的素质问题，一定是语文课程研制、语文教材编制上的问题乃至错误。”

正因为问题乃至错误是集团性的、长时期的、大面积的，所以从教学内容角度观课评教才有其必要性，才有其意义。事实上，我所批评的那些课，其执教教师都很优秀；唯其优秀，才把他们当作承受批评的“替罪羊”，尽管这样做，我也于心不忍。

在“名课研习”和“名课研讨”中，我也对一些课例及执教教师在理论和实践上的主张提出了异议。这些异议只是一种角度的认识，只代表一种看法，既与执教者研讨，也供广大教师参考。

希望这本书能对语文课程与教学的改革，对语文课堂教学的改善，对中小学语文教师的专业发展，起到积极的作用；也希望“名课研习”“名课研讨”“课例评析”“课例兼评”这些样式，能为提高语文课观课评教的专业水准做一点贡献。

感谢华东师范大学出版社，本书忝列“大夏书系”，初版于 2007—2020 年已重印 25 次。连续重印，表明本书对语文教师仍有参考价值。

但毕竟时隔多年，原书的有些内容或已时过境迁，而我新近所做的一些课例研究也有增补的必要。鉴于本书所签订的版权期限已过，曾向华东师范大学出版社有关编辑询问修订事宜，但未获肯定答复。今年年初，吴红编辑提议我将于中国轻工业出版社出版的另一本著作《阅读教学设计的要诀》修订再版，于是索性将评课这本书的修订版也一并交付吴红编辑打理。

本次修订再版，删去了原书中的“课例综述”这一版块的内容，其他版块的内容也有一些增删或修改。

新增的内容有三篇：一是《帮助、指导学生打开审美的窗户——曹勇军老师〈最后的常春藤叶〉研习》，曾发表于《语文教学通讯（高中刊）》2018 年第 2 期，人大复印报刊资料《高中语文教与学》2018 年第 8 期转载。二是《小学低段教学的问题与改进建议——〈一分钟〉〈肥皂泡〉课例评析》，是我在两次教研活动现场评课基础上的改写稿，弥补了原书中对小学低段教学关注不够的缺陷。三是《阅读教学要走向高层次的理解——评一次教研活动的几堂课》，主要内容曾以“当前阅读教学的问题在哪里——广西观课印象及讨论”为题发表于《语文学习》2012 年第 3 期，人大复印报刊资料《初中语文教与学》2012 年第 6 期转载。

修订再版，对于书名颇有些犹豫。我曾在某处说明过原书的书名来历：吴法源先生早先在华东师范大学出版社策划了颇具影响力的“大夏书系”，我的专著《听王荣生教授评课》就是当年他策划拟组编的“大学教授评课系列”中的一本，后来其他几位本已应允的教授受手头事务牵制，“临阵脱逃”，撂下我这孤零零的一本。这样，书名就显得有些怪模怪样了，以致有人拿此说事，批评“有个叫王荣生的人，写了一本叫‘听王荣生教授评课’的书”。其实，这一书名我并未受益，在所谓的高校科研评估体系中，这样书名的书是不被当作学术著作的，因而不算科研分，也不可能有机会参与科研成果的评审。

修订再版，就有更改书名的机会了。吴红编辑也帮着我想了好几个备选的新书名。但我思前想后，还是觉得维持原书名为好。一来，更改书名可能有误导之嫌，恐怕有一些购过本书的老师以为是一本新著而误购；二来，这本书的书名好像许多读者已经见怪不怪了，似乎还叫得比较顺口。据悉有公益机构带着 2000 多名小学语文教师共读此书，如果市面上突然找不见这本书了，恐怕会给愿意读这本书的老师造成一些不必要的困扰。于是还是将书名确定为“听王荣生教授评课”，只是在书名中加了一个“(2021 年版)”的标注，表明这是一本修订再版的书。

上海师范大学教育学院　王荣生

2020 年 8 月 1 日

目　　录

导言：从教学内容角度观课评教

（一）什么是从教学内容角度观课评教

观课评教的角度，因各种不同的目的而有所不同。但语文教学观课评教的习俗角度，是教学方法：着眼于教师，着眼于“怎么教”，着眼于教师的教学技巧、教学艺术、教学风采；讲究的是上课如何精致、如何精彩，这在公开课、观摩课、评比课中表现得尤为突出。语文教师的课堂教学研究，也被鼓励从教学方法上着力，讲究教学过程，探求各种各样的“教学模式”。怎样的一堂课才算好课？许多教师在考虑这个问题的时候，心中想的是“怎么教”的方法问题，先怎么教、再怎么教、后怎么教。随着新课程的推进，观课评教的角度上升到了“教学理念”层面，而理念的落实处，往往也被理解为教学方法——主张平等对话、体现探究学习等。在许多教师和评课专家的心目中，一切似乎都仅仅是教学方法的改革。建构主义的引进，使我们观课评教的立足点，从教师的“教”逐渐转移到学生的“学”，这是一个很大的进步；但在实践操作中，所提出的“学生活动”“课堂气氛”“教学效果”等指标，在很大程度上又将观课评教的角度还原为教师的教学方法。

教学方法是重要的，体现先进理念的教学方法应该被大力张扬。然而对教学方法的努力，是为了更有效地实现教学内容。先进的理念首先关乎教学内容，首先要落实到“教什么”上。教学内容与教学方法是两个侧面，观课评教的角度既可以从先怎么教、再怎么教、后怎么教的角度去考察，也可以从先教什么、再教什么、后教什么的角度来审视；既可以侧重于教学方法，也可以侧重于教学内容。在目前的情况下，对语文教学来说，我们以为教学内容更为重要、更为关键。一堂语文课，如果教学内容有问题，或者只有在考试的试卷上才有用，那么教师的教学再精致、再精彩，课堂的气氛再热烈、再活跃，价值都极为有限。

在评价一堂课的教学方法好不好之前，首先要考察它的教学内容对不对；在感受课堂教学的活跃气氛后，更要关心学生是不是驻留了与教学内容相应的语文体验；我们还很有必要关注语文课程目标的有效达成问题。从教学内容角度观课评教，也就是审视、反思这堂课教师教了什么，进而探询、体察学生所驻留的学习经验，并考察教学内容与语文课程目标的关联及其程度。

（二）怎么理解“教学方法”

教学方法与语文教学方法，是一般与特殊的关系；讨论语文教学方法，理应先弄明白“什么是教学方法”。然而对于“教学方法”的定义，学术界分歧颇多；对于教学方法的分类，方案也各式各样。[1] 为了直奔本文所设定的主题，我们姑且回避如何定义教学方法的问题，而换一个“怎么理解教学方法”的角度来展开讨论。

参考黄甫全[2] 等人的论述，我们将教学方法大致地分解为四个层面（见图 1）。

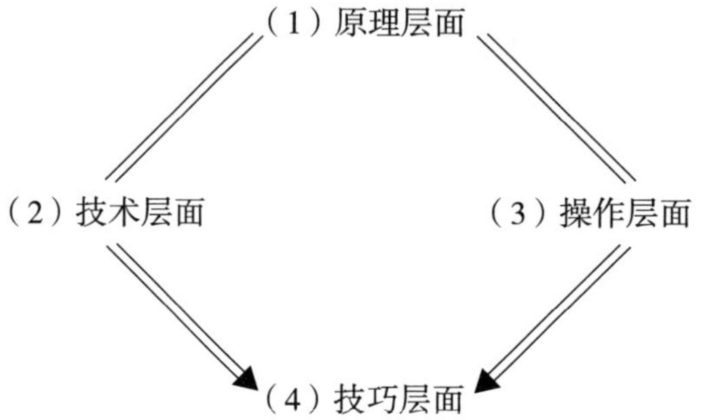

图 1　一堂具体的语文课

（1）教学方法的原理层面，或者叫“教学方法观”。教学方法观，体现了一种特定的教学理念，比如启发式教学法、接受式教学法、发现式教学法、对话式教学法、设计教学法、无指导教学法等。“它们不具有操作性，不能直接运用于学校各科的教学之中，而是通过影响教学主体的思想、观念，渗透到各科具体教学的设计和实施中。”[3]

在这一层面上所谈论的教学方法，有两个特点：第一，是“纲领性”的，主张一种“好”方法，并且只看重它的“好”，同时假设所有的“好”都能够被所有人完全实现；或者贬斥一种“坏”方法，并且只看到它的“坏”，同时推论所有的“坏”都是由方法本身所造成的。两种不同的教学方法，有价值取向或范式之争，因而也往往相互排斥。第二，是“抽象性”的，是对一种教学方法从原理的高度、从普遍适用的广度所做的价值判断。一种教学方法如果“好”，那么应该对所有的科目来说都是“好”，而不仅仅限于语文教学；如果是“坏”，那么对所有的科目来

[1] 李定仁，等. 教学论研究二十年［M］. 北京：人民教育出版社，2001：198-232.

[2] 黄甫全，等. 现代教学论学程［M］. 北京：教育科学出版社，2003：314-315.

[3] 黄甫全，等. 现代教学论学程［M］. 北京：教育科学出版社，2003：315.

说都是“坏”，语文教学自然也包括在内。

（2）教学方法的技术层面，或者叫“教学策略”。教学策略，落实在教学的行为和手段上，有各种各样的分类法。比如施良方等人按“课堂教学准备策略”“主要教学行为策略”“辅助教学行为策略”“课堂管理行为策略”四个方面将教学方法分门别类。[1] 多数研究者则采取列举的方式，列举出诸如讲授法、谈话法、演示法、参观法、练习法、讨论法、读书指导法等。这些分门别类或者列举，与上一层面的观照，往往取不同的名称，但对两层之间究竟是何种关系，目前语焉不详。比如上面所说的对话式教学法与这里所列举的讨论法之间的关系问题。

在这一层面上所谈论的教学方法，也有两个特点：第一，从理论上讲，是“中介性”的。它们上受教学方法观的指导，下具与学校不同科目的教学内容相结合的可能性，因而发挥着中介作用。第二，从实践上看，是“中立性”的。每种方法都有其优点和缺点，当一种教学方法被合适的人用于合适的地方并产生合适的效果时，它就有效，反之就是无效。换句话说，“好”或“坏”在这里并不被看成是方法本身的问题，而更多地取决于方法的使用者，几种方法之间往往也可以相互协调和配合。

（3）教学方法的操作层面，或者叫“学科具体教学法”。学科具体教学法，与特定的教学内容相聚合，它具有相对固定的教学程序，运用一些特定的教学方式和手段。比如语文科的课文题解方法、通过形声字来教识字的方法等。也正因为已经与特定的教学内容相聚合，所以从学习的角度讲，教师一经掌握即可操作应用，而不像对话式教学法等教学方法观需要具体地落实和体现，也不像讨论法等教学策略需要与具体的教学内容结合而加以转化。

在这一层面上所谈论的方法，要注意两个方面：第一，方法本身的合理与否。比如阅读教学法，过去通行“题解——作者介绍——背景介绍——分段——归纳段落大意——归纳写作特点”的教学套路，人们对方法本身的合理性就存有很大的疑惑。第二，方法使用的合适与否，也就是与教学内容的契合程度，比如朗读法用于说明文教学可能并不一定合适。

（4）教学方法的技巧层面，或者叫“教学技巧”。教学技巧，是教学方法在具体场合的运用，它融合了教学方法的技术层面（教学策略）与教学方法的操作层面（学科具体教学法），是教学方法的最终落实和实际呈现，因而体现出不同教师的个人色彩。优秀教师凭借其独特的教学经验、个性品质、能力修养以及教学机智等，能够使教学方法达到“教学艺术”的境界，有的还会形成独特的“教学风格”，或

[1] 施良方，等．教学理论：课堂教学的原理、策略与研究［M］．上海：华东师范大学出版社，1999.

者创立某种“教学流派”。

在教学方法的技巧层面，人们更关心的是教师的个体，更关心的是个体教师在课堂教学中的独创性以及所体现的魅力。从这个意义上说，教学方法的技巧层面不仅仅是技巧，也不仅仅是教学方法，它是一个教师在课堂里的一切。

教学方法的上述四个层面，在研究中、在教师培训时，是可以相对分离的；但在实际的教学中，“原理层面”要贯注在“技术层面”，要体现为“操作层面”，最后要通过“技巧层面”得以落实。一堂具体的课实际上是上述四个层面的融合与实现。

有三点需要特别提出：

第一，“原理层面”的方法与“技术层面”的方法，并不完全重叠，两个层面的教学方法也并不一定具有严格的对应关系。比如：启发式教学法，可能并不排斥讲授法；接受式教学法，往往也要借助于讨论法。

第二，教学理念既体现为教学方法的技术层面（教学策略），也体现为教学方法的操作层面（学科具体教学法）。这两个层面，在我们看来是平行、贯通的，对它们的区分是在理智上进行的，主要是着眼的角度不同——如果从各科通用的角度着眼，那么可能更关心技术（教学策略）的一面；如果从语文教学的角度着眼，那么更关心的则是操作（学科具体教学法）的一面。或者这样说，技术层面（教学策略）是操作层面（学科具体教学法）的提纯和抽象，因为在事实上并不存在离开具体科目、离开特定教学内容的教学方法。

第三，如果排除对教师个体因素的考虑，包括教师对“教学策略”的掌握程度和“教学技巧”的具体表现，那么语文教学研究应该更关注教学方法的操作层面，即与语文教学内容相聚合的教学方法，即语文教学的具体方法。从这个意义上讲，语文教学的具体方法是教学方法观（教学理念）的具体承载者。

（三）怎么理解“语文教学方法”

语文教学方法，指的是语文教学的具体方法。语文教学的具体方法，大大小小、林林总总；但许多方法在实际的教学中并不是散乱杂呈的。它们按教学的课堂活动顺序聚合，体现为教学的步骤。比如国外早期的“讲学”法，分为 9 个步骤[1]：①教师朗读所选文章；②用慢速度重读一遍，让学生记下要点；③讲解文章大

[1] 中央教育科学研究所比较教育研究室．简明国际教育百科全书·教学（下）[M]．北京：教育科学出版社，1997：296．

意；④逐字分析；⑤联系其他学科进行分析；⑥让学生记忆课文；⑦布置班长检查每一个学生背诵这段课文是否正确；⑧引导学生就文章大意进行讨论；⑨奖励优秀学生。在这个例子中，有朗读，有讲解，有分析，有指导学生记忆，有引导学生讨论等，每一项还有各式各样的小方法，它们聚合、统一在“步骤”这个大框架、大方法里。

“将教学看作一种课堂活动的顺序，这似乎是很自然的。”[1] 事实上，语文教学研究中所讲的语文教学方法，很多时候说的就是这个“课堂活动的顺序”，比如钱梦龙老师的“导读法”、魏书生老师的“六步教学法”等。

然而，正如 G. J. 波斯纳所指出的：“要这样全面地解释教学，还必须至少看到教学活动的两项维量，也就是活动顺序的两项维量。课堂活动可以指师生的课堂活动，也可以指活动的内容。因此，教学活动顺序既可以从师生活动相互作用的形式（指他们在课堂上做什么），也可以从活动的实质内容来描述。前者一般称为‘教学方法’或‘方式’，后者称作‘学科内容’‘课程’或‘教学内容’。”[2] 也就是说，“教学方法”维量与“教学内容”维量是一件事情的两面；从教学方法角度概括的“步骤”，其实也就是教学内容的安排。事实上，语文教师在教案的“教学步骤与方法”或“教学环节”栏目里，所陈述的就是教学内容的安排次序；有的虽然只写出教学步骤，但那是因为对教学内容的熟悉或自以为熟悉而将其隐含、预设在教学步骤之中。

也就是说，对语文教学方法，可以做出两种描述。一种侧重在教学方法上，以“先用什么方法，再用什么方法，后用什么方法”或者“先怎么教学，再怎么教学，后怎么教学”这种方式描述。一种侧重在教学内容上，以“先教学什么，再教学什么，后教学什么”这种方式描述。下面以一位老师的《读碑》教案为例，对其前两个教学环节分别描述如下：

侧重在教学方法上	侧重在教学内容上
一、揭示课题	一、学生朗读课题（《读碑》）。
二、预习反馈	二、检查生字新语、朗读和预习题，学生畅所欲言。

[1] 中央教育科学研究所比较教育研究室．简明国际教育百科全书·教学（下）[M]．北京：教育科学出版社，1997：295．

[2] 中央教育科学研究所比较教育研究室．简明国际教育百科全书·教学（下）[M]．北京：教育科学出版社，1997：295．

教案制作和教学实录，往往是上述两个维量的综合。《读碑》的实际教案是：

一、揭示课题——学生朗读课题。

二、预习反馈——检查生字新语、朗读和预习题，学生畅所欲言。

三、出示自读要求（在朗读中思考）：

1. 朗读：自由朗读全文。

2. 思考：作者读碑的感受。

3. 圈画：有关的词语。

4. 记录：自己对此的思考。

5. 朗读：融入自己的见解，将语句朗读给学生听。

四、学生自学，教师巡视。

五、全班交流（中间穿插对句子的朗读）（在思考中朗读）：

1. “彼苍天者，此碑丰哉 / 丰碑千丈”——学生交流对此句的理解；个别朗读；男生齐读（“自豪”“雄浑”）。

2. 出示课件：课文第 13 节，学生交流对此小节的理解；个别朗读；全班齐读（“悲壮”“豪迈”“富有气势”/ 对长句朗读时停顿的指导）。

3. 其他语句：学生交流——说出自己的感受，读一读。

六、小结：刚才同学们通过朗读、思考、圈画、记录、再朗读这样的步骤学习了课文。通过学习我们体会到，作者由于读了南泥湾的九龙泉烈士纪念碑，而加深了他对人民英雄纪念碑的理解与认识。从原来的壮观、庄严、肃穆中体会到了悲壮感和使命感。这也让我们更深切地了解了，在那战斗的岁月中，有多少中华儿女为了祖国的解放事业奉献了美好的青春和宝贵的生命。

七、再点题：

1. 作者为什么要“读碑”？（学生思考回答）

2. 出示课件：“读历史也需要注释，碑就是历史的一条极好的注释。”

3. 齐读课文，教师范读第 1、6、10、14、16 小节。

4. 出示作业（探究课题）：读碑需要注释，读____也需要注释。在查阅资料的基础上，以此为主题写 300 字左右的文章。

现在的问题是，在语文教学研究中对教学方法采用哪个维量、哪种方式来描述更好？

这个问题，实际上是问：

（1）在教学内容与教学方法这两方面，何为主导？

（2）在语文教学研究中，采用哪个维量来描述更为有利？

（四）为什么主张从教学内容入手

关于两方面何为主导的问题，答案几乎是不言自明的，当然是以教学内容为主导。前面讲到，谈论教学方法的操作层面，要注意“方法本身的合理与否”和“方法使用的合适与否”。合理与否、合适与否，主要就是从教学内容的角度来讲的。“是教学目的和内容‘选择’方法，而不是其相反”[1]，巴班斯基早就这样说过。

关于采用哪个维量来描述语文教学方法，我们主张从教学内容的角度，而反对单从教学方法的角度观照教学方法。也就是说，主张用“先教学什么，再教学什么，后教学什么”这样的方式来讨论语文教学，而不主张“先用什么方法，再用什么方法，后用什么方法”那种方式。

之所以这样主张，有诸多的理由。下面只从两个方面稍加展开。

1. 有利于反映语文教学的实际情况

语文教学目前仍然是以文选型的课文教学为主，针对同一篇选文，不同的教师实际上是在教着有所区别的内容。下面是初中的一篇课文《狼》的六个教例。

教例一 ①学生自由竞读课文，理解文意。②教师教给朗读的方法——分层背读法。③学生进行读法实践，演读全篇课文。④教师再教给一种朗读的方法——表现情景法。⑤学生再进行读法实践。⑥运用各种形式竞读、竞背课文。

教例二 ①学法之一介绍：成语印证法。②学法实践，学生分组活动找成语。③学法之二介绍：辨析一词多义。④学法实践，学生从课文中找出十几组同义词、近义词。⑤进行词义理解的分类整理。

教例三 ①引导学生朗读课文。②教师提出三个问题，请同学们讨论：a.“故事紧张曲折”的例子；b.“语言简洁生动”的表现；c.“狼”的狡诈的表现。③同学们自选问题进行准备，争取发言。④组织小小组、小组、全班三个层次的发言。⑤学生自读课文，教师提出“请同学们对课文添枝加叶”的思考要求。⑥同学们分小组“创编故事”。⑦“添枝加叶”讲故事。

教例四 ①教师范读课文，每读一段，学生就配读课文中编者写好的对课文的评点。②学生读课文，每读一段，教师也配读课文中的评点。③教师讲解“评点式

[1] 巴班斯基. 中学教学方法的选择［M］. 张定璋，高文，译. 北京：教育科学出版社，2001：3.

阅读”的方法。要求同学们从用词造句、人物形象、故事情节、性格特点、故事波澜等各方面对课文的各段进行分析、评点。④学生分组、分任务进行课文评点，教师组织交流。⑤互读互“评”。

教例五 ①导入，播放短的动物卡通录像片。②指导学生熟读课文，理解情节、人物。③同学们编写课本剧。④交流与评价。

教例六 ①熟读课文。②同学们自编课内百字小练习，以两人小组为单位进行自测。③再读课文。④教师发课堂智能练习——解释词义、理解句义、阅读语段。学生做练习，教师组织评讲。

同一篇课文，有教朗读方法的，有教词语理解方法的，有教点评方法的，有教分析故事情节的，有教续编故事的；如果再收集一些教例，可以肯定，还有教师在教其他内容。语文教学方法的选择随着教学内容而转移，同一篇课文的不同教法，往往意味着教学内容有所不同。我们以为，对语文教学方法的讨论，如果不从教学内容的角度切入而单从教学方法着眼，就无从说明教学方法的不同之处，也无从判断那些教学方法的合理与否、合适与否。

2. 有利于更妥帖地解释语文教学实践

以小学语文特级教师支玉恒执教的《只有一个地球》和一位教研员的评课文字[1]为例。《只有一个地球》共两个课时，其教学过程简述如下。

一、题解。

1. 围绕“地球”的讨论。（让学生认识到地球是我们生活的地方）

2. 围绕“只有一个”的讨论。（让学生理解只有地球能够养育生命）

二、朗读课文。（采用“朗读权竞争”的方法）

三、转入学生默读，并让学生“猜”教师要问的一个问题。（在这一段里，教师的表演相当精彩）

四、教师提出没有被学生猜中的“一个问题”：“读了这篇课文，你心里是什么滋味？”——“酸甜苦辣，你是哪一味？”

五、学生谈“味”，并朗读课文中相应的语句，力图将“味”表现出来。学生分别提到苦、酸、甜（由甜变苦）等，之后教师边范读边指导。

六、让学生就课文的五个方面内容（段落），分别写一个“抒情的句子”。教师

---

[1] 支玉恒. 支玉恒阅读习作典型课例全辑［M］. 北京：中国文联出版社，2003：593-610.

示范："啊！美丽的一叶扁舟！"

七、逐次讨论学生写的"抒情的句子"。采用"发表权竞标"的方法，每一个方面的内容竞选出写得最好的两句"发表"在黑板上。

八、教师通过适当的增删、调序，将黑板上的十个"抒情的句子""变成一段小小的散文"。

九、组织以环境保护为主题的"实话实说"节目。教师为主持人，学生分别扮演环保局局长、生物学家、地质学家、女宇航员、"破坏过环境"的公司老板。

在《支玉恒阅读习作典型课例全辑》中，课例后附有一位教研员的"简评"，其要点如下：

一、指出整个教学设计的突出优点——三大步骤的粗放设计（①在多读的基础上请学生自由发表个人读书后的内心感受；②给课文五个方面的内容各写一个抒情的句子，并经板书整理后，形成一篇小的散文；③进行一个针对"保护地球环境"，联系课内外知识的"实话实说"节目），并从"理念"的高度加以表彰。

二、谈"应该给予我们"的启发。（①多读；②进行情感教育；③有效地进行"读写结合"）

三、从四个方面表彰"实话实说"仿拟节目。（①是一次非常切实的口语交际训练；②非常自然有效地联结了课内外知识；③培养学生运用已有知识解决问题的能力；④生动有趣、涉及广泛，极大地调动了学生的学习积极性和参与热忱）

四、赞扬支老师不失时机地对学生进行了多种心理品质的启导，并赞叹"支老师的课程设计线条虽粗大，但他的心思却缜密如发，课堂反应之快，令人难以企及"。

上述简评发表在"支玉恒著"的《支玉恒阅读习作典型课例全辑》中，想必支老师对此是赞同的。其中有些文字，可能还出于支老师的口授，比如："谈到感情，支老师认为《只有一个地球》虽然是一篇说明性的文章，但它与一般说明文、知识小品不同的是，本课有丰富的情感因素，教学中也应充分地引导学生进行情感体验。"

与时下流行的评课一样，上述"简评"的着眼点也在教学方法。但又不是对语文教学具体方法的研讨，而是以教学方法为抓手，志趣在上（教学方法的原理层面）下（教学方法的技巧层面）两头：联上，挖掘其体现或被认为体现了的"理念"；联下，展示其实现或被认为实现了的效果，而效果又被归结为教师个人化的教学艺术。

比如对“三大步骤的粗放设计”，“简评”云：“如此粗线条的教学设计，为教师和学生在课堂上的学习、探究、讨论、发表见解等，开辟了巨大的空间”“学生在这样的情境中学习，可以自由地、自主地驰骋想象，尽情地表现自我，展示个性”“这样的教学，实现了真正的‘以学定教’，彻底扭转了过去‘学生配合教师’的不合理现象，使学生真正成为课堂学习的主人，从而根本改变了学生的学习方式”。

这样的评课，更像是对优秀成果的鉴定和表彰。但我们认为，如果公开课所要达到的目的就是证明某教师的教学“好”和“妙”，那么意义就很有限。

对教案与课例进行研究，关键是做学理的阐释，要在除去教师个人因素之后揭示出一堂课的“何以好”或者“何以不好”。这样广大教师才能从中有所学习、有所借鉴，优秀教师个人的成功经验才能转化为语文教学的公共财富。而做学理的阐释，从教学内容的角度观照，可能要比单从教学方法的角度着眼更有作为。

《只有一个地球》确是一堂成功的课。而成功的要诀，在我们看来，在于教师把握住了适宜的教学内容。具体来说是两个方面：一是引导学生体验被课文唤起的情感，二是指导学生将所体验到的情感表现为“抒情的句子”。

支老师对该课文的文体，在理解上应该说是“错误”的。说一篇文章是说明性的，又说它具有丰富的情感，这显然不通。但支老师认为该课文“有丰富的情感因素”，在语感把握上是正确的。《只有一个地球》其实不是说明文，而是类似于国外所通行的“公共演讲”[1]，它是一篇劝说性的文章。劝说性文章，往往诉诸听者、读者的情感，通过包含感情的事实陈述唤起听者、读者的情感认同，从而达到说服的目的。让听者、读者感受悲、愤、忧、喜，正是《只有一个地球》所要达到的效果；体验被课文唤起的情感，正是阅读或聆听《只有一个地球》的正确方式；将情感体验还归到文章的相应言辞，正是感悟言语表达的正确方式。支老师的这堂课抓住了这些要素，或者说，在我们语文知识尚很不充足的情况下，他聪明地“生产”出了合宜的教学内容。不仅如此，他还聪明地感觉到，将蕴蓄于内心的情感用言辞固定、力求用恰当的语句将它表达出来，正是写作的自然样式，因而也是指导写作的正途。

上述两方面，是这堂课成功的关键，也可以被转化为语文教学的公共财富。换句话说，《只有一个地球》的阅读课，再扩大一点，说服性演讲的听读教学、劝说性文章的阅读理解，要抓住情感体验这个主要的教学内容；而写作教学，应该致力于指导学生准确地表达所蕴蓄的情感。如果要学习这堂课，我们以为，主要应该学

[1] 卢卡斯．演讲的艺术［M］．李斯，译．海口：海南出版社，2002．

习这两方面。而一旦把学习的要点放在这两方面，也就是说，正确地把这两方面当作自己的教学内容，教师们会发现，教学方法的选择空间其实是无限的，完全不必拘泥于支老师教法的枝枝节节。

有些教师，津津乐道于支老师在这堂课里频频使用的“朗读权竞争”“发表权竞标”，其实这些方法是很个人化的，未必要学，也未必学得会。还有些教师，正如那位评课的教研员，对支老师的“实话实说”节目评价甚高，其实从教学内容合理性、合适性的角度看，那场“实话实说”并无多大必要。

大家知道，语文教学界有不少具有高超教学艺术的优秀教师，也涌现了许许多多种所谓的语文教学模式。尽管各种模式的宣传并不见少，尽管优秀教师马不停蹄地到处示课讲学，但是情况好像依然如故，普通教师的教学原来怎样，现在好像依然怎样。为什么优秀教师的经验不能推广呢？经常听到有人这样问。

其实不是经验不能推广，而是我们一直没有弄明白要推广的是什么经验。在我们看来，单从教学方法而论教学方法，而论教学艺术，而论教学风格，很可能我们永远也找不到那些要推广的、应该推广的、可以推广的经验。从这个意义上说，主张从教学内容的角度观照教学方法，就不仅仅是对一种研究方法的主张，它体现了我们对语文教学改革方向的认识，也意味着我们对“教学理念”的落实有与众不同的见解。

前文说过，教学理念要体现为教学方法的操作层面，即体现为语文教学的具体方法。现在我们可以这样说，体现为教学方法，实质是要求体现为教学内容。如果不把教学方法原理层面的理念转化为具体的教学内容，那么那些所倡导的“理念”，比如充分尊重学生的学习自主性等，在很大程度上就难以实现，至少在我们语文科是这样的。

（五）怎样从教学内容角度观课评教

1. 把握一堂好课的标准

观课评教的最直接目的，是对一堂语文课做质的评价，判断它是好课，还是坏课。从教学内容的角度，我们提出一堂语文“好课”的最低标准、较低标准、较高标准和理想标准。

最低标准

- 教师知道自己在教什么

（1）教师对所教内容有自觉的意识。

（2）所教的是“语文”的内容。

（3）教学内容相对集中。

按道理讲，一个教师上课，不会不知道自己在教什么，对所教的内容或多或少总该有些专业上的理据。但实际的情况并非如此。“不知道教什么”，是语文教师备课的最大困扰；“不知道教了什么”，是语文教师课后的普遍感受。从接触的大量课例看，我们的许多语文课，任课教师真的不知道自己在教什么，常常连“教参这么规定”“考试这么出题”这种极为勉强的理据都找不到、对不上。只看见师生在课堂里忙活，但师与生都不知道自己在忙些什么，这在语文课上是常有的现象，恐怕也是语文课所特有的现象。有鉴于此，我们把“教师对所教内容有自觉的意识”这一看起来有些怪异的条款，列为语文课“好课”的最底线。

有些语文课，教师讲解、运用多种资源，学生进行多种活动（包括时不时地“四人小组讨论”），师与生的“对话”频繁，教师似乎知道自己在教什么，有时还能说出一些道道来。但稍一考察，就可断定其所教的内容与“语文”的关联不大，对学生的听说读写不发生实质性的影响。“乱耕别人的田，荒了自己的地”，这可以说是许多语文课的真实写照，教师不知道自己在教什么，往往就表现为一堂课充斥着大量与“语文”关联不大甚至明显无关的东西。尽管对什么是“语文”、什么不是，“自己的地”与“别人的田”如何辨认、由谁划分，都需要做进一步的讨论，在课例研究中也需要具体问题具体分析，但在原则上，所教的是“语文”的内容，应该是语文课“好课”的底线。

教学内容少而精，本来是课堂教学的基本准则。但我们的语文课，一堂40分钟左右的课，通常是十几、二三十个内容，上课东碰一下、西摸一把，看起来什么都有，其结果却是什么也没有教、什么也教不会。比如一个小小的比喻，从小学一年级开始教，一直到高三的高考复习班还在教，结果是学生仍然学不会。12年语文课教不会一个比喻，只能有一种解释，那就是没教过——教师每次遇到比喻都要“讲”，但每次都是在同时要“教”二三十个内容的情况下点一下、晃一眼，或者50秒，或者1分钟，其结果等于从来没有教！对阅读教学来说，40分钟左右教数十个内容，势必是对课文的肢解，如果一堂语文课有十几、二三十个内容在教学，那么大致就可以断定这个教师不知道自己在教什么。教学内容相对集中，因而使学生学得相对透彻，也是语文课“好课”的底线。

较低标准

- 教学内容正确

（4）教学内容与听说读写的常态一致。

（5）教学内容与学术界认识一致。

首先要强调与常态的一致，即语文课所教的听说读写，其取向、其姿态、其方式，要与在生活、工作、学习中所需要的、所运用的相一致。常态的对立面是变态，如果我们所教的“语文”只有在考试试卷上才体现它的用处，甚至随语文考试的改进连在考试试卷上也用不上了，那么就是变态的“语文”。比如阅读小说，看到第一句，喔唷“开门见山”，看到人物出场，喔唷“肖像描写”，然后分析“从上写到下，从装饰写到面容”等，接着喔唷进入“动作描写”，又接着喔唷过渡到“心理描写”，最后喔唷“通过……表现了……赞美了……”。除了语文课，除了语文教师的备课，没有人这样读小说。教了一堆变态的东西，教了一堆语文教师除了“讲课”与“备课”外自己也从来不这样读、写、说话、聆听的“语文”，能说是一堂好课吗？能是我们所希望的语文课吗？

与学术界认识相一致，实际上就是与正确的专业知识相一致。应该说，目前的大多数语文教师都是高师院校中文系的毕业生，具备一定的专业知识，如果问的话，多数教师也能正确地说出这些知识。比如古代诗歌和现代诗歌有区别，唐诗和宋词有区别，浪漫主义诗歌与现实主义诗歌有区别，朦胧诗与校园诗有区别，这些多数教师是知道的。但在课堂教学中，从小学到高中，诗歌教学解题、作者介绍、背景介绍，然后是段意、主题、语言特色，教师“知道”的区别不见了，教学内容与一般文章也几乎没有多少差异，至多加一点押韵、音步以及意象的胡椒面。抒情散文“情景交融”人人都知道，小说是“虚构的”人人也都知道，议论文的关键是“问题分析”而不是观点的表态，这虽不是人人都知道，但好多教师也是明白的。那么，为什么要在黑板上列出某篇散文写了什么景，而抽空了黏在景上的情？为什么把小说中的故事当成日常事件来评说？为什么议论文只讲这观点如何对、如何好，只讲序论、本论、结论的“格式”？

与听说读写的常态一致，与学术界认识一致，实质是要求教师反思、审议在语文教学界“通行”的“语文知识”，要求教师不断地进行专业知识的进修学习，并体现为教学内容的除旧纳新。

较高标准

● 教学内容的现实化

（6）想教的内容与实际在教的内容一致。

（7）教的内容与学的内容趋向一致。

根据我的观察和分析，语文教师在想教什么与实际在教什么之间，普遍地存在着阻隔、矛盾，乃至对立、冲突。比如教师在主观上想教学生“如何感受和鉴赏抒情散文”，但实际在教的东西却是列出某篇散文写了什么景，浸透作者情感的“景”被当成似乎人人能见着的客观之物。比如教师在主观上想提高学生的小说鉴赏能力，但实际却是把小说中的故事当成日常事件进行评说，甚至猜测。比如教师意图培养学生亲近古典的态度，但实际上要求学生做的，却是毫无趣味地死记硬背——真的是死记硬背，要求默写出每一个标点！教师设计教案时一般要写“教学目标”，即“想教什么”，但在一堂课后，任课教师很少验证自己想教的是否真的教了。在过去的观课评教中，想教什么与在课堂里实际在教什么这种考察几乎完全被忽略了，不同的观课者往往按照各自的“想法”发表各自的“意见”，往往要求（建议）任课教师体现他原本就没有想过要教的东西，而忘记了该堂课的使命本来就应该是有效地实现该教师原本想教的内容。

想教什么与实际在教什么之间，在语文课上常会出现距离；而教师的教与学生的学之间，则会呈现出种种更为复杂的情况。教是为了帮助学生学，最终也要落实到学生的学，教与学虽不是单纯的传递关系，但两者趋向一致，教师的教与学生所驻留的经验具有明显的关联性，这对一堂好课无疑是基本的要求。但在过去的观课评教中，这也几乎完全被忽略了。长期以来，尤其是在公开课上，我们的观课评教没有把教师“想教什么”“实际在教什么”与学生“实际在学什么”勾连起来，学生在这堂课里究竟学的是什么，也很少作为课堂教学研究的主题，我们至今还没有系统地开发出探询学生驻留经验的方法。对学生在一堂堂语文课上学了什么，无论是任课教师，还是观课评教者，在很大程度上都是想当然，甚至自说自话，或者说些自己也未必相信的胡话。我多次建议老师，在一堂课后的隔一天，找五六个学生问一问，问问昨天的那堂语文课他们学了什么。如果没有猜错的话，五六个学生会给出五六种不同的说法，也就是说，对一堂具体的语文课学了哪些具体的内容，学生其实并不知晓。由于对这种奇怪的现象习以为常，学生可能还会惊讶地反问“语文课还要学具体的内容吗？”。那么，学不到具体内容的课，能算课吗？我们不知道学生实际学了什么，却说我们培养了学生的人文精神，提高了学生的语文素养，你相信吗？

理想标准

● 语文课程目标的有效达成

（8）教学内容与语文课程目标一致。

（9）教学内容切合学生的实际需要。

教学内容与语文课程目标一致，简单地说，就是要教“课程的语文”。语文课程之所以是语文课程，是因为课程与教学内容受目标规限、指引，是因为教学内容（教学目标）指向课程目标、旨在达成课程目标，而不是教师想教什么就教什么、教师能教什么就教什么。这本来是常识，但在语文课目前却只能作为“理想”来追求。原因是多方面的，比如语文课程目标的具体、明晰尚有待改进，语文课程内容研制落后乃至空缺，语文教材编制与教学实践严重脱节，考试与《语文课程标准》尚有较大的距离等。另一个重要的原因，就是我们错误地理解了语文教学中的“教师风格”或“教师个性”，把“课程的语文”演变成了“教师的语文”。

在语文教学内容这个含义上，“教师风格”或“教师个性”，指的是教师对语文教学内容的选择与创生，即在语文课程与教学内容研制严重落后的情况下语文教师对教学内容所做的创造性开发，或者说，是教师“实践性知识”的显现。显然这里有两面性。在语文课程与教学内容研制严重落后甚至空缺的情况下，应当鼓励教师的创造性开发；即使在课程与教学内容研制相当齐备的情况下，也应该大力张扬教师的“实践性知识”。“教师即课程”，无论是导向还是现实，我们都应该把这作为基点。但是，开发和张扬是有界的，语文教师并不能代替课程，或者篡改课程，基点的准星应该对牢语文课程目标的有效达成。因而对开发、创生的语文教学内容需要审议，因而语文教师的“实践性知识”需要反思。在观课评教中我们必须把某堂课在哪一点上实现或接近语文课程目标中的哪一条目标及其程度，放在极为重要的位置，否则语文课的“好课”很可能就会迷失方向。

另一方面，语文课程目标，从总体上看属于“能力目标”，或者叫“素养目标”。能力或素养目标，往往并不直接、具体地规限课程与教学内容，对期望学生达到结果的描述（即目标“是什么”）与为达成目标而选择的课程与教学内容（即“教什么”）之间，存在着种种较为复杂的关系。“耐心专注地倾听，能根据对方的话语、表情、手势等，理解对方的观点和意图”，达到这个目标该“教什么”，存在着多种选择的可能性和必要性，需要教师根据所教学生的具体情况来选择或研制合适的教学内容。针对不同的学生，选择或创生有所差异的语文教学内容，从而使他们逐步达成共同的课程目标，这是一堂语文“好课”的最高境界。

综上所述，从教学内容角度我们开发了评价一堂语文课的 9 级累进标准（见图 2）。

进行“连续性考察”

好课	是9	教学内容切合学生的实际需要	9否	坏课
	是8	教学内容与语文课程目标一致	8否	
	是7	教的内容与学的内容趋向一致	7否	
	是6	想教的内容与实际在教的内容一致	6否	
	是5	教学内容与学术界认识一致	5否	
	是4	教学内容与听说读写的常态一致	4否	
	是3	教学内容相对集中	3否	
	是2	所教的是“语文”的内容	2否	
	是1	教师对所教内容有自觉的意识	1否	

图 2　评价一堂语文课的 9 级累进标准

2. 进行“连续性考察”

上面所列的 9 级累进标准，适用于从教学内容角度来评价一堂语文课，包括连上两节的一堂课。但“好课”的进一步认定，还需要把它放置在与前一堂课和后一堂课、前一周和后一周，乃至前一学期和后一学期的关系之中。

大家知道，公开课、观摩课、评比课等，一般都是 40 分钟左右、相对孤立的一堂课，学生借班，名师执教。这样的课不能说没有意义，但毕竟与普通教师的日常教学有很大的不同。公开课等所强化的一些方面，也许对日常教学并无多大价值；而孤立地观评一堂课，又极容易遮蔽日常教学中极为重要的另一些方面。比如，注重“导入”，这对公开课等或许有其必要，但在日常的语文教学中，一般情况下教师只需交代“昨天学了什么，今天要学什么”即可，并不需要花费天大的心思这么来导、那么去导。而“昨天学了什么，今天要学什么”，这本来在语文教学中应该十分关注的教学内容连续性，在寄生于公开课的观课评教习俗中，却几乎被完全抛弃了。

语文教学内容的连续性，与过去一度所强调的“系统性”有联系，但不是一回事情。在“教教材”的氛围下，语文教学的“系统性”一度被理解为语文教材的“体系”问题，20 世纪后 20 年我国在语文教材方面的努力，集中地体现为所谓的“科学体系”（科学序列）构建，其主观意图之一，就是试图通过语文教科书的强势控制，以保证教学内容的连续性。但是近20年语文教材“科学体系”的追求，走进了误区，其理论是错误的，在语文课堂教学的实践中则遭受了很大的失败。

我在《评我国近百年来对语文教材问题的思考路向》一文中指出，所谓的语文教材“科学体系”，是对“教材无非就是一个例子”的极大误解：“在语文教材层面，在‘文选型’的框框内，在漠视作为课程内容的‘选文’与课程途径、手段之‘选文’的大分别情境中，人们苦苦地追寻所谓的语文教科书的‘科学体系’（主要是关于‘选文’的‘序列’）。长期以来，我们一直在必有选文、只能选（整篇的）‘文’，甚至只有这些‘选文’的前提下，一直在必讲‘知识’，只能‘讲’知识，甚至只有‘讲’这些‘知识’的条件里，来探求语文教科书的‘科学体系’。不但如此，我们还希望在文言与白话、在听说读写、在知识与能力、在内容与形式、在人文与工具，总之在所有现在乃至将来可能提出的种种方面，谋求融会兼顾。这似乎给自己提出了过于艰难的课题。”[1]

落实到课堂教学，语文教科书所构建的“科学体系”近乎虚妄。我国的语文教学，至今仍是单篇课文的教学。据我们调查[2]：63.89%的初中教师和100%的高中教师在教学中打乱教科书的编排次序，做整个单元的提前或推后；72.22%的初中教师和95.24%的高中教师在教学中打乱教科书的编排次序，做单篇课文的提前或推后。而提前或推后则几乎是任意的，往往只是某个教师个人性的“我以为”式的选择，缺乏语文课程与教学专业上的可靠理据。这在公开课、观摩课、评比课等方面尤为明显，选取某篇课文，任课教师可能有种种考虑，但其中显然缺乏语文教学内容连续性这一向度。有一次到学校听课，由于某种原因，比约定的时间晚了两周，教师上课后，我们提问“如果前两周来听课，您是不是上这篇课文？”，教师回答“是”。我们又问“如果比约定的时间提早两周来听课，您是不是也打算上这篇课文？”，教师还回答“是”。

我们认为，那位教师的回答是不可接受的。在课堂教学中近乎任意地对课文以及与此相关的教学内容提前或推后，对学生的语文学习可能具有严重的伤害性。语文教学界流行一种似是而非的说法，说语文教学不是程序化的“工业”，而接近于“农业”的方式。姑且不论单一类比这种研究方法上的简陋，即便“农业”，其实也不是全无章法、可以乱来的。农业依赖节气，在有些关节点上绝对马虎不得；农业讲究因时因地，有些时候也必须环环相扣。语文教学有规律，语文教学研究要探寻规律，在同一个学习领域，教学内容有相对的次第，在几个相关学习领域，彼此之

---

[1] 王荣生．评我国近百年来对语文教材问题的思考路向［J］．教育研究，2002（3）．

[2] 王荣生，许志先．语文教师教学内容选择的现状调查及分析［J］．语文学习，2005（1）．

间有联络，也要配合。

当然，这并不是要求回到所谓的语文教材“科学体系”。一方面，语文教材建设要把体现内容连续性的“结构”问题作为主课题之一，教科书要为语文课堂教学的内容连续性提供帮助，而不能因为以往的创伤而采取逃避的态度，放弃自己应尽的责任。另一方面，我们要认识到，语文教学内容的连续性并非存在于教科书的纸面上，而存在于活生生的课堂教学里，落实在具体的学生个体身上。换句话说，语文教学内容的连续性，是上述“理想标准”的连续，它建筑在“教学内容与语文课程目标一致”“教学内容切合学生的实际需要”的基础上，既依赖课程与教学内容的整体规划，又取决于语文教师根据学生具体情况随时的、现场的专业性决策，而且归根结底取决于教师的决策。

语文教学内容的连续性涉及许多复杂的因素，有一系列的问题需要我们正视并加以切实研究，比如语文课程某一项具体目标的分解和逐步达成问题，语文课程数项具体目标的关联和融合问题，语文教学内容的逐步扩展、深化、提高的问题，语文教学内容根据学生学习情况及时调整的问题等。从广大教师易于把握的角度，我们认为目前大致可以从以下两个方面着眼（见图 3）：①点与点的区隔，这一课的教学内容与那一课的教学内容有差别；②点与点的内在联系，在同一个学习领域或学习主题上，后一课的教学内容是前一课教学内容的延续、拓宽、提高或加深。

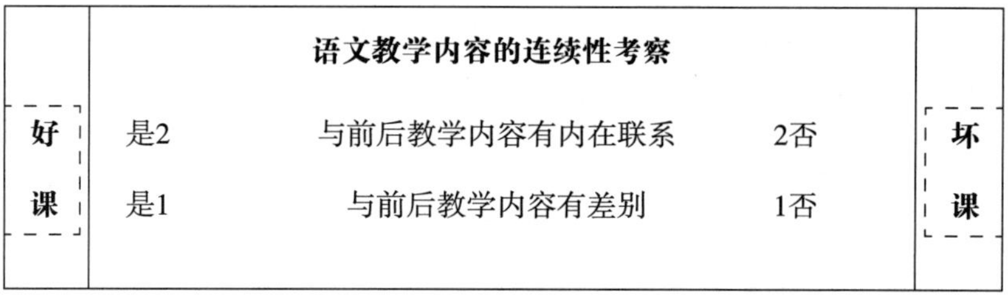

图 3　语文教学内容的连续性考察

有差异也就是不重复，至少不简单重复。与中小学其他学科相比，语文学科的课程内容、教材内容、教学内容有更为复杂的关系。比如阅读教学，教材内容的主体是“课文”（选文），一篇篇选文的变化，很容易造成假象，使人们以为在教不同的课程与教学内容。今天一篇游记，张三写的，游了某座高山，明天又一篇游记，作者是李四，旅的是大海，从选文讲当然不同，但从教学内容看，很多教学其实是在不断地简单重复。有些教师一碰到游记，就是三部曲：作者的游踪，所见、所闻、所感，优美的语句。小学如此，初中如此，高中还如此。我有一个未经严格查证的说法，从语文课程与教学内容的角度讲，凡是高中“教”的初中都“教过”，凡是初中“教”的小学都“教过”，我们的语文教学基本上是在不断地简单重复，尽管有些从不考察课堂里学生究竟学了什么的人不负责任地将之美名曰“螺旋形上升”。按我的界说，有差异也就是这一课所教所学的内容——文章、文学以及听说读写的事实、概念、原理、技能、方法、策略、态度等，是上一些课未教未学的，也是下一些课不需要再教再学的，除“补课”之外。像我们现在这样，这星期“读出感情来”，下星期“读出感情来”，小学四年级“读出感情来”，五年级“读出感情来”，初中“读出感情来”，高中还是“读出感情来”，现代意义上的语文课程与教学，恐怕不能仅仅是这副模样吧。

有内在联系，关键是要有证据，要有表明教学内容延续、拓宽、提高或加深的证据。证据不是任课教师或观课评教者的“我以为”，而要到学生语文实践的现实表现中搜寻、验明。国外有一种正式的观课评教，叫“结构性的课堂观察”，一次正式的或结构性的课堂观察包括课前会议、课上观察及课后会议。下面介绍的课前和课后会议时任课教师需准备的材料[1]，对我们理解“证据”乃至“连续性”“好课的标准”，应该有启迪的意义。

观察前的准备工作

（1）对该班学生进行简要介绍（包括有特殊需要的学生）。

（2）该课的教学目标，即：学生在这堂课上将会学到什么？

（3）为什么教学目标是适合这些学生的？

（4）这些目标是怎样支持学区课程以及内容标准的？

（5）这些目标是怎样与更广泛的课程目标相联系的？

（6）计划怎样调动学生参与到教学中，你怎样做？学生怎样做？

（7）在这一领域，学生面对的主要困难是什么？你打算怎样克服这些困难？

（8）你上课需要哪些教学器具（列举）？

（9）你打算怎样评价学生？你用的评价程序是什么？

（10）你对评价结果将如何处理？

课后反思

（1）据我回想，学生在多大程度上参与了教学活动？

（2）学生都学到了我想要教给他们的东西吗？我的教学目标达到了多少？

---

[1] 丹尼尔森，麦格里．教师评价：提高教师专业实践能力［M］．陆如萍，等译．北京：中国轻工业出版社，2005：86-89.

（3）在教学中，我是不是改变了我的教学计划？如果改变了，是因为什么？

（4）如果有机会再次给同样的学生上同样的课程，我会在教学时做出哪些调整？为什么？

（5）提供学生的作业样本，样本应该反映本班学生的能力水平以及你对学生提供的反馈。

（六）从教学内容角度观课评教意味着什么

从教学内容角度观课评教，是语文教学研究的一场变革。这场变革的意义，将随着理论研究的深入和实践的逐渐接纳而越发显豁。

（1）从教学内容角度观课评教，引导了语文教学研究关注点的转移，有助于语文教师减少备课的无效劳动。据我们调查，我国初中语文教师的日备课量多数在 2 ～ 4 小时，高中语文教师的日备课量多数在 4 ～ 6 小时[1]，备课负担十分沉重，至于公开课、观摩课、评比课之类，更是耗时费工，成本极为昂贵。造成这种状况的原因是多方面的，减轻语文教师备课的工作量，需要语文课程研制、语文教材编撰的极大改进，需要语文教育研究者、文学界、语文学界等多方支援。但我们以为，语文教师也应该为改善自己的工作做一点努力，其中一个很重要的方面，就是尽量减少备课的无效劳动。

语文教师备课的实际工作，多数花在面对一篇课文冥思苦想“教什么”。但由于观课评教习俗的影响，由于依据教育心理学所设计的备课流程不尽适合语文教学，语文教师在备课活动中所自觉关注的，往往不是实际耗费他大量工时的教学内容，而从一开始就陷入教学方法中，在“教什么”还拿捏不定的时候，一心去“设计”有新意的“怎么教”。从“怎么教”入手去解决“教什么”的难题，这带来了语文教学的种种问题，也造成了语文教师大量的无效劳动。王尚文先生说：“语文教学的弊病，我以为病象虽在‘教学’，而病根却往往是在‘语文’，‘语文’缺乏一定的根底，‘教学’往往会越研究越糊涂，甚至还不如不研究好。”[2] 从语文课程与教学的角度引申，王先生在这里所说的“语文”即“教学内容”，所说的“教学”即“教学方法”。教学内容还没有着落、稀里糊涂、扭曲错漏，却一个劲儿地“研究”怎么教——怎么导入、怎么……即使不是缘木求鱼，也一定是“越研究越糊涂”，越糊涂越费事。

---

[1] 王荣生，许志先．语文教师教学内容选择的现状调查及分析［J］．语文学习，2005（1）.

[2] 王尚文．语感论［M］．上海：上海教育出版社，2000：415.

我们以为，我们所开发的从语文教学内容角度观课评教的9级累进标准以及连续性考察的两个方面，在很大程度上也可以充当语文教师备课的向导，引导教师自觉地关注语文教学内容，这对减少语文教师备课的无效劳动也有积极的意义。

（2）从教学内容角度观课评教，将促使“好课”的形态改变，有助于语文教学回归根本。语文教学的根本，是帮助学生更有效地学、更有效地达成语文课程目标，而不是为了观课评教者观摩打分，更不必迎合某些人对“教学艺术”的癖好而追求枝枝节节的精巧、精美。我们以为，在一味强调教学方法精巧和教师风采精美的余威下，怎么强调课程与教学内容都不过分。如果熊掌与鱼不可兼得，宁可抓取教学内容；何况对语文教学来说，对教学内容的关注与对教学方法的倚重，现在差不多变成了“南辕”与“北辙”。一堂好的语文课，在我们看来，主要的标志是教学内容正确并使学生有效地获取相应的经验。在这样的前提下，课堂组织散漫一点，教学中出现一些弯路插曲，都是常态，无伤大雅。语文教学的课堂形态应该走向相对宽松乃至有节制的随意。过于精巧的、讲究一分钟一分钟“流程”的、教师一口美辞假声抒情的、一举一腔分明比表演还像表演的语文课，也许应该被看成变了态的语文课。

（3）从教学内容角度观课评教，将使“教师参与课程”“教师成为研究者”落到实处，有助于语文教师的专业知识发展。我们以为，语文教师是教学专家，也应该成为语文教学专家，其教学研究的主题应该面向复杂的课堂现实，应该致力于解决学生在语文学习中的具体问题和困难。如果语文教师的教学研究主题，能够在下述的关联中确立，那么就能够使教学与教学研究、培养学生的语文素养与教师自身专业知识的发展统一起来：①教师想教什么——教师实际在教什么——学生实际在学什么；②语文课程目标——教师想教什么——学生的实际情形；③与前后教学内容的差异——与前后教学内容的内在联系。

我们认为，反思自己想教与实际所教之间的关联，审议自己所教与学生实际所学之间的关联，反思和审议自己想教、所教、学生所学与语文课程目标的关联，考察教学内容的连续性，应该成为语文教师校本教研的主题，应该作为语文教师专业知识发展的主要途径，也应该作为语文课堂教学研究的主要任务。

（4）从教学内容角度入手，对语文课观课评教提出了必要的专业准入条件，这将有助于语文教学研究水平的提升。一度被认为是最无专业性的语文教学，其实隐含着高度的专业要求。但长期以来，语文教学研究没有根植于语文教学内容，语文课的观课评教变成了似乎人人可做、人人能说的事情，缺少起码的专业准入要求。一个“教物理的”校长，可以对语文教师“教什么”的专业工作评头论足，而且似乎颇具“权威性”；而一个“教语文的”校长，只配评论物理教师的“板书”和

“教态”，对他们“教什么”却如同丈二和尚摸不着头脑。这种状况严重地败坏了语文教师的专业形象，也消磨了语文教师的专业意识。语文教育是社会公共事业，因而每个公民都有言说的权利，这正如经济、法律一样。但正如公众言论与经济、法律专业工作者的话语乃至效力，不能也不会完全混同一样，语文课观课评教应该体现出自身的专业特性和专业素质。我们以为，观课评教的专业准入要求，对我国的语文课程与教学的深化改革，对语文课程与教学研究水平的提升，都将起到积极的作用。

名课研习

一、追求语文教学的效率
——魏书生老师《统筹方法》研习

教学的核心问题，是“怎样教才是有效的？”。它包括三个方面：一是教学的效果，通常以学生的成绩水准作为判断的依据。二是教学的效率，以效果与学生的学习时间及教学的代价相比较而得出判断。三是教学的吸引力，一般以学生对继续学习的倾向性做出判断，反映学生的学习意愿、动机、毅力等方面的态度情感。[1]我国自 1978 年以来的语文教学改革实践以及随之而来的语文教学模式的创建，发端于吕叔湘等先生改变语文教学“少、慢、差、费”状况的呼吁。据徐光华的分析，我国“二十年来对于语文教学模式的各种探索，基本上是以提高语文教学的效率为宗旨的”。[2]也就是说，以效率为改革的抓手，来提高语文教学的效果，增强语文教学的吸引力。

在这方面，魏书生老师是走在最前列的一位。他的语文教学改革举措，以提高“效率”为直接动力，为现实目的。追求效率，是魏老师语文教学改革的突出特征，甚至是灵魂。这鲜明地反映在魏老师执教的《统筹方法》一课里。

追求效率，需要两个必要条件：一是目标明确，二是方法得当。前者关系到“语文教学内容”，取决于对“语文”的认识；后者取决于对“教学”的理解，而体现为“语文教学方法”的运用。因此，在评价《统筹方法》这堂课之前，我们有必要把握魏书生老师对上述两个方面的体认。

对“语文”，魏书生是以循规蹈矩的好教师姿态去把握的。这可以概括为以下两点：

（1）“语文”等于既定的语文教科书，学语文也就是学语文教科书。其要点又分两方面：①“读懂”一篇篇的课文，并能“模仿”某些课文的写法，即通常所说的字、词、句、篇；②“知道”与课文或紧或松联系着的“语文基础知识”，即语、修、逻、常。这两方面，集中体现在课后的练习题，因此语文学习最重要的“事”，是要“会做”课后那些“体现了学习重点”的练习题。

（2）“语文”等于听说读写的活动。在我们以往对语文活动、语文学习的区别

---

[1] 盛群力，等．现代教学设计论［M］．杭州：浙江教育出版社，1998：6-7．

[2] 徐光华．当代语文教学模式评介［J］．湖北教育学院学报，1996（3）：43．

蒙昧的理论背景下，魏老师认同“常识”，认为只有在实践的活动中，“语文能力”才能得以“训练”，才能“形成”。也就是说，学“语文”，单学语文教科书是不够的，还需要为学生另辟战场以进行大量的听说读写的实践活动。

上述两点有联系，但也可以分别对待，实际上语文教师也往往是分别对待的，从而在语文教学中形成了“语文”的双轨体制。用魏老师的话来表述，前者（语文教科书的“语文”）可提炼成“知识点”，是知道和记住方面的事；而后者（听说读写活动的“语文”），“我觉得是属于能力方面的事”，他多次用“骑自行车”这种类比来解说对语文能力形成的“观点”[1]：一位家长反复地对孩子讲诸如骑车要领（知识），“结果给孩子一辆自行车，照旧还不会骑”；另一位家长则给孩子一辆自行车，又找了一个大操场，让孩子自己练，“练不了三天，孩子便会骑车了”。

将“语文”弄成双轨体制，是在很长一段时间里我们语文教学的实际情况。魏老师比一般语文教师高明的地方，是对双轨体制的自觉体认。也正因为有这种自觉，他一眼看穿了教科书里的“语文就这么回事儿”[2]。而“就这么回事儿”里的多数内容，如果教会学生“打败”教科书的有效办法，其实用不着教师“讲”。

魏老师把现行语文课的特点归纳为两条：第一，每篇课文都能够围绕它设计出成百上千道考试题。第二，只要你基础好，不上某篇课文，不会影响考试的成绩。[3]这两个特点，根由在语文教科书，因此教科书有两个缺陷：一是使人弄不明白语文书里的“语文”到底是些啥东西；二是无从辨清那些东西的性质及关系。所以效率低下，所以“少、慢、差、费”。为了改变这种状况，魏老师对语文教科书的“语文”进行了梳理，并发明了一系列帮助学生“打败”教科书的办法：

（1）明确地重申读整册语文书的方式，即一册语文书的“教材分析”方法——列生字表、列新词表、单元分析、习题归类、知识短文归类、书后附录、列文学常识表。它为认识教科书里的“语文”是些啥东西提供着框架，也为如何战胜它指明了方向。

（2）将上述框架里所得出的“语文”，明确地分成“死的东西”“似死似活的东西”和“活的东西”三大块，并分别找到了对付它们的办法。

（3）将语文教科书里的“死的东西”和“似死”的东西条理化——主要包括“语文知识树”和“读一类文章的方法”“划分文章层次的方法”“归纳中心思想的

---

[1] 魏书生. 语文教学［M］. 沈阳：沈阳出版社，2000：198-206.

[2] 魏书生. 学生实用学习法［M］. 沈阳：沈阳出版社，2000：298.

[3] 魏书生，张彬福，张鹏举. 魏书生中学语文教学改革实践研究［M］. 济南：山东教育出版社，1997：24.

方法”“分析写作特点的方法”等，这些最终纳入数目化的管理系统。

所谓“死的东西”，指的是学生“记忆的活儿”，主要是语文知识树里133个“知识点”。从一册语文书的角度看，再展开为生字、新词、文学常识以及从知识短文、单元分析、书后附录里抽取的语法、修辞、文体等知识，也包括文言文的翻译以及诗文的背诵，它们最终落实到字词句、语修常这种类别的课后练习题。要学生知道和记住“死的东西”，魏老师认为，一点儿都不难。他计算道：一册教材，记住现代文生字120个24分钟、文言文生字85个17分钟、现代文新词99个33分钟、文言文生词169个57分钟，文学常识涉及27位古今中外作家54分钟，加上做语法、修辞、章法等类型的练习题、文言文翻译、诗文的背诵，总之花不了多少时间，似乎也用不着老师“讲”。即使要“讲”，像语法单句、复句的那几种情况，复句的七种形式，要使学生知道和记住，也“一次就可以穷尽了”。

除了语法，如说明文知识——“无非是抓住事物的具体特征、从哪几个角度抓特征、说明的顺序、说明的方法（常见的八种，不常见的还有六种）”，又如划分文章层次的方法（九种）、归纳中心思想的方法（六种）等像“定理公式”一样，教学这些“似死似活的东西”，即魏老师叫作“交钥匙”的，多数也是“一次就可以穷尽”的[1]。“似死似活的东西”，是我们的概括，但符合魏老师的本意。从“一次穷尽”的话语和做法推测，他确是将它们看成“死”的。不过又与复句形式之类有别，它们还有“活”的用途、“活”的可能，这正如“钥匙”所比喻的，“这样，我一交钥匙，学生就用这把钥匙去打开一篇篇文章”，魏老师说。

所谓“活的东西”，指的是“思维的活儿”，主要是一篇篇课文段意、中心、结构的分析结论以及课后的相关练习题答案。对课文，魏老师不主张“精雕细刻”：“其实语文总体知识把握住了，一册书必要的知识把握住了，就一篇课文来说，真没有必要到非讲不可那种程度的知识”[2]，他这么认为。但他是注重课后练习的，“我认为教材中的课后练习，体现了学习重点，有一定的梯度、难度。教学就应该引导学生认认真真地做这些习题”[3]。在我们的许多语文教师错误地把“活”弄“死”，日复一日、篇又一篇地执着于“讲”与“抄”的情势下，把段意、中心等以及相关的练习看成是“活的东西”，有现实的意义。看成“活”，也就是“把思维要干的这部分活儿从记忆部分拿给思维来干”。而一篇课文的段意、中心以及相关的练习

---

[1] 魏书生，张彬福，张鹏举．魏书生中学语文教学改革实践研究［M］．济南：山东教育出版社，1997：38-41．

[2] 魏书生．语文教学［M］．沈阳：沈阳出版社，2000：139．

[3] 魏书生．教案、教学纪实选［M］．沈阳：沈阳出版社，2000：57．

题，在“似死似活”的“定理公式”辅助下，凭借学生原有的语文能力，魏老师相信：“每个人如果认真地思考，都会获得中学语文教材中所规定的那些知识。”[1] 倘学生有了良好的自学习惯，并有写得一清二楚的教参可依靠，再加上在班级里选一位“大将”来承包练习题的“法”，“90% 的知识是可以自己学会的”[2]。

这就牵涉到了教学。魏书生老师对“教学”的认识，表现了改革家的胆识。我曾概括为两点[3]：

（1）将“管理”扩展为“教学”。其机制，是建立学生自学、自教、自测的管理系统，魏老师称作“以法治语文教学系统”；其特点，是“不留作业（学生自己完成习题），不交作业（学生自评），不写作文（学生写日记等），不改作文（学生按法制自评互评），不考试（学生自己出卷），不批卷（学生按自拟的标准答案互评）”，1995 年之后，再加上彻底地“不教课”（学生按教参自教自学）。这是从语文教学的“系统工程”上讲效率。

（2）把“教之法”移交给“生之法”。这是在课堂教学中讲效率。主要的法子，是让学生“扮演教师的角色”。“20 年来，我一直注重引导每一位学生进入教师的角色”，魏老师说，“我经常引导学生进入教师的角色去备课、讲课”“引导全班学生都进入教师的角色，面对一篇新课文，设计教案，思考自己去讲课”。[4] 魏老师上课不多，在自己的班里，大致有四种类型的课：教导学生纳入“法治”轨道的课；“读一类文章的方法”等归类知识“交钥匙”的课；朗读或评述报告文学等课外读物的拓展阅读课；被誉为“魏书生模式”的“六步法”示范课。“示范课”与通常理解的“上课”比较接近，主要供班里学生自教自学时模仿；用于听课教师观摩时，则是如何在课堂教学中讲效率的展示。

《统筹方法》是魏老师示范课的保留节目。按教科书的指示，这节课的教学目标定在三件事上：①学习文中的两个成语；②学习用图表说明事物的方法；③读懂全文，会说、会写（未进行）、会用。这与其他教师的教学目标并无大的异样。所不同的是，魏老师明明白白地告诉学生，并铆定目标进行教学；所不同的是，魏老师娴熟地运用一系列教学方法，使学生高效率地达成了所认定的目标。关于这堂课，我们可以从以下两个角度来看：关于教学与教学方法；关于目标与教学内容。

---

[1] 魏书生．教案、教学纪实选［M］．沈阳：沈阳出版社，2000：67.

[2] 魏书生．教案、教学纪实选［M］．沈阳：沈阳出版社，2000：89.

[3] 王荣生．语文课程与教学内容［M］．北京：教育科学出版社，2015：348-373.

[4] 魏书生．学生实用学习法［M］．沈阳：沈阳出版社，2000：53-54.

（一）关于教学与教学方法

魏老师的这堂课首先引起我们关注的，是教学方法与教学内容的高度一致性。也就是说，教学方法的选择，是为了实现教学内容；教学方法的运用，高效地达成了教学目标。我们按目标的次序，来做一点分析：

（1）“学习文中的两个成语”。这堂课的实际操作是“记住两个成语的注释”，在魏老师的知识分类中，这无疑是“死的东西”，因此主要是记忆的活。如何使学生的记忆活动形成一定的学习强度，如何使学生的记忆更为深刻，便成了教学方法选择的依据。在这个环节上，魏老师采用了三个办法：一是板书；二是学生用1分钟看课文下面的注释，然后自问自答；三是造势，前面默写“统筹方法”定义时已经形成的竞赛氛围，唤起了学生求胜的心情，在最短的时间内记住注释，瞬间变成了一件很有光荣感的事情。

（2）“学习用图表说明事物的方法”。这大概属于“半死半活的东西”，魏老师操作为三个方面：①熟悉“烧开水泡茶”的例子。这是铺垫性的，用的还是1分钟记住的招数。②让学生只看“办法甲”的图表，指图述说图表的内容。这个环节穿插在下一个环节之间，可谓一举多得——既使学生明确了图表“使读者一目了然”的要点，也为评比男女生代表在黑板上的作业提出了标准；既使男女生代表有较为宽松的心情画图，也使其他同学有效地利用了可能出现的空当。③男女生代表把“办法乙”和“办法丙”分别转化为图表，并由同学评议、修改。在这一过程中，同学们进一步明确了图表的要求。通过上述三个环节，依魏老师的判断，“图表说明法同学们已经掌握了”。

（3）“读懂全文，会说、会写（未进行）、会用”。这是“活的东西”，因此关键在于学生每个人的认真思考。读懂全文，用的法子是学生默读全文并重点朗读最后一段。会说，指的是会用自己的话来说“烧开水泡茶”的例子，用的法子是鼓励学生把被认为是“统筹方法”的“办法甲”七嘴八舌地大声说一遍。会用，指的是“思考生活中我们应用统筹方法的实例”，自己想也可以，商量也可以，总之是让学生思考。值得注意的是，在这个环节上，魏老师很有等待的耐心，并不像时下有些人，一味要求四人小组讨论，而讨论又不合时宜地严格限定为1分钟。接着是学生主动发言，对第一位发言者（打扫房间），魏老师简略点评后即启发学生“举一个窝工的例子”，学生讲述“帮妈妈做饭做菜”怎样才能不窝工之后，他又启发学生“让自己的思维从厨房和家庭中解放出来”，引出了“学校开运动会”的例子。至此，“思考生活中我们应用统筹方法的实例”这一目标基本达成，魏老师圆满地完成了预定的教学任务，在激励学生的同时结束了这堂课的教学。

教学方法得当，保证了这堂课高效地运行。这是《统筹方法》可供语文教师认真观摩的地方。进一步来看，教学方法可分解为教师的活动与学生的活动，考察这堂课的教师活动与学生活动，以及这两种活动之间的关系，我想对理解什么才是好的教学，会有很大的启发（见表 1）。

表 1　教学内容与师生活动

实际的教学内容	教师的活动	学生的活动
1. 记住“统筹方法”的概念	让学生猜，指示 1 分钟记住 提议男女生代表默写比赛	生齐读 男女生代表默写比赛
2. 阅读两个成语的注释	创设高效记忆的氛围	生自看注释，自问自答
3. 记住“烧开水泡茶”的例子	同上，按内容提问和纠正	生问答，复述相关内容
4. 把乙、丙方法转化为图表	提议男女生代表画图比赛	男女生画表，同学们评议修改
5. 用语言转述甲方法的图表	提出尝试性任务	一生转述，师生评议
6. 阅读全文，重点读结尾一段	指示学生行为	生自读
7. 复述“烧开水泡茶”甲方法	鼓励学生七嘴八舌地大声说	生七嘴八舌地大声说甲例
8. 讲述生活中应用统筹方法的实例	等待学生思考 评价和引导学生思考的方向	生思考或讨论，主动发言讲述

从上表中至少可以看出三个要点：①对课文的理解，是学生的理解，教师并未直接讲述文章的“内容”。②教师的活动与学生的活动是两种不同性质的活动。教师的责任是创设积极学习的氛围，是有效地组织学生的学习，他的教学语言是简洁的、使动的，指示或引导学生全身心地投入到学习活动中。③班级学生积极地进行着目标指引的学习活动，学生的活动占据了课堂的大部分时间，而活动的落点在阅读和思考的行为上。

时下的语文课，许多语文教师在教学说明文、议论文时沉迷于对课文内容的自我阐释，语文教师的教学语言正在滑向抒情化乃至煽情，致使学生在大部分时间里，只是听教师讲或看教师的活动。对这些教师来说，实有必要经常地研习魏老师执教的《统筹方法》。

（二）关于目标与教学内容

前面说过，魏书生对“语文”是以循规蹈矩的好教师姿态去把握的。按我国的传统，处在第一线的好教师，职责是依据既有的课程理念有效地实施既有的课程，他所应该考虑的，是如何执行的教学方面问题，即教学的有效性、教学的效率问题。换句话说，一篇课文的教学内容，主要是对“教材编排意图”的领会，尽管这种领会可能切合意图的原味，也可能对意图有所改写。

魏老师《统筹方法》的三个目标，均是教材提示的，查 1988 年版语文教科书，“练习”有如下 4 题：

（1）……你也能从实际生活中举出例子来说明它吗？（魏老师改造为“讲述生活中应用统筹方法的实例”）

（2）……如果你把自己说明“统筹方法”的例子加以图解，该怎么画呢？（魏老师改造为画方法乙和丙）

（3）……找出一些例句来，领会这样运用语言（浅显、简洁）的好处。（魏老师舍弃了这一内容，我认为舍弃得很对）

（4）用下列词语（成语）造句。（魏老师舍弃了这一内容，而关注更实在的词语解释）

因此，讨论《统筹方法》这堂课的目标与教学内容问题，在很大程度上是在与“教材编排意图”对话，尽管也涉及魏老师对教材意图的领会。

按照我的理解，《统筹方法》的上述三个目标，其实只有一个，那就是“读懂”。学习成语，即读懂词句；学习图表说明，即读懂图表；所谓“会说”，即用自己的话复述课文的内容；所谓“会用”，即用相似的例子来检验读懂与否。把一个目标分割成三个，在阅读教学中造成学习词语、读懂课文、学图表说明的知识和技能这种种互不相干的几个分叉，也就是经常有人批评的“肢解”。表 2 是从教学内容角度对这堂课的整理，我们借此展开讨论。

表 2　教学目标与教学内容

拟订的目标	实际的教学内容	达成的目标
读懂	1. 记住“统筹方法”的概念	齐读定义，默写定义
学习词语	2. 阅读两个成语的注释	记住注释
读懂	3. 记住“烧开水泡茶”的例子	用自己的话复述例子
学习图表说明法	4. 把乙、丙方法转化为图表	会用图表表示简单的例子
学习图表说明法	5. 用语言转述甲方法的图表	指认图表讲述熟悉的内容
读懂	6. 阅读全文，重点读结尾一段	完整地读一遍课文
会说	7. 复述“烧开水泡茶”甲方法	再次用自己的话复述例子
会用	8. 讲述生活中应用统筹方法的实例	找出与“烧开水泡茶”相似的例子

1. 关于“学习词语”

词语至少有两个义：一个是离开具体语境的词典义，另一个是词语运用中的含义。课文后的注释，比如“万事俱备，只欠东风”，在介绍典故之后，注解为“比喻什么东西都准备好了，只差最后一个重要条件”。而文章是这样写的：

“在近代工业的错综复杂的工艺过程中，往往就不是像泡茶喝这么简单了。……关系多了，错综复杂，千头万绪，往往出现‘万事俱备，只欠东风’的情况。由于一两个零件没完成，耽误了一台复杂机器的出厂时间。或往往因为抓的不是关键，连夜三班，急急忙忙，完成这一环节之后，还得等待旁的部件才能装配。”

显然，这里的“万事俱备，只欠东风”，不能机械地理解为“什么东西都准备好了，只差最后一个重要条件”。所以作者才特意打上引号。在阅读教学中，脱离了上下文来学习词语，无论是看注释，还是造句，我以为都不妥当。换言之，学生记住了“万事俱备，只欠东风”的注释，未必能理解这个词语在文中的意思，甚至可能把不理解误以为理解。

2. 关于“学习用图表说明事物的方法”

学习图表说明的方法，至少要区分两个走向：一个是写作的走向，学习用图表来说明事物；另一个是阅读的走向，理解文章中的图表。教材和魏老师的课，均把“图表说明”的教学的点定在第一个图上，即“烧开水泡茶”甲方法的图解，然后或要求“把自己说明‘统筹方法’的例子”加以图解，或引导学生把办法乙和丙加以图解，目的是体会图表的“一目了然”，进行一番画图表的实践活动。把图解当作一种绘画技能，即使是写作教学，也没有抓到点子上。需要采用图表说明的大部分情况，是因为说明的东西用文字表述太复杂，或者是为了特定的目的，比如用于比较，比如为了延伸问题的讨论。像“烧开水泡茶”，综观办法甲、乙、丙，本来就都不值得图解，也不需要图解，离开了前面的文字说明单看图表，也不可能“一目了然”。

作者为什么要把方法甲加以图解呢？为什么“我们能一眼看出”的东西还要画成图表呢？为什么作者拿“好像是废话”的“烧开水泡茶”来反复说道呢？据我的推测，教材在设计时，可能没有弄明白这几个为什么，魏老师把整节课的教学时间几乎都放在“烧开水泡茶”这个例子上，恐怕也是受了教材的误导。

（1）“烧开水泡茶”是个设例，作者拿“好像是废话”的“烧开水泡茶”来反复说道，并不表示它就是“统筹方法”的应用，而只是用一个假设的简单例子，来说明“把工序安排好”是怎么一回事情。而且，到办法甲、乙、丙的陈述及第一个图，“烧开水泡茶”的设例还只讲了一半，一直到第三个图，这个例子才讲完，才讲到“统筹方法”。

（2）作者之所以要把办法甲加以图解，一是凸显各道工序所要花的时间，二是为了引申出下面的两个图，特别是说明“统筹方法”的第三个图，也就是“用数字表示任务”的那个图。如果没有第一个图，就缺少形成第二个图的步骤，如果没有第一、二个图，就很难引出说明“什么是统筹方法”的第三个图。

从阅读的角度讲，关注图表，理应该关注的是第三个图。文章说得很清楚，“统筹方法，是一种安排工作进程的数学方法”。把整节课胶着在“烧开水泡茶”这个设例，而且是半截子的设例，死盯在第一个图上——学生用自己的话复述例子，学生把办法乙、丙这样的简单例子用图表表示，学生指认一个只是说明问题起始的图表来讲述例子，学生完整地读一遍课文后再次用自己的话复述例子，而后就跳到“讲述生活中应用统筹方法的实例”——教学内容的这种状况，使我们有理由怀疑，教材的编撰者是否读懂了这篇“语言浅显”的文章。文章写得很清楚：“这是小事，但这是引子，可以引出生产管理等方面的有用的方法来（即统筹方法）。”“看来这是‘小题大做’，但在工作环节太多的时候，这样做（指用数字表示任务）就非常有必要了。”也就是说，作者在这篇文章里想说的，并不是作为“引子”和“小题”的例子，而是由例子“引出”的“大做”。

3. 关于“会用”

公平地讲，教材中的“你也能从实际生活中举出例子来说明它吗？”，比魏老师的“讲述生活中应用统筹方法的实例”要妥当些，尽管把说明文的学习重点放在例子而不是说明的对象上，大方向都不对。而“实际生活”如果指的是“帮妈妈做饭做菜”“学校开运动会”之类，那么“实际生活”中根本就没有“应用统筹方法的实例”。文章讲得很清楚：“（统筹方法）在企业管理和基本建设中，以及关系复杂的科研项目的组织与管理中，都可以应用。”“在近代工业的错综复杂的工艺过程中，往往就不是像泡茶喝这么简单了。”“这里讲的主要是有关时间方面的问题，但在具体生产实践中，还有其他方面的许多问题。而我们利用这种方法（统筹方法）来考虑问题，是不无裨益的。”“帮妈妈做饭做菜”“学校开运动会”之类，至多只是合理安排工序的问题，与“统筹方法”只沾到一点点边。而华罗庚的这篇文章，只是通俗地讲解“什么是统筹方法”而求得被“知”而已，通过这样一篇文章的教学，企图在实际生活中“会用”统筹方法，简直是天方夜谭。

不但不能“会用”，从上面的分析我们推断，在这堂课中，“读懂《统筹方法》

全文”这个目标基本上也没有实现，也不太可能实现。“万事俱备，只欠东风”在上下文中是什么意思，学生不明白；哪个图表是说明“统筹方法”的，学生没找到；齐读和默写比赛而记住的“是一种安排工作进程的数学方法”，只知道“烧开水泡茶”以及“帮妈妈做饭做菜”“学校开运动会”，而与数学压根没发生关系；只会记背“不无裨益”的注释，而始终没人问一问究竟对什么“不无裨益”。这怎么能说“读懂”了呢？学生们所说的“基本懂了”，实际上只懂了“烧开水泡茶”的例子，而对于这个例子，作者反复交代，“我们能一眼看出”“可以一眼看出”“这好像是废话”“这些道理谁都懂得”。

换言之，魏老师用高超的教学艺术展示的这一堂课，学生实际所学的是：①记住两个成语的注释；②尝试用画图表示熟悉的简单例子。在我看来，整个一堂课学生没学到有价值的东西，而且很可能造成了对“统筹方法”似是而非的观念。如果要用魏老师孜孜以求的效率来评判，我认为，在语文教学内容的显性层面，这堂课的效率几乎为零，很可能为负。也就是说，还不如让学生自读这篇“语言浅显”“通俗易懂”的课文。

在评介魏书生老师语文教学思想的一篇文章里，我写道：魏书生语文教学思想的两个方面——关于“教学”和关于“语文”，似乎极不般配。[1]这种不般配，表现在《统筹方法》这堂课里，就体现在教学方法和教学内容上：一方面，是极高明地达成了预想的目标，另一方面，目标本身需要审议；一方面，教学方法效率很高、效果很好，另一方面，教学内容很成问题，甚至错误。这一事实告诉我们，语文教学改革如果没有课程视野，如果不在课程与教学内容上除旧纳新，而仅仅在教学方法上谋求效率，那么就会本末倒置；反过来讲，在语文课程改革中，在教学内容除旧纳新的过程中，我们又必须追求效率，需要学习成功课例的有效教学方法。这就是《统筹方法》这堂课给我们的教益。

［附：课例及课文］

《统筹方法》教学实录[2]

师：同学们坐在主席台上，台下千位老师听课，大家有些紧张吧？我教大家一种放松的方法，双手放在膝盖上，闭上两眼，内视鼻尖……（**边讲方法边指导，学生按教师的要求做动作**）

---

[1] 王荣生．语文课程与教学内容［M］．北京：教育科学出版社，2015：373．

[2] 魏书生，张彬福，张鹏举．魏书生中学语文教学改革实践研究［M］．济南：山东教育出版社，1997：135-141．

师：同学们有什么感觉？

生：感觉心情轻松了！

师：心情轻松了，咱们上课。（**全体起立，师生互相问好**）

师：老师要讲的这篇文章大家可能不愿学。同学们愿学小说、散文、诗歌，不愿学说明文。今天我们学一篇说明文，施加一个意念，带着轻松愉快的心情学。不愿学的文体学起来都快乐，那么语文学习不就成为一件乐事了吗？我们这节课学《统筹方法》。（**用隶书体板书：《统筹方法》**）

师：先不要翻开书，同学们知道这篇文章是谁写的吗？

生：（**集体**）华罗庚。

师：华罗庚的身份？

生：（**集体**）我国著名的数学家。

师：我再提一个问题，什么叫"统筹方法"？谁能不看书，凭自己独立思考，回答这个问题？

生：就是笼统说明事物的方法。

师：她敢于独立思考。

生：就是系统地完成一件事的方法。

师：有点接近正确答案。下面不再猜了，大家一定非常想知道什么是统筹方法吧？那好，请同学们到书中去找答案。争取1分钟内找到并记住这个概念，现在开始！（**学生看书，半分钟后陆续举手要求回答**）

师：请找到答案的同学一起回答。

生：（**齐**）"统筹方法，是一种安排工作进程的数学方法。"

师：对，同学们没用1分钟就找到并记住了这个概念。同学们说，这叫什么说明方法？

生：下定义。

师：对。作者用下定义的方法说明什么是统筹方法。谁愿意到前面，在黑板上默写这个定义？男女同学各推荐一名写字好的同学到前面来比赛好吗？（**学生们热情推荐，被推荐的男生说："我一定能取胜。"教师赞许，男生和女生上台板书**）

师：写得正确，字很工整，看上去男同学写得更好一些。（**男同学会心地笑**）

师：学习这篇课文，老师准备教会大家哪几件事呢？（**学生七嘴八舌，教师边重复边板书——学习重点：1. 字词：万事俱备，只欠东风；不无裨益**）

师：大家听我喊"预备——起"，用1分钟看课文下面的注释，然后自问自答，可以出声。（**学生迅速翻开书看**）

师：我暂时不提问，下面做第二件事，老师想领着咱们思维的战舰驶向何方呢？（学生边思考边说，教师板书——1. 字词：万事俱备，只欠东风；不无裨益。2. 学习用图表说明事物的方法。3. 读懂全文，会说、会写、会用。）

师：先学习用图表说明事物的方法。作者举了一个例子，同学们想用多长时间在课文中找到这个例子并记住它？

生：（齐）1 分钟。（接着学生立即看教材，全神贯注，学习积极性极高。教师看表 1 分钟后）

师：时间到。作者举了一个什么例子？

生：泡壶茶喝。（听众大笑）

师：（笑着纠正）是“烧开水泡茶”。请你把烧水泡茶的过程讲一遍好吗？（学生回答）

师：他说得对不对呀？

生：（齐）对！

师：他说泡茶有几道工序？（学生历数五道工序）

师：作者说这五道工序有三种安排方法，书上还画了图表说明。大家看，书上的图表是对哪一种方法的说明？

生：（集体）是对办法甲的说明。

师：办法乙和办法丙怎么样？

生：这两种办法都窝囊。

师：作者没说“窝囊”，他说的是“窝工”。好，下面准备把办法乙和办法丙也分别用图表加以说明，请男女同学各自推荐一名代表在黑板上画图。（男女生各一名到前面在黑板上画图表）

师：让他们两人先画，咱们看书上的图表，大家想，如果文章没有文字解说，只有图表，能不能看得懂？

生：光有图表，我认为也可以看懂。因为图很清楚，图上又有文字。（学生指着图述说了一遍）

师：好！他说得很明白，的确只看图也能懂。现在大家看黑板。（女学生已经画完，教师对她小声地说了句话，她转身在图上改了一处）

师：同学们看，他们画得对不对？

生：办法乙我认为画对了，办法丙画得不对。（教师请他上黑板订正，并交代下面的同学可以商量，可以上讲台帮助修改。一男学生在座位上小声说图画得不对，教师亲切地拍拍他的头，笑着问：“你怎么不上去改？”男同学站起来跑到黑板前修改。全班学生的积极性被调动起来，有的热烈商讨，有的跑上前去，黑板前有四五个学生争争抢抢，你擦我画，很是活跃）

师：（**男女生都已画完，回到座位**）好，我们比较一下，看起来还是女同学画得好一些，一看图就一目了然。男同学的图用序号表示，也算是一种创造。（**女生们非常自豪，男生们也觉得公平**）

师：图表说明法同学们已经掌握了。现在看我们思维的战舰距离第三个目标“读懂”还有多远呀？请同学们把全篇阅读一遍，重点读结尾一段。（**学生读**）

师：懂了没有？

生：（**集体**）基本懂了。

师：懂了，还要会说。每位同学都把办法甲说一遍，七嘴八舌地说，大声说，说错了也不要紧，要解放自己。（**学生纷纷大声述说**）

师：不仅会给别人讲，还要会写。今天这节课，我们没有时间用笔写了，课上我们说，其实是用“口”写，回去以后把说过的话整理出来，就是用笔写，同学们愿意的话，回去写一篇短文，作业我不检查，因为我明天就要回辽宁了。请同学们增强写作业的自觉性。除了会说、会写，还要会用。同学们思考一下生活中我们应用统筹方法的实例，大家愿意商量，还是愿意自己想？

生：自己想。

师：自己想也可以，商量也行。（**过了两分钟，学生要求发言**）

生：比方说打扫一间房子、桌子、凳子、墙壁，那就可以先踏着桌子、凳子。

师：她说的例子属于统筹安排工作进程范畴，但跟今天所学的联系还不太紧密。谁能举一个做事窝工的例子？

生：比方我星期天帮妈妈做饭做菜，我家有两个煤气灶，可我却先择菜、淘米，然后才想起烧水做饭，做完饭，才想起做菜，这样就窝了工。

师：怎样才不窝工呢？

生：我先烧水，在等水开的这段时间，淘米、洗菜。水开后，米下锅，在等饭熟的这段时间炒菜。这样就节省了不少时间。

师：他讲得很好，谁能让自己的思维从厨房和家庭中解放出来，举一个别的例子？

生：学校开运动会，总是在进行径赛项目的同时，安排田赛和团体操赛，这就节省了时间。

师：这个例子举得好，大家如果细心，还可以发现更多的使用统筹方法的例子。同学们以后参加工作，就可以用作者教给我们的统筹方法做好自己的工作，学会这样做工作就等于——

生：延长生命。

师：对！延长生命。请同学们商议总结一下咱们这节课的学习重点与学习过程。（**学生们兴高采烈地说本节课的三个学习重点及难忘的学习过程**）

师：今天这节课就上到这儿，盼望大家今后经常运用统筹方法，提高学习、工作效率，为人民、为祖国多做实实在在的事情。

统筹方法

华罗庚

统筹方法，是一种安排工作进程的数学方法。它的实用范围极为广泛，在企业管理和基本建设中，以及关系复杂的科研项目的组织与管理中，都可以应用。

如何应用呢？主要是把工序安排好。

比如，想泡壶茶喝。当时的情况是：开水没有；水壶要洗，茶壶茶杯要洗；火已生了，茶叶也有了。怎么办？

办法甲：洗好水壶，灌上凉水，放在火上；在等待水开的时间里，洗茶壶、洗茶杯、拿茶叶；等水开了，泡茶喝。

办法乙：先做好一些准备工作，洗水壶，洗茶壶茶杯，拿茶叶；一切就绪，灌水烧水；坐待水开了泡茶喝。

办法丙：洗净水壶，灌上凉水，放在火上；坐待水开；水开了之后，急急忙忙找茶叶，洗茶壶茶杯，泡茶喝。

哪一种办法省时间？我们能一眼看出第一种办法好，后两种办法都“窝了工”。

这是小事，但这是引子，可以引出生产管理等方面有用的方法来。

水壶不洗，不能烧开水，因而洗水壶是烧开水的前提。没开水、没茶叶、不洗茶壶茶杯，就不能泡茶，因而这些又是泡茶的前提。它们的相互关系，可以用下面的箭头图来表示；箭杆上的数字表示这一行动所需要的时间，例如15表示从把水放在炉上到水开的时间是15分钟。

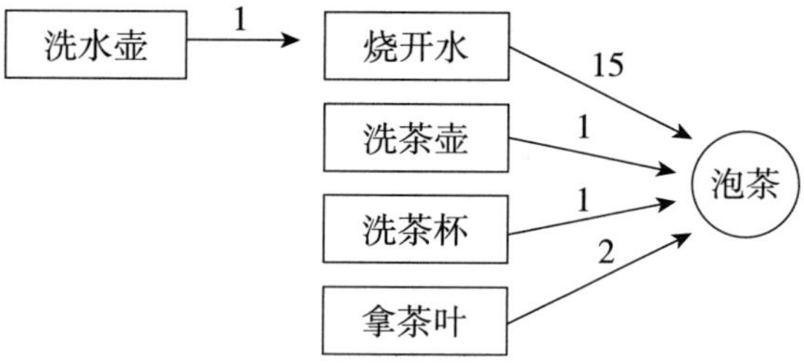

图一

从这个图上可以一眼看出，办法甲总共需要16分钟（而办法乙、丙需要20

分钟)。如果要缩短工时、提高工作效率，应当主要抓烧开水这个环节，而不是拿茶叶等环节。同时，洗茶壶茶杯、拿茶叶总共不过4分钟，大可利用“等水开”的时间来做。

是的，这好像是废话，卑之无甚高论。有如走路要用两条腿走，吃饭要一口一口吃，这些道理谁都懂得。但稍有变化，临事而迷的情况，常常是存在的。在近代工业的错综复杂的工艺过程中，往往就不是像泡茶喝这么简单了。任务多了，几百几千，甚至有好几万个任务。关系多了，错综复杂，千头万绪，往往出现“万事俱备，只欠东风”的情况。由于一两个零件没完成，耽误了一台复杂机器的出厂时间。或往往因为抓的不是关键，连夜三班，急急忙忙，完成这一环节之后，还得等待旁的部件才能装配。

洗茶壶，洗茶杯，拿茶叶，或先或后，关系不大，而且同是一个人的活儿，因而可以合并成为：

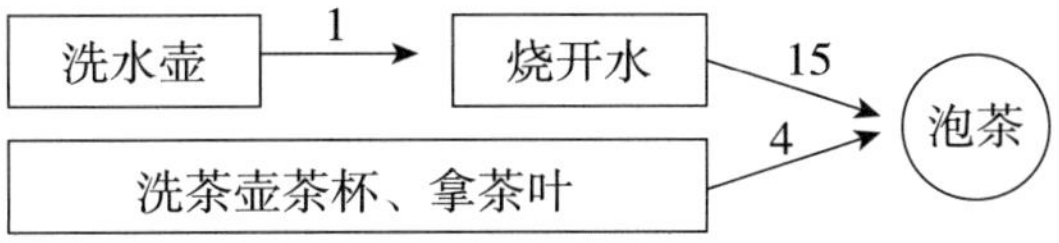

图二

用数字表示任务，上面的图形可以写成为：

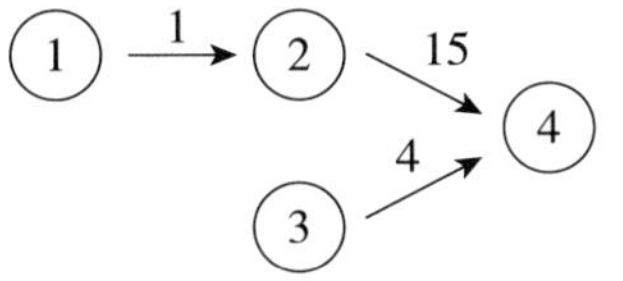

（①洗水壶　②烧开水　③洗茶壶茶杯、拿茶叶　④泡茶）

图三

看来这是“小题大做”，但在工作环节太多的时候，这样做就非常有必要了。

这里讲的主要是有关时间方面的问题，但在具体生产实践中，还有其他方面的许多问题。而我们利用这种方法来考虑问题，是不无裨益的。

当然，这种方法，需要通力合作，因而在社会主义制度下能更有效地发挥作用。

二、“美”“巧”“活”“实”

——欧阳代娜老师《岳阳楼记》研习

欧阳代娜有两本书，一本是《欧阳代娜：呼唤“整体改革”》，一本是《欧阳代娜中学语文教学艺术初探》。这两本书勾勒出了欧阳老师致力于语文教学事业的两个方面：“整体改革”主要落实在她主编的初中语文教材上，“教学艺术”则流淌在她的课堂教学里。欧阳老师主编过初中语文教材，编写过《教学参考用书》和《导读指导》，发表过《雷雨》《背影》等一系列教案，数十年不断地打磨一堂堂的课，孜孜以求。内行的人都知道，上述这种种事情，靠的是硬碰硬的功夫；即使在著名语文特级教师中，像欧阳代娜这么扎实的，也为数不多。与老一辈语文教学改革者一样，欧阳老师也持教学模式、教学方法的视野，她把自己的教学追求概括为“美”“巧”“活”“实”四个字，而《岳阳楼记》则是她认为充分地实现了自身教学追求的一堂课。对于这堂课，我们可以从以下三个方面来看：关于“语文教学艺术”；关于“课堂教学的结构”；关于“把我对教材的理解教给学生”。

（一）关于“语文教学艺术”

正如 G. J. 波斯纳所指出的：“要这样全面地解释教学，还必须至少看到教学活动的两项维量，也就是活动顺序的两项维量。课堂活动可以指师生的课堂活动，也可以指活动的内容。因此，教学活动顺序既可以从师生活动相互作用的形式（指他们在课堂上做什么），也可以从活动的实质内容来描述。前者一般称为‘教学方法’或‘方式’，后者称作‘学科内容’‘课程’或‘教学内容’。”[1] 也就是说，“教学方法”维量与“教学内容”维量是一件事情的两面；从教学方法角度概括的“步骤”，其实也就是教学内容的安排。

观课评教的角度既可以从“先怎么教、再怎么教、后怎么教”的角度去考察，也可以从“先教什么、再教什么、后教什么”的角度来审视；既可以侧重于教学方法，也可以侧重于教学内容。我是主张从教学内容的角度来观课评教的，而反对单

---

[1] 中央教育科学研究所比较教育研究室．简明国际教育百科全书·教学（下）［M］．北京：教育科学出版社，1997：295.

从教学方法的角度。也就是说，主张用“先教学什么，再教学什么，后教学什么”这样的方式来讨论语文教学，而不主张“先用什么方法，再用什么方法，后用什么方法”那种方式。教学方法是重要的，体现先进理念的教学方法应该被大力张扬。然而在教学方法方面的努力，是为了更有效地实现教学内容，先进的理念首先关乎教学内容，首先要落实到“教什么”上。“是教学目的和内容‘选择’方法，而不是其相反”[1]，巴班斯基早就这样说过。

教学方法的极致，是教学艺术；对语文教学方法的孜孜以求，是企求达到语文教学艺术的境界。关于“语文教学艺术”，欧阳老师归纳为四句话：“要在语文教学中讲出‘美’字来，‘美’是语文教学艺术的基础”“要在语文教学中悟出‘巧’字来，‘巧’是语文教学艺术的核心”“要在语文教学中点出‘活’字来，‘活’是语文教学艺术的契机”“要在语文教学中练出‘实’字来，‘实’是语文教学艺术的归宿”。[2]

然而在我看来，上面所说的“语文教学艺术”，落点均在教学内容上。

所谓“美”，也就是优秀作品的核心价值，意思是说，阅读教学中合宜的教学内容要切入文本的精华、精髓所在。比如《岳阳楼记》，欧阳老师说：“《岳阳楼记》是文言文作品中的精品。我们常常为文章中的深邃地凝聚着我国人民传统美德与人生哲理的名言佳句——‘先天下之忧而忧，后天下之乐而乐’而感动不已。这诚然是正确的，但还不能算对文章理解得深入了。因为我们还未能向学生讲清楚作者的思路，学生还没有能梳理出作者构思的过程，这个名言佳句是如何铺垫出来的。这样的学习就只能停留在对词语的表面理解和简单背诵上了。无法从作者的构思中学到思维的规律与方法，也就很难真正深刻地理解文章的思想观点与感情了。”[3]根据自己多年执教与阅读《岳阳楼记》的经验和体会，欧阳老师发现这篇课文“美”的所在，是“思路与结构的美”。因此，这堂课的核心教学内容，欧阳老师确定为：“我们可以用讲清作者思路的办法，来寻求作者构思时的思路轨迹，从中体会作者的博大宽深的襟怀情操与思想境界。”[4]

所谓“巧”，欧阳老师提炼了她的经验：“巧”是“语文能力训练与知识传授两者关系的最佳结合点；阅读教学中最大信息量的储存点；课堂思维训练的最巧的入

---

[1] 巴班斯基. 中学教学方法的选择［M］. 张定璋，高文，译. 北京：教育科学出版社，2001：3.

[2] 欧阳代娜，王文琪，戴汝潜. 欧阳代娜中学语文教学艺术初探［M］. 济南：山东教育出版社，1997：11，47，64，75.

[3] 欧阳代娜，王文琪，戴汝潜. 欧阳代娜中学语文教学艺术初探［M］. 济南：山东教育出版社，1997：22.

[4] 欧阳代娜，王文琪，戴汝潜. 欧阳代娜中学语文教学艺术初探［M］. 济南：山东教育出版社，1997：22.

手处；课文处理的最关键的突破口”。[1]换言之，“巧”主要落实在关键词句，尤其要“善于抓住题眼，以一字带动全篇”。欧阳老师细致地描述了自己在研习《岳阳楼记》的过程中是如何抓住“异”这个字的，我大段地抄下来，因为她的这番话对语文教师很有教益。

我备课时候首先发现的问题是：作者为什么将浩瀚无际、风光万千的洞庭湖的胜景只用寥寥几句话就一笔带过去了，而且用一个封门的句子（“前人之述备矣”）把自己的文路堵死？我想范老夫子是有深意在的。文章不能只开个头就煞了尾，他还是要写下去的，而且洋洋洒洒写了一大篇。他是为自己另找一条与众不同的思路啊！我继续探求时，忽然发现一个关键句：“然则……得无异乎？”感到茅塞顿开，眼前豁然看到作者思路的轨迹：“异”字表明作者要另辟蹊径，“异”字是全文的题眼。……

但当我抓住“异”字循文索章去追索时，又发现了第二个问题：文章的第三、四自然段，篇幅不小，占去全文的近半，可是这两段除了写景的辞藻生动形象，优美工整之外，并无新意啊！……那么，求异的思路是否在此中断了呢？这是作者的疏忽或败笔吗？带着这两个问题与作者讨论，原来第五自然段的首句已做出了回答：“予尝求古仁人之心，或异二者之为，何哉？”一个“异”字再次出现，把全文有机地联系起来了：高尚的人们是有不同于平常人所有的两种心态的。关键是“二者”一词的所指，这是我的第三个问题。它正是指课文第三、四自然段所描写的“悲者矣”与“其喜洋洋者矣”这两种心态。写这两者还是为了反衬中心题旨。指出仁人志士异于常人的表现就是“不以物喜，不以己悲”，这既是对“以己悲，以物喜”者的劝勉，更是抒发自己伟大抱负的前奏。紧接着，一个千古不朽的名句“先天下之忧而忧，后天下之乐而乐”就自然而然地镌刻于天地之间了。最后的“微斯人，吾谁与归”一句，又含蓄、亲切地点明了自己与挚友都属于“得无异乎”之人，圆满地扣了题。就这样，我仿佛是与作者一起讨论问题，一起思考问题，最终把握文章的精髓，其他问题也就迎刃而解了。……[2]

如果说，“美”与“巧”主要涉及教师文本研习这一阶段，那么，“活”与“实”则主要体现在教学设计阶段。所谓“活”，也就是课堂教学中要“活”，要善于启发学生，而要点在“引而不发，跃如也”。在接受性学习的大背景下，“活”主

[1] 欧阳代娜，王文琪，戴汝潜. 欧阳代娜中学语文教学艺术初探［M］. 济南：山东教育出版社，1997：48.

[2] 聂进. 欧阳代娜：呼唤“整体改革”［M］. 武汉：湖北教育出版社，2001：99-100.

要落实在善于设疑提问。对此，欧阳老师总结出了宝贵的经验："设疑的切口宜小不宜大，求得以小见大之效果""提出的问题宜少不宜多，求得以少胜多的效果""设疑宜简不宜繁，求得以简驭繁的效果""提问时要问文求道，切忌把思想教育驾空"。[1] 也就是说，提问要围绕、指向核心教学内容的核心点，尤其是关键词句；在我看来，也就是在一个个的点上具体地落实教学内容。我以为《岳阳楼记》这堂课的玄机，其最精彩的地方，就是提问。比如第二课时里的这一个片段，欧阳老师是这么提问的：

（1）请大家注意作者的观点体现在哪个句子中？

（2）这句话中的哪个字对前面的文章做了照应，使文章顺利地从第二部分过渡到第三部分？

（3）这"二者"指谁？

（4）范仲淹是否同意这两种心境呢？是不是认为应有第三种心境呢？

（5）既然不同意，那为什么还要写出它们来？

（6）第三种心境是由哪个句子表达出来的？

（7）以上"二者"都是作者所不取的，那么应该怎么办呢？

（8）那么，作者认为到底怎样做？他的伟大抱负在哪里？

所谓"实"，也就是教学内容扎实地落实。这包括两个方面：一个是在课堂教学中强化实践能力，有人统计，在这两节课中，先后叫学生勾、画、批、点共12次。另一个是主要的，欧阳老师叫"优化课堂教学结构"，也就是建立"立体交叉的课堂教学结构模式"。关于这一"模式"，我们下文还要分析，这里只说结论：在我看来，所谓"立体交叉"云云，其实就是要求教学的各个环节围绕、指向核心教学内容的核心点，在课堂教学的整个线路上连贯地落实教学内容。

综上所述，欧阳老师所说的"语文教学艺术"，其"美""巧""活""实"等，落点均在教学内容上。"语文教学艺术"的问题，实际上是语文教学内容的问题；"语文教学艺术"的实质，是合宜的教学内容有效地实现。

长期以来，语文教学观课评教的角度，是教学方法、教学艺术。语文教师的课堂教学研究，也被鼓励从教学方法上着力，讲究花样翻新，探求各种各样的"教学模式"；语文教学的改革，在许多教师和一些评课专家的心目中，似乎都仅仅是教学方法的改革。我以为这是严重的误导。

大家知道，语文教学界有不少具有高超教学艺术的优秀教师，也涌现出了许许

---

[1] 欧阳代娜，王文琪，戴汝潜．欧阳代娜中学语文教学艺术初探［M］．济南：山东教育出版社，1997：66-68．

多多所谓的语文教学模式。尽管各种模式的宣传并不见少，尽管优秀教师马不停蹄地到处示课讲学，但是情况好像依然如故，普通教师的教学原来怎样，现在好像依然怎样。为什么优秀教师的经验不能推广呢？经常听到有人这样问。

其实不是经验不能推广，而是我们一直没有弄明白要推广的是什么经验。在我看来，单从教学方法而论教学方法，而论教学艺术，而论教学风格，很可能永远也找不到那些要推广的、应该推广的、可以推广的经验。教学方法的问题，实质是教学内容的问题。比如欧阳代娜的“语文教学艺术”，如果我们把握住以下两个要点（①教学内容切入文本的精华、精髓所在，并聚焦在关键词句等核心点上；②教学的各个环节围绕、指向教学内容的核心点，并在课堂教学的一个个点上具体地落实），那么我相信，欧阳代娜似乎神秘的“美”“巧”“活”“实”，是可以推广、移植的。

（二）关于“课堂教学的结构”

“课堂教学的结构”，其实就是教学内容的安排、教学内容的展开过程。欧阳老师为自己的课堂教学，取了一个别扭的名称，叫“立体交叉的课堂教学结构模式”，其含义并无新意，用于描述自己执教的《岳阳楼记》等课例，至多也只能是形似而不能神似。这显然受了当时语境的影响。对于“结构模式”，欧阳代娜将其分为三个环节：①从整体入手把握文章的立意、构思与层次脉络，包括解题、预习、质疑等实施步骤；②对课文的局部（重点与关键部位）做精雕细刻的点拨、讨论、评点、批注，包括朗读课文、师生共同讨论、指导学生把讨论意见在书上做批注、再朗读关键的章段等实施步骤；③回到整体上来归纳总结，包括归纳作者的思路脉络、总结文章的中心思想、介绍写作特点、再质疑、布置作业等实施步骤。[1]

按照欧阳老师的解释，《岳阳楼记》的教学“充分体现阅读教学的原则”：第一个环节，是通过预习和检查预习两个步骤实现的；第二个环节，也就是引导学生对课文的局部进行精雕细刻，教学第 3—5 段；第三个环节，完成三个任务——①抓住“微斯人，吾谁与归”，体会扣题方法与用意；②归纳整理作者的思路脉络；③归纳本文的中心思想。[2]

我以为欧阳老师的这种解释很不妥当，对这堂课的实情是一种变形的反映，因而使人难以摸清这堂课的运行机制。我们从时间上来看，按“立体交叉”来解释：

[1] 欧阳代娜，王文琪，戴汝潜．欧阳代娜中学语文教学艺术初探［M］．济南：山东教育出版社，1997：77-78.

[2] 聂进．欧阳代娜：呼唤“整体改革”［M］．武汉：湖北教育出版社，2001：101-102.

第一个环节占第一课时的大部分，加上重分量的预习——如果要达到“把握文章的立意、构思与层次脉络”的话，按欧阳老师的教导，学生至少“熟读课文三遍”；第二个环节大约占第一课时的三分之一左右，讨论课文写景的两段，加上第二课时的三分之二不到，学习课文的第 5 段；而第三个环节占第二课时的三分之一多，讨论文章结句、归纳思路、归纳中心、回答什么是“记”、布置作业。把预习归入“课堂教学结构”首先不妥当，因为它是课堂教学之前完成的；说这一环节是检查预习也没说到点子上，因为有的预习不需要检查，有的预习老师认为不宜在这时候检查，比如关于“体裁”就没有检查，所以最后学生还有“再质疑”；这堂课“检查”的是第 1—2 段的口译，也谈不上“从整体入手把握文章的立意、构思与层次脉络”。第二个环节分割在两个课时里实施，显然应该分属于两个环节，而不宜硬套在一个说法上；讨论写景的两段，欧阳老师有意做“轻描淡写”的处理，显然与“精雕细刻”不是一回事情。第三个环节中的“归纳主题”纯属多余，因为在这堂课中理清了作者的思路，实际上就已经很深刻地理解了主题；布置作业与“回到整体上来归纳总结”没有关系，实际上是完成教材的几个文言练习题，在这节课中也是对教师没讲的内容做点弥补，比如关于对偶句。

如果要从这堂课的外形上看，那么就是先学第 1—2 段，再学第 3—4 段，再学第 5 段，最后把各段联系起来，总结出作者的思路。所以我说，那个别扭名称的“模式”并无新意，“用于描述自己执教的《岳阳楼记》等课例，至多也只能是形似而不能神似”。

我以为关键是要看各个环节的功能以及功能的实现方式。我们用欧阳老师所比喻的“一锅出”[1]和我所看出来的“一根筋”，才能体认《岳阳楼记》的课堂教学结构，实际上也是语文科一堂好课的课堂教学结构。

“一根筋”是从纵向来说的，也就是前面讨论过的“实”：教学的各个环节围绕、指向核心教学内容的核心点，在课堂教学的整个线路上连贯地落实教学内容。

先来看预习。为什么是这些预习题，而不是那些题呢？为什么这些题检查，而那些题不查呢？答案是围绕、指向核心教学内容的核心点。预习题共 5 题，第 1 题是通读全文，第 2 题是口译第 1—2 段，这两题是实的，尤其是第 2 题，这堂课检查的就是它。关于“体裁”“线索”“写景段的作用”的三道题是虚的，目的是形成阅读的思维导向，为接下来的教学做必要的铺垫和准备，所以只是要求学生“思考”，也就是“想一想”，并不真的指望学生完成它，事实上也不可能完成，否则这堂课就不必要上了。这三道题，实际上就是一道，即关于作者的思路，指向集中。

---

[1] 欧阳代娜，王文琪，戴汝潜. 欧阳代娜中学语文教学艺术初探［M］. 济南：山东教育出版社，1997：78.

第一个环节是“检查预习”，实际上是借“检查”名义按文言文的阅读方式学习第 1—2 段。我们看课的这一部分，应该关注欧阳老师“检查”的落点。这部分的教学，显然有意把学生的关注点引向文章的结构，而落实在关键词语“守”“备”“然则”“异”。正如欧阳老师在“教学笔记”里所说：“备”与“异”，“抓住这一闭一合，教学的第一个难点就解决了，为教学进入下一步打下了基础”。[1]

第二个环节是学习课文的第 3—4 段，关于这一环节的处理，欧阳老师有一段描述：“第三、四、五自然段是文章的主体部分，但没有必要平均使用力气去精雕细刻，要分清主次，以找出思路脉络这条主线做引导。不过这里有一个难题要处理好，那就是三、四两段虽然不是主要的，但文字较长，词汇较多，写景较生动，有不少名言佳句，阅读时会有一定的难度。如果处理不好，就会影响对第五自然段的精读。我采用以学生自学的办法，即由学生口译、教师指点关键的或难懂的字词的方法来加深学生的理解，解决了难题。在这里，我只轻轻地提出一个‘小’问题：这两大段的景物描写，写出作者所说的‘异’了吗？作为承上启下的铺垫，把学生的思维引向课堂讨论的高潮。”[2] 这段描述，清楚地说明了教学的各个环节如何围绕、指向核心教学内容的核心点。显然，如果把教学的核心内容定位在教材所指示的“学习比喻、对偶、排比等修辞手法”，那么对第 3—4 段的处理就完全是另一副面目，也必须是另一副面目。这也解释了为什么欧阳的这堂课只把对偶留个习题，只在布置作业时稍许提示。时下有些老师看课，只从教法着眼，朦胧地觉得某个环节处理得好，就想“借鉴”，并且想与其他完全是另一码事的教学内容“综合”，所谓“博采众长，为我所用”，这真是自以为是地瞎搞。

第三、四个环节不必说了。第三个环节“对第五自然段的精雕细刻，是教学全过程中最关键、最核心的部分。抓住‘或异二者之为’一句中的‘异’字，以便把全文的思路贯穿起来；对‘二者’的含义的正确理解，则解开了上面提出的‘小’问题，从中可以领悟到作者构思的匠心”。[3] 第四个环节是抓住“微斯人，吾谁与归”，回顾全文，从而归纳作者的行文思路。

教学线路“一根筋”，是语文教学一堂好课的显著表现。遗憾的是，语文教师似乎很少有人领会“一根筋”；教学的各个环节如何围绕、指向教学内容的核心点，似乎很多教师都不会，其中包括许多特级教师。我在评议魏书生执教的《统筹方法》时指出，把“读懂”这一个目标分割成“学习文中的两个成语”“学习用图表

---

[1] 聂进．欧阳代娜：呼唤“整体改革”［M］．武汉：湖北教育出版社，2001：101．

[2] 聂进．欧阳代娜：呼唤“整体改革”［M］．武汉：湖北教育出版社，2001：101-102．

[3] 聂进．欧阳代娜：呼唤“整体改革”［M］．武汉：湖北教育出版社，2001：102．

说明事物的方法”“读懂全文，会说、会写（未进行）、会用”这样三个子目标，在阅读教学中造成学习词语、读懂课文、学图表说明的知识和技能这种种互不相干的几个分叉，也就是经常有人批评的“肢解”。[1] 当然，“肢解”主要是教材造成的，比如这堂课，欧阳老师也不能免俗：课前“介绍学习本课的目的”（即教材写的教学要求），与整堂课关联不大；课后布置作业（即教材的练习），与这堂课的教学也关联不大，而缺少核心教学内容的应用与拓展。

“一锅出”是就教学的一个环节的内部说的，与前面讨论过的“巧”有关系：提问要围绕、指向核心教学内容的核心点，尤其是关键词句，即在一个个的点上具体地落实教学内容。“一锅出”，要求把语文教学的多项任务巧妙地统一在一个环节里，而不是几个方面各行其是，把课堂教学弄成一个一个的碎片。欧阳老师的《岳阳楼记》近乎完美地体现了“一锅出”的精神，语文教师实在有必要经常研习这堂课。我们看一个片段：

师：“忧其君”一句理解得好。作者作为一个封建社会的士大夫，有忠君思想是不足为奇的，这当然是封建落后的东西。这位同学翻译时做了些改动（注：关心国家大事），说明他注意到这点，这是很好的。可不可以这样译——就要时刻关心君主的活动（也就是关心国家大事，关心朝廷的政策）？

生：“进”，指做官；“退”，指在野。与前面的“喜”和“悲”相呼应。

师：很好，请大家批注在书上。

师：那么，作者认为到底怎样做？他的伟大抱负在哪里？

生：（齐答）……

师：很好，这个结论就自然而然地出来了。这个句子请大家加上波浪线，在“先”“后”两字上加小注，这是什么句式？

（三）关于“把我对教材的理解教给学生”

介绍学习本课的目的，布置课后练习，正如前面所说，这两个地方是这堂课的败笔。除此之外，《岳阳楼记》这堂课还有两处需要反思的地方。

第一处是预习检查处，按“立体交叉的课堂教学结构模式”，这里本来应该是有“质疑”步骤的。事实上，学生也的确有疑惑，比如临近结束时学生问“文章

---

[1] 见本书第 25 页“追求语文教学的效率——魏书生老师《统筹方法》研习”。

是什么体裁？”。然而欧阳老师省略了这一步骤，而代之以一段如何学习文言文的教诲。为什么不一开始就让学生“质疑”呢？

前面讲过，关于“体裁”“线索”“写景段的作用”的三道题，目的是形成阅读的思维导向，为接下来的教学做必要的铺垫和准备。既然要求学生“思考”，就应该让学生有机会说说他们的思考。然而整堂课欧阳老师没有给学生这样的机会。为什么不给学生说自己思考结果的机会呢？

我们可以设想，如果在课的一开始，就由学生质疑，就让学生交流他们的思考，如果教师也愿意以学生的疑惑、思考为教学的起点，现场调整她的教学内容和安排，那么这堂课显然不会是目前这个样子，但很可能欧阳老师认为这样会完不成教学的任务。那么这堂课的任务由何而来呢？教师是以怎样的姿态来确定一堂课的教学任务呢？欧阳老师的回答是：“把我对教材的理解教给学生。”[1]

这就引来了需要反思的第二处。当学生找出“异”字时，教师很高兴，用“十分正确”加以表扬之后，指示学生“请把这个词加上着重号，并在整句话下面画上波浪线”，然后讲述“这一个‘异’字，引出下面的叙述，导出新的思路，最后抒发出伟大的抱负”，然后告诫学生“以后大家看书，要学会把握这些关键的字词句”，旋即转入下一个话题，看第 3—4 段写了什么。我提的问题是，为什么不当时就让学生“学会把握这些关键的字词句”呢？关于“异”的“引出”“导出”“抒发出”可不可以让学生们自己探究呢？欧阳老师的回答很可能是“不可以”，因为课堂教学要“充分体现阅读教学的原则”[2]，也就是“立体交叉的课堂教学结构模式”，而其前提是要“把我对教材的理解教给学生”。

“我对教材的理解”，包括理解的结论和理解的过程；“把我对教材的理解教给学生”，理应也包括把理解的结论和理解的过程教给学生。那么什么是“教给”呢？这里至少有三种可供选择的答案：一种是许多教师在课堂上反复做的，讲理解的结论（教参的或自己的），我们叫“阐释”，实际上是教师代替学生阅读，或者学生听教师阅读。一种是欧阳老师在这堂课中的做法，根据自己的理解过程，牵着学生按规划的线路阅读指定的点，诱导学生得出教师许可的结论——这堂课尽管也强调了“学会把握这些关键的字词句”，但教学内容的落点从总体上看还是在理解的结论上。一种是我们所期待的，以学生的阅读初感为起点，教学生合适的阅读方式，引学生学习、应用合适的阅读方式，从而得出自己的理解结论。

欧阳老师对《岳阳楼记》的理解，是“思路与结构的美”；欧阳老师把握“思

[1] 聂进．欧阳代娜：呼唤“整体改革”［M］．武汉：湖北教育出版社，2001：101.

[2] 聂进．欧阳代娜：呼唤“整体改革”［M］．武汉：湖北教育出版社，2001：101.

路与结构的美”，是通过“备”“异”“二者”等关键词语进行的。有没有可能把教学内容的落点转移到阅读的方式上？有没有可能把课堂教学的重心放在“学会把握这些关键的字词句”上？有没有可能使关注阅读的结论转移到关注阅读的过程？有没有可能让学生在“学会把握这些关键的字词句”的过程中自主地与课文对话？有没有可能把紧紧牵住学生思维的手放松一点？这些都是《岳阳楼记》这堂课需要进一步研讨的地方。

我认为，当今的语文教学，应该从“把我对教材的理解教给学生”转移到“把我理解教材的方式教给学生”。当然，无论是“我对教材的理解”，还是“我理解教材的方式”，前提都是正确——正确的理解、正确的理解方式；而欧阳老师执教的《岳阳楼记》，实实在在地告诉了我们，什么是正确的理解，什么是正确的理解方式，以及如何才能拥有正确的理解方式和理解。我所期待的，是在学习《岳阳楼记》这篇课文时，学生们也能经历欧阳老师在备课时所经历的那番发现、受阻、突破、洞悉，也能享受阅读时陷入困惑以及疑惑得解、云开雾散的那种精神愉悦。

［附：课例及课文］

《岳阳楼记》教学实录[1]

预习提纲

一、查阅工具书，弄懂课文中生字词的读音，朗读全文。

二、熟读并口译文章的第一、二自然段。

三、思考以下问题：

1．文章标题是“岳阳楼记”，这是什么体裁？文章是以记叙为主，还是以抒情议论为主？

2．文章有一句话可以作为全文的中心线索句，你能找出来吗？它是如何贯穿全文并引发出作者的伟大抱负的？

3．文章为什么要详写洞庭湖的风光？这是文章的中心内容吗？

第一课时

一、介绍学习本课的目的。

1．学习作者在文章中抒发的“先天下之忧而忧，后天下之乐而乐”的高尚的理想抱负。

2．学习借景抒情、发表议论的写法和对偶修辞方法的运用。

---

[1] 聂进．欧阳代娜：呼唤“整体改革”［M］．武汉：湖北教育出版社，2001：88-98．

3．培养自读文言文的能力，了解“则”“然而”“乃”的用法。

二、介绍自学文言文的方法和检查预习效果。

我们在充分利用课文注释及工具书的基础上，主要靠熟读、背诵与口译课文的方法，进行自学，培养阅读文言文的能力。以下三个步骤可以试行。

1．熟读课文三遍：第一遍在朗读中校正读音，并查找出生字；第二遍朗读时画出在初读中发现的疑难语句；第三遍朗读时逐步做到边读边口译课文，并最后画出通过查阅注释与工具书仍不能解决的疑难句段，将这些问题用红笔标出，或者请教老师和同学，或者在课堂上注意听讲，进行对照，有针对性地解决这些难点。这样学一定会迅速提高阅读文言文的能力。

2．检查预习。

首先由两位同学分别朗读课文第一、二自然段，由大家指出听读中发现的读音方面的问题。

生：在第一自然段的朗读中“属”字读错了。

师：应该怎么读？

生：应读“zhǔ”，不应读“shǔ”。

师：“属”字在此当什么讲？

生：与“嘱咐”的“嘱”字相通。

生：在第二段朗读中“浩浩汤汤”一词中的“汤”，应读“shāng”，不应读“tāng”。

师：你们在预习时是否查阅过有关作者的资料？谁能简要地给大家介绍一下？

生：他是北宋时期的文学家、政治家。

师：现在我们来解释一下文章的标题。岳阳楼在什么地方？我国古代建筑中有三大名楼，它们叫什么名字？在什么地方？

生：有黄鹤楼，在湖北省武汉市。

师：还有呢？

生：岳阳楼，在湖南省岳阳市，洞庭湖边。

师：很好。但是你怎么知道？你去看过吗？

生：没有。我看了课文注释知道的。

师：很好。大家应学会运用注释来解答疑难，丰富自己的社会文化知识，还有一座楼呢？

生：（小声地）滕王阁……

师：很对，你大声说给大家听。

生：（大声地）滕王阁。

师：很好，这位同学的知识面比较宽，很好。滕王阁在江西省南昌市。

师：好，检查预习结束，大家预习的效果是好的。记，是古代的一种文体，可以记叙，可以议论、抒情。

师：请一位同学口译第一句。

生：第一句是——“1044年，宋仁宗四年春，滕子京被贬官到巴陵。”

师：意思对。请大家注意“谪守”两字怎么讲？

生：“谪”——贬官，降职。

师：“守”字是指做州郡的长官，也就是做太守。整句可译为“被贬官降职到巴陵来做地方官”。大家用红笔在“谪”“守”两字下加上“△”符号。下一位同学口译第二句。

生：“到了第二年，庆历五年，政事顺利，百姓和乐，被废弃的事业又都重新兴盛起来。”

师：很好。这句要注意“越”字和“具”字的解释，并在字下面加上“△”符号，表示注意它的用法。

生：第三、四句是——“于是重修岳阳楼，扩建它原来的规模，把唐代和宋代人的诗词歌赋刻写在岳阳楼上，嘱咐我做篇文章来记述这件事。”

师：口译得很好，这两句话中要注意“乃”“制”“予”“属”的用法，大家标上符号。“之”，指什么事？

生：指重修岳阳楼这件事。

师：对。但作者在文章中写了修楼的事吗？我们来研究他是怎么写这篇文章的，看看他的文章构思特点。

师：以上为第一部分，段意可归纳为“写文章的由来”。

生：第二段的一、二句口译是——“我看巴陵最好的景致，就在洞庭湖的整个湖上。它包含了远山，即湖中有山。像张开大口容纳进长江的大水，江水浩荡，无边无际，一天之内阴晴变化不定，景象万千，层出不穷。”

师：口译得好，语言也很流畅优美。请大家注意“胜”“汤”“一”几个字，并画上符号。“一”字应怎么译？

生：可译为“全部”。

师：很好，“一”在我们的汉语中常有代表全部、整个的意思，如“一往无前”“一无所有”“一如既往”等。

生：接下来是——“这就是岳阳楼的雄伟景象，以前的文人作家已经写得很详尽完备了。”

师：很好。“则”作为“就”字讲，“大观”这个词语要注意，现在还有生命力。请画上符号。

师：好，现在大家注意“备”字。既然前人的叙述已很详尽了，那么作者写这篇文章岂不多余？

生：不多余，因为他写了别人没有写出来的内容。

师：你的意见非常深刻。的确，作为一般性的写景。大家都已写完了，范仲淹也很难再写出什么新意。不过，他还是要写（好朋友滕子京交给的任务还没完成呢！），而且他就真的写出了新意，写出了近十个世纪以来脍炙人口的不朽名句。不过一个“备”字等于自己封了口，无法写下去了。大家看作者用什么词语使自己的思路又打开了一扇大门，出现“柳暗花明又一村”的情景了？

生：用“然则”一词做了转折。

师：很正确，大家先画上这个词，标上着重符号，不过还应分清“然”与“则”各自的含义。

生：“然”——这样，“则”——那么。

师：对。但课文注释中加上“（既然）”一词，为什么要加上括弧？

（没有学生回答）

师：这是因为我们在翻译文言文时，由于古今的语气用语不同，常需要加上一些连接的词语作为过渡，文章才能通顺。但这些新加进去的词语，又不是原文的内容，为了表示区分，所以加上括弧。请大家在“然则”下加上着重号，并加批语——“转折，引出下文”。

生：第五句是——“（既然）这样，那么（岳阳楼这个地方）向北可以直达巫峡，向南可以直到潇水、湘水，被贬迁的官员和（来往的）文人墨客，都汇集到这里，这些人目睹洞庭湖的景色而产生的情感，怎么能够相同呢？”

师：很好。大家注意这句话中有一个字，十分关键，可以说是全篇文章的文眼（也叫题眼），全文由此而思路顿开，文思如涌，一气呵成地完成这篇宏伟著作。大家找一找是哪个字？

（课堂活跃，大家争论）

生：“异”字。

师：十分正确。请把这个字加上着重号，并在整句话下面画上波浪线。这一个“异”字，引出下面的叙述，导出新的思路，最后抒发出伟大的抱负，十分重要。以后大家看书，要学会把握这些关键的字词句。现在大家来研究下面的文章，作者接着写了什么？请看下面第三、四自然段是写什么内容？

生：这两段写洞庭湖的风光。

师：那么作者写出来“异”样的内容了吗？

（生有争议）

师：大家讨论一下，哦，同意“没有”的是少数。不过，我也觉得他没有写出新异的东西，这是为什么呢？现在我们先翻译出这两段的意思。大家先默读第三段。

生：（**口译**）“像那连绵的阴雨不停地下，整个月都不放晴。阴风呼号，浑浊的大浪冲向天空。（这时）太阳与星星都失去光辉，山岭也被隐没了形迹。船上的桅杆倒下了，桨也折断了，（所以）来往交通断绝了，商人和游客都无法行走了。临近傍晚，天色昏暗，（耳边又传来）老虎吼叫的声音和猿猴的凄厉的尖叫声。”

师：口译得很好。在这段里应注意哪几个字词，包括生字、难解的字、有特殊含义的字？

生：“连”“排”“樯”字。

师：很好，还有“薄”也要注意。“若夫”与后面的“至若”两词，是后面作业涉及的内容，也应注意。

生：（**口译**）“（如果在这时）登上岳阳楼，（看见这种情景）就会有离开国都，怀念家乡，担心（人家）说坏话，惧怕（人家）讽刺的心情，举目一望全是凄凉冷落的样子，就会感到非常悲伤。”

师：很好，大家注意“去”“国”字的用法。请大家在这段后加上批注——“览物之情——（　　）”。是什么感触？用课文中的一个字来概括。

生：“悲”字。

师：很对，请大家填上。这样的触景生情，有没有新意？“异”字写出来没有？

生：没有。因为看到这种情景，大家都会有这种感受。

师：很好，我们再往下看，看看作者还写了什么？通过什么方法引出“新”和“异”？

生：（**口译**）“至于春风和煦、阳光明媚（的日子），（洞庭湖上）波澜平静（没有惊涛骇浪），上下天色湖光相接，一片碧绿，广阔无际。小水鸟时而飞翔，时而停息在树上，五光十色的小鱼在水中游动，岸上的小草与沙洲上的兰花，生长茂盛，发出浓郁的芳香。”

师：译得很好。“一”与上面的“在洞庭一湖”中的“一”字用法相同。“景”字当作“阳光”，“集”是“停”的意思，原字意思为“隹”（鸟）站在“木”上。

生：（**口译**）“有时大片的烟雾完全消散，明亮的月光照着洞庭湖。（月光照在湖面上就可以看见）浮动的水面上闪耀着金光，而静静的湖底，却沉着圆圆的月影，像一块璧玉。夜间在湖上作业的渔人的歌声互相答问，这是一种多么快乐的情景。”

师：很好。特别是“一空”“跃金”“沉璧”几个词译得很美，很准确。“何极”一词，可以译为“这是一种无穷尽的快乐啊”。

生：（**口译**）“（如果在这时）登上岳阳楼（看到这种情景）就会有心境开阔，精神愉快，光荣和屈辱都一并忘掉的感受，在清风中端起酒杯，那种欢欣喜悦的情景（是无法说尽的）。”

师：后一句译出了作者的心情，很好。注意“偕”字的读音为“xié”，意为“一起”。整个第四段有不少短语，我们今天还会常用，大家找找看，都有哪些，并用横线标在短语下，以引起注意。

生：有“春和景明”“浮光跃金”“静影沉璧”。

师：找得很对，还有“心旷神怡”“宠辱偕忘”。大家给第四自然段做个批注——“览物之情——（　　）”。从课文中选出一个字来概括。

生：“喜”字。

师：很对，以上是第二部分，段意是“览物之情”。现在在第一课时结束前，布置一个作业，请大家思考一下，作者的“异”在哪里呢？作者花费这么多的笔墨写出洞庭四时不同风光，其作用是什么？

第二课时

师：我们在上一节课已阅读并口译了第一、二部分，但作者的“异”还没有看到。难道这篇文章也只是一般地描写洞庭湖风光吗？作者定有他的深刻思想安排在巧妙的构思之中。请大家注意作者的观点体现在哪个句子中？我们一齐来朗读第五自然段。

生：（**齐读后**）体现在“予尝求古仁人之心，或异二者之为，何哉”一句中。

师：找得很对。这句话中的哪个字对前面的文章做了照应，使文章顺利地从第二部分过渡到第三部分？

生：“异”字。

师：很正确。“予尝求古仁人之心”一句把话题引过来，为下文的写作铺平道路。“求”字当“研究”“探求”讲，古代的贤者圣人，唐尧虞舜这些高尚人物的心境，一定会有不同于“二者”的想法，这“二者”指谁？大家讨论一下。

生：（**小组讨论**）是指以上的览物之情的两种人之常情的心境——“悲”“喜”。

师：很对。大家研究一下，范仲淹是否同意这两种心境呢？是不是认为应有第三种心境呢？

生：（**活跃**）不同意这两种。

师：既然不同意，那为什么还要写出它们？

生：为了做对比衬托。

师：正确。先做铺垫，引出第三种心境与主张。大家在第二部分后面加上评点——“铺垫”。“过渡自然，结论引出，水到渠成”。第三种心境是由哪个句子表达出来的？

生：“不以物喜，不以己悲。”

师：很好。大家用波浪线画在句下。“以”字，作“因为”讲。全句应译为“不因为客观环境好（坏）就沾沾自喜，趾高气扬（垂头丧气，心灰意冷）；也不因为个人境遇顿挫（顺利）就悲观失望，怨天尤人（盛气凌人，妄自尊大）”。以上“二者”中，前者是“以己悲”，后者是“以物喜”，都是作者所不取的。那么应该怎么办呢？

生：（**口译**）“处在高官的地位上要时刻为老百姓担忧；如果不做官了，就要时刻关心国家大事，关心朝廷的政策。”

师：“忧其君”一句理解得好。作者作为一个封建社会的士大夫，有忠君思想是不足为奇的，这当然是封建落后的东西。这位同学翻译时做了些改动，说明他注意到这点，这是很好的。可不可以这样译——就要时刻关心君主的活动（也就是关心国家大事，关心朝廷的政策）？

生：“进”，指做官；“退”，指在野。与前面的“喜”和“悲”相呼应。

师：很好，请大家批注在书上。

师：那么，作者认为到底怎样做？他的伟大抱负在哪里？

生：（**齐答**）“先天下之忧而忧，后天下之乐而乐。”

师：很好，这个结论就自然而然地出来了。这个句子请大家加上波浪线，在“先”“后”两字上加小注，这是什么句式？

生：（**讨论**）原句应是“天下之忧而先忧，天下之乐而后乐”。“先”“后”两字提前了。

师：很好，正确。这叫作句子成分前置。目的是突出与强调它们的作用，大家做出批注。这一先一后，就写出了人物心灵的高尚、抱负的伟大。今天我们共产党人和社会主义建设者，还很欣赏并效法范仲淹的这种伟大的抱负，说明在近千年前，我们古代的仁人志士，就具有这种伟大的胸怀，的确是令人钦佩和引以为民族的自豪的。所以这篇文章成为脍炙人口的优秀著作，教育和启发了千百万后来人为祖国的发达、民族的兴盛不遗余力地拼搏，奋不顾身地斗争，不惜流血牺牲，使后人能过上幸福生活。我们从小也要立志做这样的人，为祖国、民族拼搏，做共产主义事业的接班人。

师：文章到此，是否可以结束了？“微斯人”一句是不是多余的？

生：不是多余的。

师：为什么？它有什么作用？大家再回到文章的第一段，看它与哪句话有关？

生：（研究片刻）与前面的“属予作文以记之”有关。

师：基本上是对的。但与“谪守巴陵郡”一句关系更密切。因为朋友被贬，心情不舒畅，范仲淹做此文来劝慰、勉励滕子京不必“以己悲”，应振作起来，为国为民而奋斗，并表示只有这样的人，才是我志同道合的好朋友。因此这句话，不但不多余，而且是十分重要的一句。其作用是“全文扣题”句。请大家批注。这样一来，本文作者的思路，就非常清晰地呈现在眼前了。

师：这是文章的第四部分，段意是“伟大的抱负”。

师：现在我们来总结课文——1．整理出作者的思路脉络；2．归纳文章的中心思想。大家一齐朗读全文，边读边思考以上两个问题。

（生齐读全文并讨论）（教师指导总结）

1．整理文章思路脉络：谪守巴陵郡→属予作文→前人之述备矣→得无异乎→或异二者之为→不以物喜，不以己悲→先天下之忧，后天下之乐→吾谁与归。

师：归纳中心思想时，全班同学不必在文字表述上完全一样，把中心思想的主要观点概括出来即可，至于具体文字，自己去整理。

2．本文中心思想应包括以下基本观点：①通过对岳阳楼不同景色与游客登楼览物后不同心情的描述，抒发了作者忧国忧民的思想感情；②进而引发出“先天下忧，后天下乐”的伟大抱负。

师：大家还有什么问题？

生：文章是什么体裁？

师：记，本是一种比较自由活泼的古代散文体裁，可以记事，亦可以议论。熔记叙、抒情、议论于一炉。本文记叙的篇幅虽然不少，但这只是一种铺垫，为了烘托中心思想而写。它的主体部分在第四部分之中，是用抒情议论的方式表达出来的。

师：通过预习，对照课堂评点，我们基本上弄懂了课文的意思。对文言文的自学方法又有了初步的训练，大家看，我们这课的学习任务完成了没有？

生：完成了。

师：很好。不可能通过一次语文课就学会并掌握读写能力，很难取得“立竿见影”的效果。但只要坚持语文能力训练，不断学习语文知识，不断进行思想与思维方法培训，学好语文并不难。我愿意送给大家一把金钥匙来打开知识宝库的大门——它就是语文的听、说、读、写能力。今天只讲了一点方法，重在实践，祝愿大家成功。

师：现在布置作业。

1．课文 p. 232 练习二、三；

2．课文 p. 233 练习五；

3．课文 p. 233 练习四。

师：提示——“形成对偶”一语是指：

1．对偶句的结构是相同或相似的；

2．对偶句的意义是相近、相反或相连的。

例：{衔远山
吞长江} 两句的结构相同（词性相同），意义相近

{先天下之忧而忧
后天下之乐而乐} 两句的结构相同，意义相对

{长烟一空
皓月千里} 两句的结构相似（“空”与“里”词性不同），意义相连（先有“长烟一空”才能有“皓月千里”）

岳阳楼记

范仲淹

庆历四年春，滕子京谪守巴陵郡。越明年，政通人和，百废具兴，乃重修岳阳楼，增其旧制，刻唐贤今人诗赋于其上，属予作文以记之。

予观夫巴陵胜状，在洞庭一湖。衔远山，吞长江，浩浩汤汤，横无际涯，朝晖夕阴，气象万千，此则岳阳楼之大观也，前人之述备矣。然则北通巫峡，南极潇湘，迁客骚人，多会于此，览物之情，得无异乎？

若夫淫雨霏霏，连月不开，阴风怒号，浊浪排空，日星隐曜，山岳潜形，商旅不行，樯倾楫摧，薄暮冥冥，虎啸猿啼。登斯楼也，则有去国怀乡，忧谗畏讥，满目萧然，感极而悲者矣。

至若春和景明，波澜不惊，上下天光，一碧万顷，沙鸥翔集，锦鳞游泳，岸芷汀兰，郁郁青青。而或长烟一空，皓月千里，浮光跃金，静影沉璧，渔歌互答，此乐何极！登斯楼也，则有心旷神怡，宠辱偕忘，把酒临风，其喜洋洋者矣。

嗟夫！予尝求古仁人之心，或异二者之为，何哉？不以物喜，不以己悲，居庙堂之高则忧其民，处江湖之远则忧其君。是进亦忧，退亦忧。然则何时而乐耶？其必曰“先天下之忧而忧，后天下之乐而乐”乎！噫！微斯人，吾谁与归？时六年九月十五日。

三、变“讲课文”为“教读法”

——潘凤湘老师《〈梦溪笔谈〉二则》研习

教学方法的改革，必然触及教学内容。我国 20 世纪后期的语文教学改革，以教学方法的改革为其焦点，而在教学方法的改革探索中，人们也尝试着语文课程、语文教材的改进，乃至变革。从课程层面看，1978 年以来的语文教学改革，以及随之出现的语文教材多样化的追求，涌动着三股潮流：①主张阅读与写作分别教学；②强化“读书”与“读法”、“教课文”与“教读法”的差异，而主张凸显后者；③主张语文教学与思维能力培养相结合。

潘凤湘老师把自己的课堂教学改革置于三股潮流的汇合处，他树起了“教读法”的旗帜，进行过数轮教学试验，出版了专著《我的教读法》，并尝试编撰《教读法语文课本》。潘老师身为初中语文教师，“教读法”试验自然在初中阶段，尽管他清楚地意识到“高中学生更容易接受教读法”[1]；1992 年，退休 3 年的潘凤湘老师应《语文学习》（“名师授课录”）编辑部的约稿，专门准备了一堂高中借班教学的课，即《〈梦溪笔谈〉二则》教学实录[2]。对这堂课，我想从以下三个方面展开讨论：关于“讲课文”与“教读法”；关于选文功能及学习途径；关于阅读方法的多个维度。

（一）关于“讲课文”与“教读法”

“讲课文”，就是教课文阅读的阐释结论；“教读法”，就是教理解课文的阅读方法。这两方面是紧密联系的，但在语文教学中也可相对分离。

阅读方法与阐释结论，是阅读过程的两个方面（见图 4）。阐释结论，即对文章的理解与感受；凭着生活经验和知识背景（即百科知识），读者运用某种方法阅读文章，从而获得相应的理解与感受。也就是说，对文章的理解与感受之所以不同，除了生活经验和知识背景的差别之外，在很大程度上是因为所运用的阅读方法不同。

---

[1] 潘凤湘．我的教读法［M］．南昌：江西教育出版社，1993：261．

[2]《语文学习》编辑部．名师授课录 · 高中语文［M］．上海：上海教育出版社，1995：469．

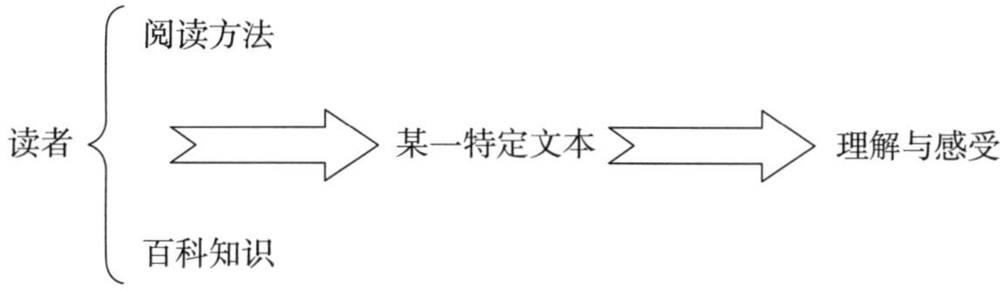

图 4　阅读方法与阐释结论

就阅读教学而言，正常的情况应该是课文高于学生的现有语文经验。或者由于生活经验和知识背景的不足，或者由于阅读方法的欠缺乃至偏误，学生对课文的理解与感受会有距离、有障碍。于是就需要教师的帮助。从上面的图表可以看出，教师的帮助可能从三个方面入手：①给学生提供理解课文所必需的百科知识；②教学生掌握合适有效的阅读方法；③使学生获得较为正确的或较为妥当的理解与感受。以往的语文教学主要着力于后两个方面。

按道理讲，使学生获得较为正确的或较为妥当的理解与感受，与教学生掌握合适有效的阅读方法，是一回事情。合适有效的阅读方法，形成较为正确的或较为妥当的理解与感受；较为正确的或较为妥当的理解与感受，运用着合适有效的阅读方法。然而，在阅读教学中，对教师的教而言，对学生的学而言，把阅读方法和理解感受这两个方面何者置于前台，在教学内容的落点上是有区别的，从而形成了阅读教学的两条线路。线路之一，把教学内容的落点放在理解与感受上，而把形成合适有效的阅读方法看成是阅读实践中的潜移默化；线路之二，则把教学内容的落点放在阅读方法上，而把较为正确的或较为妥当的理解与感受看成是方法运用的自然结果。前者就是“讲课文”，后者就是“教读法”。

在理想的状况下，“讲课文”与“教读法”应该是殊途同归的。然而，事情却不那么简单，因为阅读方法与阐释结论在语文教学中有分离的可能，事实上也常常被分离。于是出现了两条线路的纷争。

线路的纷争，以往主要从效率上着眼，争论的焦点问题是“谁更有效率？”。而语文教学的效率，本来是相对于语文课程目标（语文课的任务）来说的，因而争论就延伸到了对语文课程目标、任务的认识分歧，进而延伸到对“语文课性质”的不同认定，于是产生了争论的第二个焦点问题：“谁为正宗？”语文教育研究，以往的研究思路是以“认知”取代“筹划”，而“认知”则采用的是“思辨”的研究方法，以“实在论”为其哲学基础。也就是说，人们认为存在一个客观的真理，语文教育研究就是形成对“语文课性质”客观真理的正确认识，而正确认识则是通过“思考”获得的，且只能有一种，非此即彼。我认为这样的研究思路是很不妥当的。

语文教育是一种社会实践活动，对语文教育研究来说：所谓“认知”就是对语文课程与教学实践的历史和现状做观察、分析、判断，目的是弄清楚“是怎么回事”以揭示“真相”；所谓“筹划”就是研制语文课程与教学实践的方案，目的是妥善解决目前存在的问题，在现有条件下谋求语文教学实践的改进。换言之，语文教育研究，无论是“认知”，还是“筹划”，都应该采用实证的方法，以“认知”（现状是怎么回事）为基础，进行有效的“筹划”（如何得以改进）。

“讲课文”与“教读法”，在我看来是一个现实选择的问题，其合法的提问方式应该是这样的：在目前的条件下，上述两条线路哪一条更为有利？而问题的回答，则有赖于我们对阅读教学现状的认识。

我是倾向于“教读法”的，尽管我不完全接受潘凤湘主张“教读法”的理由，对他提出的“教读法”方案，我以为也有重新审议的必要。与许多投身于语文教学改革的教师一样，对“教读法”，潘凤湘老师提出的理由可以清晰地分辨出两个方面：一个是经验，一个是推论。潘老师说：“我认为初中语文教学的主要任务是培养学生的读书能力。”为什么呢？主要有两条理由。第一条是经验：“我在南昌二中从事初中语文教学工作33年。积30余年之经验，深切体会到，作为一个初中语文教师，他的主要任务不在于给学生讲解多少课文，批改多少作文，传授多少语文知识，而在于教会学生读书，以培养学生的读书能力。……要达到这一目的，最好的办法就是把读书方法教给学生。”第二条是推论：“现在强调培养学生听说读写四种能力，只提读书能力是否正确？我认为正确。理由如下：①读书能力是提高听说写能力的基础。②听说读写能力的共同本质是思维能力和语言能力，这两种能力主要通过读书训练来培养。③想面面俱到，结果是面面都难到。④我教的学生提高了读书能力，听说写能力都有相应的提高。”[1]从严格的学术标准看，潘老师的推论有欠严密、难以妥帖；但我以为一位孜孜于语文教学改革的专家型教师的经验，是非常宝贵因而必须给予高度重视的。

潘凤湘老师的《〈梦溪笔谈〉二则》，是其30多年经验的结晶，它鲜明地向我们呈现了潘氏“教读法”的风貌。建议老师们从教学内容、教学方法、教学的有效性这三个方面来研习这堂课，并与目前通行的“讲课文”做对照比较。

我相信，无论站在哪条线路上的语文教师，对这堂课的研习，都将唤醒这样的意识：在阅读教学中，阐释结论必须来源于合法、合宜的阅读方法。阅读方法有正误优劣之分，因而阐释结论有对错好坏之别。从这个意义上说，《〈梦溪笔谈〉二则》课例就像一面照妖镜，能够照出我们阅读教学中形形色色对课文胡乱阐释的妖魔，以及

[1] 潘凤湘．初中语文教学之主要任务及其方法［J］．江西教育科研，1989（2）．

躲藏在教科书“思考和练习”题里、教参里那些鬼鬼祟祟的“违法乱纪”者。

（二）关于选文功能及学习途径

我是倾向于“教读法”的，但我并不以为“教读法”与“讲课文”截然对立。在中外母语教材的比较研究中，我鉴别出了语文教材选文（课文）的四种功能，即“定篇”“例文”“样本”和“用件”[1]（见图 5）。

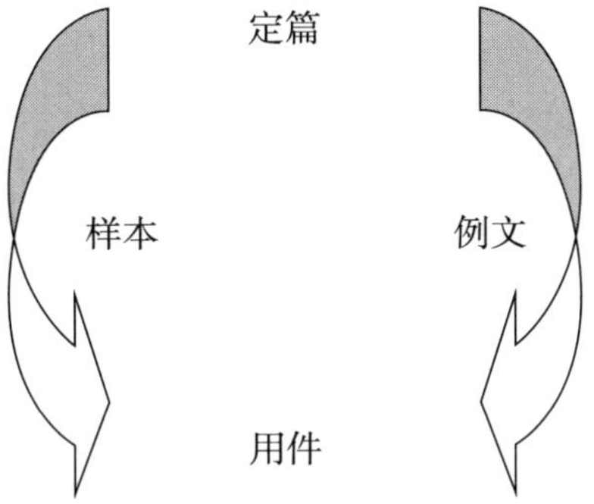

图 5　语文教材选文（课文）的四种功能

“定篇”指中小学生必须学习的中外经典名篇，它是文学素养、文化素养在语文课程中特定的、具体的所指。“定篇”属于语文课程内容，透彻地领会规定的经典名篇，是语文课程与教学的重要目标。

“例文”是为相对外在于它的关于诗文和读写诗文的事实、概念、原理、技能、策略、态度等服务的，成篇的“例文”，大致相当于理科教学中的直观教具，它给语文知识的学习添补进经验性的感知。

“样本”也是为学习语文知识服务的，但其课程与教学内容的来源跟“例文”不同。一方面，不同类型的“样本”，生产着不同的课程内容；另一方面，不同学情的学生，必定要求教学内容做相应的调整。

“用件”意指，学生其实不是去“学”文，而主要是“用”这一篇文里的东西，或者借选文所讲的那东西，或者由选文所讲的那东西触发，去从事一些与该选文或多或少有些相关的语文学习活动。

选文（课文）四种功能的鉴别，主要是为解决语文教材编撰的问题。语文教材应该着眼于功能来选取课文，语文教材的编撰策略应该着眼于选文功能的有效

[1] 王荣生．语文科课程论基础［M］．北京：教育科学出版社，2014：295-346．

发挥。选文（课文）四种功能的鉴别，对语文教学实践也有指导意义。不同类型的选文有不同的教学内容，因而需要不同的教学策略。例如：从教学内容的选择来说，如果有意将某一篇课文处置成“定篇”，那么在教学中就要按“定篇”的本性，通过材料的增补、通过所创设的情境，使学生“彻底、清晰、明确地领会”作品。而如果自觉地处理成“例文”，那么在教学中就没有必要对选文做字、词、句、篇、语、修、逻、常的面面俱到的分析，应该把师生的注意力集中到“例”的局部，引导学生扎扎实实地学会听说读写的知识、技能、策略、态度。从教学方法的角度来说，如果处理成“定篇”或“例文”，讲解不一定好，却也不是一定不好。但是，如果有意识地将一篇课文处置成“样本”，那么采用“教师讲、学生听”这种与“样本”本性“根本矛盾”[1]的教学方式，绝对是个严重的事故；如果在讲和听的，还是文中所讲述的那东西（课文内容以及对课文内容的引申），那也许该称为语文教学的灾难。

换言之，“讲课文”有讲课文适用的地方（定篇），“教读法”有教读法适用的地方（例文与样本），乃至离开课文做听说读写的延伸，也有“做延伸”适用的地方（用件）。在《语文科课程论基础》里，我论述道：我国语文教育研究，在百年的历史中，形成了许多“观点”和“做法”，这些“观点”和“做法”，往往基于某种选文类型的预设。过去，我们为语文课程与教学“只能有一种”的假象所迷惑，将不同观点、不同做法简单地认为有对错好坏之分，最多是承认其为不同的“风格”，“允许”其存在。现在看来，不是那回事情。表面截然相反的见解，实际上可能是互补的；许多激烈的冲突，谈论的其实是不同类型的选文。[2]

我之所以倾向于“教读法”，是因为我们的语文教师在专业发展上目前还处于比较低级的水平，是因为在我们语文教学中的“讲课文”，频频发生严重事故，经常性地出现灾难。

按我的初步估测，我国优秀的语文教师，多数是将选文处理为“样本”，成功的“样本”类型的教学，有钱梦龙的“导读”、蔡澄清的“点拨”。而“样本”教学，强势地依赖教师个人对学生学情的诊断能力和教学内容、教学方法现场调节的教学机智。在哪里“导”、“导”什么，在什么地方“点拨”、“点拨”什么，在什么时候“引导”，从什么地方“发现”，这些都是“样本”教学能否成功的关键之关键。但关于这方面的研究，现在还十分薄弱，基本上还停留在优秀教师本人的经验陈述。优秀语文教师的教学有点类似名中医看病的样子，别人一般难得其中三

---

[1] 叶至善，叶至美，叶至诚．叶圣陶集（第十四卷）[M]．南京：江苏教育出版社，1992：12.

[2] 王荣生．语文科课程论基础 [M]．北京：教育科学出版社，2014：353.

昧，因此也妨碍了成功经验的普遍传播。

一方面，我们有一批出类拔萃的著名语文特级教师；另一方面，是广大的语文教师在课堂教学中严重地紊乱，几乎不知道自己在教什么。这就是我们中小学语文教学的现状。

而之所以如此，我以为跟“讲课文”有很大关系。“讲课文”，也就是“教教材”，对许多语文教师来讲，实际上还是“讲教材的‘思考和练习’”“讲教参的答案”。正如潘凤湘老师在教改之前所经历的：“平时备课，离开教学参考书不行，段落大意、中心思想和写作特点，都照搬参考书，现贩现卖。段落大意为什么是概括，到底怎么概括；中心思想为什么是归纳，到底怎样归纳，这些问题我都不明白。以己之昏昏，使人昏昏。”[1]不但“昏昏”，而且噩噩。据我和一些同行专家的考察，我国当代的语文教材，对“选文”的处置似乎相当怪异，概括地讲，是“例文”的框子、“定篇”的姿态、“样本”的企图，而在教学中则最后被误植为“用件”。语文教材对课文的阐释、语文教材的“思考和练习”题、语文教学参考书的答案，有许多是不妥当的，有较大偏差乃至错误的也不在少数。而语文教师却照“讲”不误，而且在教学中放大偏差，往往还要增加新的错误。语文课堂教学，大量的是教师讲述课文内容、练习答案，大量的是教师对课文内容的引申，而且不太明白课文何以要如此阐释、习题何以要如此回答、课文内容何以要如此延伸，又不顾阐释是否妥当、习题是否能做、答案是否离奇、延伸是否偏离航道。语文教学的这种状况，我以为必须彻底加以改变。

改变有很多途径，“筹划”可能形成种种方案。但在语文教材没有大突破的情况下，对广大语文教师来说，把“讲课文”转变为“教读法”，把“教读法”处理为“例文”教学，我以为是一条较好而易行的途径。

潘凤湘老师的《〈梦溪笔谈〉二则》，自觉地把选文当作“例文”，有效地发挥了“例文”的教学功能，是一个值得我们反复研习的成功范例。

“例文”教学就是教语文知识。教什么样的语文知识呢？如何教语文知识呢？《〈梦溪笔谈〉二则》可供我们借鉴，也促使我们反思。

关于教什么样的语文知识，我想放在下一节讨论，这里只说如何教语文知识。如何教语文知识，也有多种“筹划”方案；潘老师实施的，是“知识短文 + 课文”的方案，“课文作为读书练习的凭借，短文作为方法指导”。潘老师平时的课，在上课的形式上，主要的环节是让学生自己读书，并做读书练习；学生的学习活动大致是 6 个步骤：①默读课文，查字典；②分小小组朗读课文，听写字词；③写读书练

[1] 潘凤湘．我的教读法［M］．南昌：江西教育出版社，1993：21．

习；④分小小组相互评读书练习；⑤老师讲评读书练习；⑥整理读书练习，背诵课文。这6个步骤，第3步是核心。在不同的阶段，根据不同的练习项目做不同的练习，“做完了练习，阅读这篇课文的任务就完成了”[1]。《〈梦溪笔谈〉二则》虽然跟潘老师平时的课有些差异（“概括课文大意”与“归纳课文意义”，平时教学各需要练习15次，各学15篇课文，每次练习3—4课时），但教师借“例文”教知识，学生借“例文”练技能，这种教学的理路我们依然可以看得很分明。

学生的主要学习活动，是“读书练习”，而“练习”也就是“训练”，在我看来，也是“语文实践”。在《解读“语文实践”》[2]一文中，我论述道，在语文课程中，学生的“语文实践”至少有三种不同的类型：①带有自然学习性质的，与语文实践能力具有同一形态的听说读写实践。②潜藏着特定语文教学内容（语文知识）的，对所要培养的语文实践能力有直接促进作用的实践活动。③语识转化为语感的语文实践。无论是从学理上，还是从《语文课程标准》的文本语境上来看，语文学习的“主要途径”应该包含上述三种类型的“语文实践”。至于在“主要途径”中更强调哪一类，则取决于某个语文课程研制者、语文教材编撰者以及语文教师做如何选择。我们认为，原则上应该三花齐放、三元并呈，而作为现代意义的语文课程，更应该强调后面两类“语文实践”（见表3）。

表3　活动性质和师生状态

教师状态	活动性质	学生状态
语感	带有自然学习性质的语文实践活动	语感
语识	在课程指引下的语文实践活动	语感
语识	语识转化为语感的语文实践活动	语识—语感

语识转化为语感的语文实践活动，典型的做法就是“知识短文＋课文”。潘凤湘老师的《〈梦溪笔谈〉二则》课例，至少使我们看到，语文教学中的这种“训练”，学生的学习并不注定是被动的、僵死的；如果“训练”项目得当、教师教学有方，“把讲课文改为教读书方法”，完全有可能做到潘老师所追求的“学生由被动听讲变为主动钻研”。

[1] 潘凤湘．初中语文教学之主要任务及其方法［J］．江西教育科研，1989（2）．

[2] 王荣生．解读“语文实践”［J］．课程·教材·教法，2006（4）．

（三）关于阅读方法的多个维度

现在讨论教什么语文知识的问题。首先应该肯定，《〈梦溪笔谈〉二则》所教的“概括课文大意”以及“归纳课文意义”是妥当的，必要且有效。然而，对潘凤湘老师研制的“教读法”整套方案，我以为有重新审议的必要。

潘凤湘老师的“教读法”方案，先后做过一些调整，根据其晚年的整理，目前尚有三个版本。

第一个版本，出自1989年的论文《初中语文教学之主要任务及其方法》，“读书练习”的项目是：

一、分析记叙文练习

1. 扫除文字障碍练习；
2. 概括课文大意练习；
3. 分析课文细节练习；
4. 归纳中心思想练习；
5. 分析课文结构练习；
6. 提出问题评论练习；
7. 分析写作特点练习；
8. 综合分析记叙文练习。

二、分析说明文练习

1. 分析科学小品练习；
2. 分析科技说明文练习。

三、分析议论文练习

1. 分析小评论练习；
2. 分析议论文练习。

第二个版本，出自1993年的专著《我的教读法》，“读书练习”的项目为：

1. 查阅工具书练习；
2. 概括课文大意练习；
3. 分析各部分练习；
4. 归纳中心思想练习；
5. 分析写作方法练习；

6. 全面分析记叙文练习；
7. 专题分析记叙文练习；
8. 文学作品浅析练习；
9. 说明文浅析练习；
10. 议论文浅析练习；
11. 读一本书练习；
12. 编一本书练习。

第三个版本，出自 1992 年《〈梦溪笔谈〉二则》课例的说明："学语文是一项系统工程，包括类推、分析、综合、概括、归纳、演绎、联想、想象、论证、辩证十个练程，每个练程都有一定的目的、要求、定理和方法。学会上述十种读书方法，拿到文章就能分析，就像学好数学后拿到数学题就能演算一样。"[1]

第三个版本跟前两个版本虽角度不同，但实质相通。"就读书方法来说，弄清课文的条理，是分析和综合的过程；抓住课文的精神实质，是概括的过程；挖掘课文的思想意义，是推理的过程；提出问题加以评论，是论证的过程。……读书能力的训练，实质是思维训练。每一种读书练习，都帮助学生掌握一种思维方法，全部读书练习又符合认识规律。"[2]"读书的实质是认识文章所写客观事物的能力，认识客观事物具有一套逻辑思维方法。我根据这套思维方法设计出一套读书练习及其程序。"[3]

前两个版本的差异，是练习项目的差异，但差异也并不像表面看起来那么大，因为从第 8 项开始，是少教多练，或不教只练："学生有了分析记叙文的能力，只要掌握各类文学作品的基本知识就能分析文学作品。"[4]"学生有了分析记叙文的能力，也能分析说明文，我可以放手让学生自己读书了。"[5]"记叙文浅析练习和说明文浅析练习为议论文浅析练习奠定了基础，只要学生掌握记叙、说明、议论，论点与论据、论证等知识，就可以分析议论文。老师的指导工作只要提出浅析议论文的步骤就可以了。"[6]编一本书练习，就是学生把三年来的读书笔记编成一本笔记集；读一本书练习，就是读一本《形式逻辑》，内容包括判断、归纳、演绎、论证、辩证，按潘老师的意见，它们与种种"读书法"是相通且对应的。这样看来，潘凤湘"教

---

[1]《语文学习》编辑部．名师授课录·高中语文［M］．上海：上海教育出版社，1995：460．

[2] 潘凤湘．初中语文教学之主要任务及其方法［J］．江西教育科研，1989（2）．

[3]《语文学习》编辑部．名师授课录·高中语文［M］．上海：上海教育出版社，1995：468．

[4] 潘凤湘．我的教读法［M］．南昌：江西教育出版社，1993：141．

[5] 潘凤湘．我的教读法［M］．南昌：江西教育出版社，1993：146．

[6] 潘凤湘．我的教读法［M］．南昌：江西教育出版社，1993：151．

读法”方案的主体，是前面几项练习，从《我的教读法》相关介绍推测，其主体中的主体，是“概括课文大意”和“归纳课文意义”，也就是《〈梦溪笔谈〉二则》课例所教的内容，两者又偏重在“概括课文大意”，这点我们从课例中也可以看出。“概括课文大意”，为什么要借助于记叙文做“例文”呢？潘老师是这样认为的：“概括课文大意练习，主要是利用记叙文进行，因为说明文和议论文各段各节都有概括性大意小标题，而记叙文没有。”[1]

一方面，“读书法”主要依傍形式逻辑知识；一方面，概括、归纳等分析又主要借助于“记叙文”做“例文”。这种“读书法”及其应用场合，在知识上是否对头、在场合上是否适用，恐怕是需要研讨的。“记叙文”在中小学语文教学中，包括散文乃至小说等文学作品，文学作品的阅读是不是适用“概括课文大意”和“归纳课文意义”的方法？“记叙文”为什么不需要“概括性大意小标题”呢？是不是阅读“记叙文”本来就无必要做概括、归纳等分析的难题？

潘凤湘老师患有严重的眼疾，视力一直极差，从1980年起几乎“不能看书写字”[2]，因此，他对“读书法”知识的开发，主要依赖自己的经验，其中有真知灼见，也受到自身条件的局限。例如对“科技说明文”阅读，潘老师就很有见地，阅读的材料取自数、理、化、生等课本，“教读法”则强调“认真理解各章、节的重点、定义以及公式”[3]。或许可以说，在整体上，潘凤湘老师“把读一遍课文的步骤和方法教给学生”的“教读法”方案，主要适用于说明性文章、议论性文章，比如《〈梦溪笔谈〉二则》；也或许可以说，“概括课文大意”和“归纳课文意义”等，只是中学生需要掌握的“读书法”之一，“读书法”还需要从多个维度来开发。

为了使老师们对阅读方法的多个维度有直观的认识，我选一段国外教材的简介放在下面。美国普兰蒂斯和霍尔公司出版的教材《文学》(8年级)，每个单元都以“主动阅读”开始，介绍一些主动阅读某类体裁文章的策略，如短篇小说单元的“主动阅读”在简要地介绍了“短篇小说”之后的教材内容为：

阅读短篇小说是个主动的过程，你必须用想象来重新组合故事中发生的事情，并理解其意义。你可以用以下方法来做到这一点。

提问——你在阅读时想到了哪些问题？例如，小说中的人物为什么那样做？事情发生的原因是什么？作者为什么要写进某个细节？在阅读过程中，设法找到这些

---

[1] 潘凤湘．我的教读法［M］．南昌：江西教育出版社，1993：108．

[2] 潘凤湘．我的教读法［M］．南昌：江西教育出版社，1993：74．

[3] 潘凤湘．我的教读法［M］．南昌：江西教育出版社，1993：146．

问题的答案。

想象——在脑中想象小说情节所描写的画面，回忆事情发生的经过。在阅读中，随着故事的展开和你对故事理解的加深，适当地改变画面，用想象帮助你理清混乱部分。

预测——你认为小说会怎样发展？注意寻找可能导致某个结果的线索，在阅读中，你会发现你的预测正确与否。

联想——把你自己的经历和知识带入阅读中，将小说中的人物和场景与你的生活中相似的情景相联系。另外，将小说中的一事件和另一事件相联系，看看小说中的这些片段是如何连接为一个整体的。

思考——想一想小说的含义。小说说明了什么问题？你在阅读中经历了什么感情？小说对你认识周围的人和世界有什么帮助？

在阅读本单元小说时，注意运用这些方法，它们有助于你理解和欣赏文学作品。[1]

在这部教材中，短篇小说、纪实文学、诗歌等主要单元，都以范读文章为例，通过讲解、示例及训练，使学生掌握和运用提问、预测、联想、思考等主动阅读技巧。除了具体的“例文”展示和训练，在上述几个主要单元的后部，编撰者还增加了“阅读和思考”，总结单元所讲解的文学要素，如短篇小说单元，“阅读和思考”的主要内容是这样开头的：“作为一个主动阅读者，你要将自己融入小说，体会小说的含义。你要在小说的情节、人物、背景和主题等文学要素上运用主动阅读策略，因为这些文学要素组成一个有效的整体，你的反应就是你对小说及其要素的思考和感想。”接着，编撰者用与上文同样的启发性话语，论说了“情节”“人物”“背景”“主题”等文学要素。论说之后，再用范读“例文”具体地说明在阅读时如何运用这些要素欣赏文学作品，并辅以“例文”做相应的练习。

当然，在现在的知识背景下“研讨”潘凤湘老师“把读一遍课文的步骤和方法教给学生”的“教读法”，对潘老师及其支持者来说，是过于苛求了。但是我们研讨一堂课，显然不是为一堂课、一种主张、一种方案乃至一位名师树碑立传；研习过去的课，目的是为了未来的课；研习一位老师的一堂课，目的是为了千千万万老师的千千万万堂课，不是吗？

一方面，我们为潘凤湘老师孜孜于语文教学改革的精神所感动，为他所取得的成就而受鼓舞。我们应该看到，即使在今天，潘凤湘老师“把读一遍课文的步骤

[1] 柳士镇，洪宗礼．外语文教材评介［M］．南京：江苏教育出版社，2000：163-164．

和方法教给学生”的“教读法”仍然有现实的功效，它依然比千千万万语文教师的千千万万堂“讲课文”要高明十倍、百倍，它的成功也有力地证实了，“例文”类型教学在我国同样是语文教学的康庄大道之一。另一方面，我们也要有发展的眼光，也要看到当时的局限，也要注意到他的“教读法”方案包括教学方法的种种不足之处，唯其如此，我们才能够在潘凤湘为之献身的事业上发扬光大，才能使“教读法”在新的历史时期获得新生。

［附：课例及课文］

《〈梦溪笔谈〉二则》教学实录[1]

第一课时

师：同学们，今天能和大家在一起上课，我非常高兴。课堂里这样安静，显示出你们彬彬有礼的整体形象。我们这两节课阅读《〈梦溪笔谈〉二则》，目的不是单纯阅读这两篇课文，而是想帮助你们掌握一种读书方法，就是概括课文大意的方法。有时间再多介绍一下归纳课文意义的方法。学语文是一项系统工程，包括类推、分析、综合、概括、归纳、演绎、联想、想象、论证、辩证十个练程。概括训练是其中第四个练程，归纳训练是其中第五个练程。这节课先介绍概括课文大意的方法。请同学们看课文。

（学生看课文）

师：《采草药》这则课文只一段，分两大层。第一大层不分小层。第二大层分两小层。印发的课文上有分层符号，双竖线是大层符号，单竖线是小层符号。下面请一位同学说第一大层的课文大意。

（学生都在考虑第一大层的课文大意）

生：第一大层是说古法规定二月、八月采草药不妥当。

师：谢谢你第一个发言！还有哪位同学有不同的意见？

生：我认为第一层是说作者对古法二月、八月采草药的否定意见。

师：同学们能积极发言很好！现在对第一大层的课文大意有两种说法，还有没有别的说法？

生：第一层是说作者提出本文要说明的问题。

师：好！第一层课文大意有三种说法。请同学们想一想，这三种说法哪种较好？

生：我认为第二种说法较好。

[1]《语文学习》编辑部．名师授课录·高中语文［M］．上海：上海教育出版社，1995：460-469．

师：为什么？

生：说明文要抓住事物的关键，本文的关键就是对古法采草药的时间提出否定意见。

师：你说得很对，说到了关键。同学们，第一种和第三种说法为什么不对呢？他们也接触到了本文的关键。

（学生半晌无语，教室里很静）

师：第一种说法是把第一大层的课文内容复述一下，不是课文大意，而是课文的具体内容。第三种说法抛开了课文的具体内容，说出了课文大意，但作者提出了哪方面的问题不明确。第二种说法就比较明确，是对古法二月、八月采草药的否定意见。同学们还有什么意见？

生：我有个问题。我们的老师说过，到课文内找个主句，可以当大意。我就是这样做的，为什么不对？

师：科技说明文各章节的主句，都是概括了各章节的大意。而科学小品则不然，“古法采草药多用二月、八月，此殊未当”。我们一看就知道这是一种否定意见。“此殊未当”是具体内容，“否定意见”是抽象概念。概括课文大意最后都是得出抽象概念。这里牵涉到概括课文大意的方法问题，我们今天正要学习概括课文大意的方法。首先要确定基本概念。

生：老师，怎样确定基本概念，我们还弄不清楚。

师：你们在日常生活中经常运用基本概念进行思维，知道吗？

（学生不作声）

师：你们写作文要描写一个人，要描写哪些内容呢？

生：（你一言，我一语）外貌、心理、语言、行动、表情……

师：你们说的这些都是基本概念，你们在运用这些基本概念构思作文。“外貌”“心理”等这些基本概念都是抽象的，他的外貌怎么样、心里想什么，都不具体。你们要分清抽象与具体的范畴。

生：老师，到底怎样确定基本概念呢？

师：用通俗的话来说，你们看着一段课文的具体内容，可以想一想这一内容属于什么问题，答案就是所要确定的基本概念。我们来试一试，看这个方法灵不灵。我说几个具体内容，你们看这些具体内容各属于什么问题。

生：（齐声）好。

（学生注意力很集中，兴致很高）

师：我姓潘，名凤湘。

生：姓名。

师：对，你的反应很快。再来，我今年68岁。

生：年龄。

师：对！再来，我原先高度近视，视力是0.08；后来眼底病变，视力降到0.05；现在发展到视物不清，视力下降到0.02。

生：您的视力。

生：您的视力下降的情况。

师：非常正确！基本概念是“下降情况”，“您的视力”是限制成分。

生：老师，怎样确定限制成分，请您说一下，好吗？

师：好，你们钻研得很细。限制成分是限制基本概念的时间、地点、人物、事件、范围、数量、状态等情况。如《采草药》第一层在“否定意见”前加上了“古时”和“二月、八月”这两个属于时间的限制成分，还加上“采草药”这个属于事件的限制成分。

生：老师，从层到节到段，课文大意都要进一步概括，进一步概括这种方法我还弄不清楚。

（有几位同学轻声附和）

师：概括有同级概念，还有上下级概念。所谓进一步概括，就是把同一层次的课文大意结合起来，想想它们共同属于什么问题，找到一个总的概念。如同级概念是诗歌、小说、散文、戏剧，它们的上级概念是“文学”。我再说一组同级概念，请你们说出它们的上级概念。这组同级概念是火车、汽车、飞机、轮船、自行车，它们的上级概念是什么？

生：交通工具。

（学生情不自禁地说“对！”）

师：是的，你们的概括能力真强！我再说一组概念，请你们说出它的上级概念。这些概念是语文书、数学书、英语书、物理书、化学书、历史书、地理书、练习本。

生：（抢答）课本。

师：对吗？

生：练习本不属于课本。

师：你很细心，能明确区分概念。

（课堂里出现了智力竞赛的气氛）

师：现在请你们开始概括《采草药》和《雁荡山》的课文大意。写出内容提纲。

（学生伏案钻研课文，概括课文大意）

第二课时

师：同学们，《〈梦溪笔谈〉二则》的内容提纲写好了吗？

生：（齐答）写好了。

师：你们按时完成学习任务，这是很好的表现，对我是很大的支持，谢谢！请位同学说《采草药》的内容提纲。哪位同学说？

生：老师，我说。这则课文写作者对古时采草药的否定意见，分两大层。第一大层写作者对古时采草药的否定意见。第二大层写各种草药采收的不同时间。它分两小层。第一小层写采收根、叶、芽、花和果的不同时间。第二小层写地势、品种、气温、人力不同的采收时间。

师：首先应该肯定，这位同学概括课文大意的方法是对的，已经掌握了这种读书方法。现在来研究一下她所概括的各层大意是否正确。

生：我认为第二大层是写古法规定二月、八月采草药不妥当的原因。

生：我认为第二大层是写不同的草药和不同的环境而采药时间不同的事例。第一小层是写不同的草药而采药时间不同的事例。第二小层是写不同的环境而采药时间不同的事例。

师：第二位同学说的第二大层写"古法规定二月、八月采草药不妥当的原因"，这一概括非常正确。作者在第一大层提出"古法二月、八月采草药不妥当"。为什么不妥当呢？第二大层接着说明原因。第一位和第三位同学说的第二大层第一、二小层层意值得注意，作者从两方面提出采草药时间不同的事例，这些事例是作者否定古法采草药时间的根据。这两小层怎样概括才正确？我认为第一小层是写草药入药部位不同而采收时间不同的事例，根、叶、芽、花、果都是草药入药部分。第二小层写草药生长条件不同而采收时间不同的事例，地势、品种、气温、人力都是草药生长的条件。是这样吗？

生：（齐答）是这样。

师：（**记录速度**）现在我把《采草药》的课文大意总结一下。本文分两大层。第一大层写作者对古法采草药时间的否定意见。第二大层写作者的根据。它分两小层。第一小层写作者列举草药部位不同而采收时间不同的事例。第二小层写作者列举草药生长条件不同而采收时间不同的事例。

（学生记录完毕，松了一口气）

师：同学们，再接再厉！我们再来研究《雁荡山》的课文大意。我宣布《雁荡山》课文大意的标准答案，对照标准答案修改你们的草稿。这样做可以节省一些时间来谈谈归纳课文意义的方法。

（同学们拿出《雁荡山》课文大意草稿）

师：（记录速度）《雁荡山》这则课文分两段。第一段分两层，第二段分三层。第一段写作者指出自古图牒未提雁荡山这一奇秀的欠缺。它分两层。第一层写作者指出自古图牒未提雁荡山这一奇秀的欠缺。第二层写作者提出三种有关图牒未提雁荡山的例证。第二段写作者亲临雁荡山考察的科学成就。它分三层。第一层写作者考察雁荡山的地形。第二层写作者对雁荡山地貌形成原因的正确论断。第三层写作者分析古人未发现雁荡山的原因。本篇篇意是写作者指出自古图牒未提雁荡山这一奇秀的欠缺和亲临雁荡山考察的科学成就。

生：老师，我有一本《语文教学参考书》，参考书上写第一段大意是说明雁荡山在古代长期不为人知的情况。第一层是交代雁荡山所在地点，提出本段中心。第二层是说明本段中心。第二段大意是推究雁荡诸峰形成的原因和长期不为人知的原因。这算不算标准答案？

师：这个问题提得好，我说的课文大意和参考书说的课文大意哪个更标准，请你们比较、鉴别！

生：（齐声）您概括的大意更标准。

师：概括课文大意的工作到此结束，下面谈谈归纳课文意义的方法。归纳方法是从特殊到一般的思维方法。有完全归纳法、列举归纳法、求同归纳法等。读书时要多用求因归纳法。归纳文章的中心思想就是用求因归纳法。怎样求因呢？就是从两方面多问几个为什么。其一，作者面对所写事件持什么态度，作者为什么持这种态度？其二，作者所写事件结果怎样，为什么会有这样的结果？

（学生记录归纳课文意义的方法）

师：《采草药》一文，作者面对古法采草药多用二月、八月这一规定，持什么态度呢？持否定态度。为什么作者持这种态度呢？原因有二：一、作者知识渊博，了解采草药的实际情况。二、作者实事求是，认真纠正各种不符合实际的理论。这表现了作者知识渊博和具有实事求是的精神。

（学生记录《采草药》的思想意义）

师：《雁荡山》一文开头写自古图牒未提雁荡山这一奇秀的欠缺，结果怎样呢？

生：作者进行考察，取得了科学成就。

师：对！作者的成就填补了自古图牒的欠缺。为什么能有这么好的结果呢？

生：因为作者具有探索精神。

师：说得好！所以作者是北宋一位具有多方面贡献的卓越科学家。同学们，我们生长在科学飞跃发展的时代，应该学习作者为科学奋斗终生的精神，为祖国的科学事业赶超世界先进水平而努力学习！

（课堂里很安静，同学们聚精会神地听着）

师：同学们，这两节课上得很好，我到这里来是搞一次教改实验，感谢大家积极参与，认真配合！我的这种教学方法不适应现行的语文统考，以后你们的老师只能用往常的教学方法上课。为了你们能升学，你们的老师只能根据考试要求教学。我想，你们会谅解的。

《梦溪笔谈》二则

沈括

采草药

古法采草药多用二月、八月，此殊未当。但二月草已芽，八月苗未枯，采掇者易辨识耳，在药则未为良时。大率用根者，若有宿根，须取无茎叶时采，则津泽皆归其根。欲验之，但取芦菔、地黄辈观，无苗时采，则实而沉；有苗时采，则虚而浮。其无宿根者，即候苗成而未有花时采，则根生已足而又未衰。如今之紫草，未花时采，则根色鲜泽；花过而采，则根色黯恶，此其效也。用叶者取叶初长足时，用芽者自从本说，用花者取花初敷时，用实者成实时采。皆不可限以时月。缘土气有早晚，天时有愆伏。如平地三月花者，深山中则四月花。白乐天游大林寺诗云："人间四月芳菲尽，山寺桃花始盛开。"盖常理也，此地势高下之不同也。始筀竹笋，有二月生者，有三四月生者，有五月方生者，谓之晚筀；稻有七月熟者，有八九月熟者，有十月熟者，谓之晚稻。一物同一畦之间，自有早晚。此物性之不同也。岭、峤微草，凌冬不雕，并、汾乔木，望秋先陨；诸越则桃李冬实，朔漠则桃李夏荣。此地气之不同也。一亩之稼，则粪溉者先芽；一丘之禾，是后种者晚实，此人力之不同也。岂可一切拘以定月哉？

雁荡山

温州雁荡山，天下奇秀，然自古图牒，未尝有言者。祥符中，因造玉清宫，伐山取材，方有人见之，此时尚未有名。按西域书，阿罗汉诺矩罗居震旦东南大海际雁荡山芙蓉峰龙湫。唐僧贯休为《诺矩罗赞》，有"雁荡经行云漠漠，龙湫宴坐雨蒙蒙"之句。

此山南有芙蓉峰，峰下芙蓉驿，前瞰大海，然未知雁荡、龙湫所在。后因伐木，始见此山。山顶有大池，相传以为雁荡。下有二潭水，以为龙湫。又有经行峡、宴坐峰，皆后人以贯休诗名之也。谢灵运为永嘉守，凡永嘉山水，游历殆遍，独不言此山，盖当时未有雁荡之名。余观雁荡诸峰，皆峭拔险怪，上耸千尺，穷崖巨谷，不类他山，皆包在诸谷中，自岭外望之，都无所见；至谷中，则森然干霄。原其理，当是为谷中大水冲激，沙土尽去，唯巨石岿然挺立耳。如大小龙湫、水帘、初月谷之类，皆是水凿之穴。自下望之，则高岩峭壁；从上观之，适与地平，以至诸峰之顶，亦低于山顶之地面。世间沟壑中水凿之处，皆有植土龛岩，亦此类耳。今成皋、陕西大涧中，立土动及百尺，迥然耸立，亦雁荡具体而微者，但此土彼石耳。既非挺出地上，则为深谷林莽所蔽，故古人未见，灵运所不至，理不足怪也。

四、教学内容与教学方法的理据
——黄玉峰老师《世间最美的坟墓》研习

第一次读《世间最美的坟墓》是在考卷上。有一年高考卷选了这篇文章，记得后面有一个正确答案是“朴素”的填空题，一个关于游踪之类的选择题，几个对语句理解的多项选择题。当时的感觉是有些题目很“搞”人，后来有统计说那些题的得分率都很低。第一次看黄玉峰老师上课，是复旦大学附属中学一次研讨会上的《雷雨》研究性学习汇报课。说是上课，黄老师却坐在台下，整个过程都是学生在开展活动——交流阅读感受，讨论争议问题，模拟采访曹禺的女儿，表演话剧片段，就连课件上“雷雨”那两个颇具意味的字也是学生自己设计的。当时的感觉是这个老师很不一般，后来有人说他曾自称“语文教学界的‘叛徒’”。研习黄玉峰执教的《世间最美的坟墓》[1]，有助于推进我们对语文教学的认识。建议老师们从以下两个方面来看这堂课：关于教学内容的理据；关于教学方法的理据。

（一）关于教学内容的理据

据我和同事的观察与研究，中学语文的散文教学，目前极少有教对内容的，往往是错得一塌糊涂，严重地违反读与写的常识。

2006年，我以上下两篇连载的方式发表了《语文教学的主导文类何以是散文？》的长文，文章指出：“我国的中小学语文教学，阅读的主导文类是散文，写作的全副心思几乎完全倾注在散文上。何以如此？为何如此？我以为，这是很需要问一问、查一查、想一想、议一议的。”[2] 上下两篇分别从“语文教材选文的供给”和“语文教育工作者人为选择”这两个角度对“何以是散文”做了初步的考察。在文章末，我提出了迫切需要研究的几个问题：①从语文课程目标的角度——以散文为主导文类对不对头？如何使语文课程内容的构成与试图达成的目标一致？②从语文课程与教学研究的角度——以散文为主导文类给语文教学的理论与实践带来了哪些难题？如何面对这些难题？③从语文课程实施的角度——语文教师在教学散文时教

[1] 黄玉峰.《世间最美的坟墓》教学札记［J］. 语文学习，2005（1）.

[2] 王荣生. 语文教学的主导文类何以是散文？［J］. 语文学习，2006（2/4）.

学内容正确吗？一篇散文作品，教学哪些内容才是合宜的？推动散文教学方面的研究，切实地提出并解决一些散文教学中的问题，在我看来是一项极有价值的工作。在目前的语文教材与语文教学的格局下，如果我们能较好地解决散文教学的问题，也就等于解决了语文教学的大部分问题或主要问题，我是这样认为的。

然而解决谈何容易！语文课堂几乎是散文的天下，但我们对散文、对散文教学的研究，与诗歌、小说乃至实用文章相比，却要落后得多；高抬散文、倚重散文教学，几乎是我国独具的现象，因而我们也很少能从国外得到有益的借鉴。散文是“触角最灵敏”的一种文类，其文类的特征，南帆的结论是“无特征”[1]。或者这样说，散文的体式千姿百态、不拘一格，而且不断变化、不断有新样式问世。按照文学界的说法，散文“无规范”，只要“一讲规范”，那么“散文就死”。然而，经验和学术界的研究告诉我们，“阅读和写作思维也可以说是一种文体思维”[2]。这样，以散文为主导文类的语文教学就面临一个难题：如果要合适地教学，必须在“无特征”“无规范”的散文及散文读写中，找出一些能够揭示散文体性的特征，找出一些可供参考的规范，尽管这样的工作只能在散文的某些具体小类乃至个案的自觉限制中进行。

事实上，受制于文学界以及语文教学界的研究现状，现在我们甚至没有资格问“散文教什么”这样的问题；我们能体面地提问的，只能是“这样的散文教什么”“这一篇散文教什么”。答案则只能是探索性的，仅供参考。而参考的标准，是其理据。也就是说，之所以选择这样而不是那样的教学内容，应该有一个道理；而这个道理在目前的学术背景下是能够说得通的，在人们的读写经验里是能够行得开的。那么，《世间最美的坟墓》是一篇怎样的散文呢？那么，教学《世间最美的坟墓》适宜的教学内容是什么呢？这就是我们能够面对的问题，也是黄玉峰老师试图通过他的课来回答的问题。

在讨论《世间最美的坟墓》是一篇怎样的散文之前，我建议大家先读一遍这篇文章，或者读两遍，最好多读几遍。你会有什么感觉呢？

我的体会，首先是情绪的感染：“无人守护，无人管理，只有几株大树荫庇”“没有十字架，没有墓碑，没有墓志铭，连托尔斯泰这个名字也没有”“成百上千到他的安息地来的人中间没有一个人有勇气，哪怕仅仅从这幽暗的土丘上摘下一朵花留作纪念”。我们被感染，我们如同所有在场的人一样，受到“剧烈震撼”。

可见，把答案放在“朴素”，根本就不对头。可见，把力气花在“游踪”的辨

---

[1] 南帆．文学的维度［M］．上海：上海三联书店，1998：278．

[2] 潘新和．语文课程“语感中心说”之浅见［J］．课程·教材·教法，2002（8）：30．

认、语句层次的划分，乃至段意的归纳，很不对路。我们也根本就没有意识去琢磨某一句有几种解释，以及哪一种解释更为恰当。我们只是感染，感染。

那么，感染之后呢？当我们把思绪从“剧烈震撼”中拉回，而进入反思状态时，我们会自问：我们受什么感染？是托尔斯泰墓的长方形土丘？还是茨威格的表述？于是，就有了托尔斯泰这个人；于是，就有了茨威格这个人。散文是真实人与事的抒写，不联系到被写的人与事，谈不上对散文的理解；散文是作者真情实感的流露，离开了写作的这个人，也谈不上对散文的理解。于是，就有了时间和空间。散文是即情即事的产物；脱离了具体的时间和空间，就只能把作品当作言辞的技巧，犹如我们许多语文课所做的那样。

于是，我们的目光再次留驻文章，留心它的言辞、它的表述。它何以说这些，它何以这么说，在具体的时间和空间，由这样的人对着这样的人与事？我们试图去把握。

而对言辞与表述有两种把握的途径：一种是文内的，在上下文语境中；一种是文外的，在具体时间和空间的语境里，联系着写的人和被写的人与事。文内的把握，又有两种，字面的和字面背后的；文外的联系，也不妨分出两种，笼统的和具体的。满足于字面和笼统，也就是我第一次读《世间最美的坟墓》时所见的那些试题——我想起来了，当时还有一道题，问的是为什么说“特殊的日子”，答题的线索是副标题“记 1928 年的一次俄国旅行”，正确的答案在文章后面的注释中，关于托尔斯泰的诞辰，据说这是为了考查什么能力。尽管我们凭常识就能推断，《世间最美的坟墓》发表时，作者没附这条注释；尽管我们有眼睛就能看到，像《世间最美的坟墓》这样的散文，根本就没有在文末加上注释这种事情。那么，字面背后呢？具体联系呢？

于是，我们就与备课时的黄玉峰会面了。他说：“然而当我仔细阅读课文时，却发现其中有很多疑点没有解决，有很多东西远不是那么容易理解的。于是便反复阅读、理解字里行间茨威格要表达的情绪，再由此拓展去查阅有关托尔斯泰和茨威格的资料，这才渐渐解开了某些词语背后的谜。”于是，就有了这篇教学札记、这堂课。

我没有下过黄老师下过的功夫，因而也没有能力判断黄老师所解开的谜是否是真解。但是，我可以断言，黄老师把“字里行间”的情绪、把“某些词语”字面背后的意思、把由字面背后意思所牵连出来的人和事，当作《世间最美的坟墓》的教学内容，是有理据的；这样的教学内容符合这种散文的体性，与我们的阅读经验也相吻合，因而是妥当的。

一篇篇课文，教学什么本无一定之规，正如有人说的，“条条大路通罗马”。但前提，是要成“大路”；要求，是有语文教学的专业理据；标准，是理据妥当。按理据妥当这一标准来衡量，黄玉峰的这堂课，比林林总总《世间最美的坟墓》的课，要胜出好几筹。因为在那些课里，老师们弄丢了教学内容的理据，因而课堂里“不知道在教什么”——或者这样表述，老师们以文本体性之外的理据（比如考试），在课堂里教了些怪模怪样的东西。

（二）关于教学方法的理据

在《语文教学方法与教学内容》[1]一文中，我将教学方法细分为四个层面。

（1）教学方法的原理层面，或者叫“教学方法观”。教学方法观，体现了一种特定的教学理念，比如启发式教学法、接受式教学法、发现式教学法、对话式教学法、设计教学法、无指导教学法等。“它们不具有操作性，不能直接运用于学校各科的教学之中，而是通过影响教学主体的思想、观念，渗透到各科具体教学的设计和实施中。”[2]

（2）教学方法的技术层面，或者叫“教学策略”。教学策略，落实在教学的行为和手段上，有各种各样的分类法。多数研究者采取列举的方式，列举出诸如讲授法、谈话法、演示法、参观法、练习法、讨论法、读书指导法等。每种方法都有其优点和缺点，当一种教学方法被合适的人用于合适的地方并产生合适的效果时，它就有效，反之就是无效。

（3）教学方法的操作层面，或者叫“学科具体教学法”。学科具体教学法，与特定的教学内容相聚合，它具有相对固定的教学程序，运用一些特定的教学方式和手段。比如语文科的课文题解方法、通过形声字来教识字的方法等。在这一层面上所谈论的方法，要注意两个方面：第一，方法本身的合理与否。比如阅读教学法，过去通行“题解——作者介绍——背景介绍——分段——归纳段落大意——归纳写作特点”的教学套路，人们对方法本身的合理性就存有很大的疑惑。第二，方法使用的合适与否，也就是与教学内容的契合程度，比如朗读法用于说明文教学可能并不一定合适。

（4）教学方法的技巧层面，或者叫“教学技巧”。教学技巧，是教学方法在具体场合的运用，它融合了教学方法的技术层面（教学策略）与教学方法的操作层面（学科具体教学法），是教学方法的最终落实和实际呈现，因而体现出不同教师

---

1 王荣生．语文教学方法与教学内容［J］．语文学习，2004（4）．

2 黄甫全，王本陆．现代教学论学程［M］．北京：教育科学出版社，2003：315．

的个人色彩。优秀教师凭借其独特的教学经验、个性品质、能力修养以及教学机智等，能够使教学方法达到“教学艺术”的境界，有的还会形成独特的“教学风格”，或者创立某种“教学流派”。在教学方法的技巧层面，人们更关心的是教师的个体，更关心的是个体教师在课堂教学中的独创性以及所体现的魅力。从这个意义上说，教学方法的技巧层面不仅仅是技巧，也不仅仅是教学方法，它是一个教师在课堂里的一切。

借助于上述细分，我们来讨论《世间最美的坟墓》这堂课，而讨论的主题，是执教老师对方法的自觉，也就是教学方法选择的理据。

我着重说中间两点，即教学方法的技术层面（“教学策略”）和教学方法的操作层面（“学科具体教学法”）。前者的问题是“是否发挥了某种教学方法的优点”，即方法的有效性；后者的问题是“方法使用的合适与否”，即与教学内容的契合程度。比如“串讲”，如果把“字里行间”的情绪、“某些词语”字面背后的意思、由字面背后意思所牵连出来的人和事，当作《世间最美的坟墓》的教学内容，那么用串讲的方法合适吗？这就是讨论与教学内容的契合程度问题。展开讨论可以做比较，例如与学生自主探究的方法相比较，来看两种方法中哪一种更适合于教学内容的实现。如果上述讨论的结论是，用串讲法更能实现教学内容、更能达成教学目的；那么，在这堂课里老师有没有熟练地掌握、运用串讲法呢？是不是有效地发挥出了串讲法的优势而避免了这种方法可能存在的缺点呢？这就是讨论方法的有效性问题。展开讨论可以凭观察，也可以做分析，观察和分析课堂的实际效果。上述两个层面也可以这样来分辨：如果说，与教学内容的契合程度问题，主要考查教师“教”的方面；那么，教学方法的有效性问题，则更关注学生“学”的方面，考查的是学生学习的实际效果。细致地展开这两方面的考查，是一件很有意思的事情，它将极大地推进语文教师们“教学知识”的发展。

我们把这堂课的教学方法整理如下（黑体字提示教师的教学方法）：

（1）导入一：**出示**托尔斯泰和茨威格的照片和倾向性的介绍文字。

（2）导入二：联系《光在黑暗中发亮》**介绍**托尔斯泰的晚年；**边评述边朗读**茨威格“逃向苍天”片段。

（3）导入三：**描述**托尔斯泰最后的日子；**推测**茨威格走近托尔斯泰墓的心理状态。

（4）**出示**篇名“世间最美的坟墓”。

（5）**提出**概括和思考自己感受的指向，**朗读**全文。

（6）学生简短叙述听后“感受”，教师**应对**；学生提出难理解的词句。

（7）**串讲**课文，即边读课文边讲述该“教学札记”文本解读部分的内容。

（8）自问自答，关于文章的顺序问题。

（9）师生讨论“对比手法”。

（10）激情结束语；布置课后阅读相关书籍，要求尝试写一则墓志铭。

1. 与内容契合程度问题

从教学方法的角度看课，黄玉峰老师这堂课最引人注目的是两个地方：一个是“导入”，一个是“串讲”。

对于“导入”，我们首先感受到的是它的长度，有“一导”“二导”“三导”。为什么要连续“导”呢？我们可以与一般的课相比较，而比较必须围绕黄老师想教的、特定的教学内容。这样，问题就有了更恰当的提法：要使学生领会《世间最美的坟墓》“字里行间”的情绪、“某些词语”字面背后的意思、由字面背后意思所牵连出来的人和事，需不需要这么长篇的导入呢？或者这样问：如果像通常那样，教师三言两语“介绍背景”“介绍作者”，或者由学生自己看课文下面的注释，会怎样呢？它能不能更合适地导向核心教学内容呢？我想把这部分答案，留给看我这篇评议的老师来思考。

然后看到的，是导入时多种教学方法的运用：导入一，是多媒体课件，看照片，听老师念介绍的文字；导入二，是教师的讲述与朗读，介绍托尔斯泰的晚年，朗读茨威格“逃向苍天”片段；导入三，是教师的讲述，描述托尔斯泰最后的日子，推测茨威格临近托尔斯泰墓时的心理状态。对这三导，我们可以分别进行与教学内容契合程度的考查，再考查它们的关联。比如茨威格“逃向苍天”片段，让学生分角色朗读行不行？多媒体课件上的文字，让学生念，或由学生自看，行不行？我想把答案也留给看我这篇评议的老师来思考。

我要说的是，黄老师非同寻常地“导入”这一事实本身，就表明他对教学方法的运用有高度的自觉意识。很显然，黄老师是按教学内容有效实现这种用意，来选择、调配教学方法的。而教学方法自觉地服务教学内容的有效实现，也就是我说的教学方法的理据。

一堂语文课，运用着多种教学方法。为什么要用这些方法呢？一线的语文教师往往茫然不知，或者是因为流行，或者是因为好看，或者是因为“我喜欢”，或者是因为“我就这样”，有不少人甚至不知道这里还有一个“为什么”的问题。而过去的语文教学研究，包括特级教师创建的教学模式，则把教学方法抽象化，依据什么“原则”、什么“理念”，或者抽掉眼下这一篇课文的这一个具体的教学内容，谈论调动学生积极性、营造学习氛围，而压根忘记了学生的积极性是有方向的、学习的氛围是要讲场合的。离开了教学内容有效实现这一基准，七方法八方法、这方法那方法，在我看来，都是乱方法。

黄玉峰是不乱的，正像许多专家型教师一样。黄老师说：“对文本有深入理解后，决定采用串讲式。一面读，一面讲。一面讲文本，一面结合内心的感受，联系我的经历，把自己放进去，把我们的时代放进去。”先内容，后方法；为内容，定方法。这里的因果关系，黄老师把握得明明白白。我深有同感，像《世间最美的坟墓》这样的散文，是供读的，而且只能由对文本有切身感受的人来朗读；教《世间最美的坟墓》这样的散文，是必须讲的，而且只能由对文本有深刻理解的人来串讲。这或许也可以扩大到《世间最美的坟墓》之外的散文，尤其是超越了常人思想极限、突破到常人感官和情感无法抵达之深邃处的散文，尤其是洒脱到极致、行文“全无章法”因而更像散文的散文。散文是作者心灵的抒发，阅读散文是心灵与心灵的碰撞、交感；若不如此，就会把散文仅仅当作一种玩意儿，就会使散文教学失去它不允许失去的蓬蓬精神！

黄玉峰是讲精神的，并且想把他受感染的精神用适当的方法去感染学生，在《世间最美的坟墓》的课里，以及我所观摩过的《雷雨》研究性学习汇报课里。老师们可能会发现，从与教学内容契合的角度，这堂课几乎每一处都值得说道，比如两次多媒体课件的使用，比如自问自答，比如要学生写“墓志铭”。语文教师如果能经常地研习黄玉峰的《世间最美的坟墓》，长进一定会很快。

2. 教学方法的有效性问题

不难看出，对教学方法的有效性，黄老师也是有估量、有反思的。而估量和反思的集中点，则在“串讲”：在之前，先打出篇名“世间最美的坟墓”，先让学生定向在“概括并思考自己的感受”，再朗读，再让学生交流感受和对感受的思考，然后收拢到“不理解的词句”，“目的是让学生思考，以便在串讲中加强针对性”。在之后，又自问自答以破除当作玩意儿的顺序观，又讨论“对比手法”以扩展领会的多个向度，还要读书来奠基，还要“写墓志铭”来延续肃穆。我们就凭这篇“教学札记”，也能推断上述种种方法的应用以及方法的组合是很有效的，正如前面的连续三个“导入”。对串讲本身，黄老师做了精心的准备，也愿意现场调整，不过看来在效果上出了点问题，“太满了，想把自己想到的都告诉学生，反而使学生少了思考的空间”，黄老师遗憾地说，并计划着“要舍得扔”的改进，以便为今后使用“串讲”以及如何“串讲”增加新的理据。

教学内容有理据，教学方法讲理据，是这堂课最值得学习的地方。

最后，说一说我对黄老师所提“归真返璞”的意见。“归真”，千真万确；“返璞”，我以为万万不能。黄玉峰老师所说的“返璞”，我理解有两层意思。一层是从教学理念上讲的，也就是我前面提到的“教学方法观”；也可能是从“教学技巧”上说的，指向“教学艺术”。如果是这样，那么“返璞”也就是“归真”，我非常赞同。另外一层意思，可能更接近黄老师的本意，讲的是“教学方法的技术层面”，也就是把“返璞”与这堂课所使用的“串讲”联系在一起，所谓“返璞”就是“返”到古代的“串讲”法。如果是这样“返璞”，那么我非常不同意。黄老师的《世间最美的坟墓》显然是现代意义的“串讲”，与我国古代私塾乃至语文教育成立之初老先生们串讲古文的“串讲”，不可同日而语。在上面的评议中，我想我揭示出了黄老师这堂课之所以被我、被许多人看作成功课例的缘由：这堂课的成功，不是缘于“串讲”这个方法本身；在教学方法的技术层面，一种方法单凭其方法，其实根本就无所谓好坏对错——“每种方法都有其优点和缺点，当一种教学方法被合适的人用于合适的地方并产生合适的效果时，它就有效，反之就是无效。”黄老师这堂课之所以成功，是因为他教的是《世间最美的坟墓》这样的散文，是因为——“字里行间”的情绪、“某些词语”字面背后的意思、由字面背后意思所牵连出来的人和事——这样的教学内容，是因为“串讲”在这里恰好能够有效地契合教学内容。换言之，是因为他对教学内容的自觉、对教学方法的自觉，是因为其教学内容的理据、教学方法的理据。从后一层意义上讲，我认为，语文教学必须向前进，而不宜提“返璞”，也无“璞”可“返”。

［附：课例及课文］

《世间最美的坟墓》教学案例[1]

《世间最美的坟墓》教学札记

本以为这篇文章很容易教，只要扣住“朴素”二字便可大功告成。然而当我仔细阅读课文时，却发现其中有很多疑点没有解决，有很多东西远不是那么容易理解的。于是便反复阅读、理解字里行间茨威格要表达的情绪，再由此拓展去查阅有关托尔斯泰和茨威格的资料，这才渐渐解开了某些词语背后的谜。

“记 1928 年的一次俄国旅行”。

这次旅行是怎么去的？谁邀请？邀请者出于什么目的？

原来，1928 年是托尔斯泰诞辰 100 周年，苏联政府通过高尔基邀请茨威格等，目的是要让这些学者、作家、记者向世界介绍新生的苏维埃。在这之前，萧伯纳、威尔斯、纪德等人都已去过，他们对新生苏维埃的印象截然不同，有的觉得“热情满怀”，有的感到“失望沮丧”。到底是怎么回事呢？茨威格早就想去看看，这是一

[1] 原载《语文学习》2005 年第 1 期。承黄玉峰老师同意援用本课例。

次好机会，于是他欣然接受邀请，到苏联进行了14天的旅行。

然而，他看到了什么呢？14天里，“他有时赞赏，有时厌倦，有时欢欣，有时生气，始终是一股介于冷与热之间的交流电”。他看到了人民被激发起来的神秘热情和无法遏止的冲动，但又看到了混乱、无序和狂躁；他更看到了很多虚假的东西：“还不怎么认识字的马车夫手里拿着书，那仅仅是因为那是书”“12岁的小姑娘的课桌上放着黑格尔的著作”，他敏锐地感觉到这是把虚假的东西装给别人看。这是在欺骗他们，并非要人们了解真正的苏维埃。他又看到他们的忙忙碌碌而毫无效率，看到官吏们忙于批条子、签文件，该办的事杂乱无章。

然而，茨威格不急于直接发表意见，他还要看一看，想一想。但是，他把俄国的躁动、夸饰与托翁墓地的宁静和质朴进行了对比，表达了自己的一些感受。

“我在俄国所见到的景物再没有比托尔斯泰墓更宏伟、更感人的了。”

为什么劈空而来的第一句，就带着这样强烈的感情？“再没有比”是与谁比？他所见到的“景物”是什么？

冬宫不宏伟吗？克里姆林宫不宏伟吗？红场上的列宁墓不宏伟吗？他是不是与这些“景物”相比？看来，他这样说确实是有所指的。

“这块将被后代永远怀着敬畏之情朝拜的尊严圣地，远离尘嚣，孤零零地躺在林荫里。”

“将被”，那就是说，现在还未被人“敬畏”“朝拜”。“敬畏”，为什么要“畏”？“远离尘嚣”，“尘嚣”指哪里？“孤零零”，为什么不用“静悄悄”？这难道不值得我们好好推敲吗？托尔斯泰反对宗教的狂躁，被东正教开除教籍；反对沙皇暴政，他的学生被捕；反对暴力，宣扬人类之爱，被革命者讥讽；他要把财产分给穷人，遭到家人抵制。托尔斯泰是孤独的，只能“孤零零”地躺着，然而这正是他所希望的。

童年的故事是多么美好、温馨。古老的传说有着大智慧：“亲手种树的地方会变成幸福的所在。”什么是幸福？金钱、地位、追名逐利不是幸福，幸福是朴素，是平凡，是和谐，是平平常常的生活，是回归自然！

到了晚年，在“饱经忧患”以后，他突然获得新的、更美好的启示。这新的、美好的启示是什么？那就是回归平凡，回归自然。死是生的继续，生前占有太多，无法摆脱，死后也要摆脱。伟人爱因斯坦有同样的感受，他说：“我每天上百次地提醒自己，我的精神生活和物质生活都依靠别人的劳动，……我强烈地向往俭朴的生活，并且时常为发觉自己占有同胞们过多的劳动而难以忍受。”

只有与大众一样地平等、平凡，相互尊重，那才是真正的幸福！

“后来就这样办了，完全按照托尔斯泰的愿望。”

读到此句，我为托翁松了口气。——托翁的理想终于实现了！

“上面开满鲜花，没有十字架，没有墓碑，没有墓志铭，连托尔斯泰这个名字也没有。”

这是文中第二次出现坟墓的意象。三个“没有”，要细细体会。在这个问题上，连莎士比亚也未曾免俗，他为自己写了墓志铭：让我安息者，将得到上帝祝福；迁我尸骨者，将受亡灵诅咒！实在是够狠的。

然而，托尔斯泰什么都不要，连名字都没有。人来到世上本来无名，要它干甚。让一切归于“无”，归于自然！

“开满鲜花”是整篇文章素雅背景下的一个亮色。开满鲜花，何等美好。这令我想起了弘一法师临死前对自己的评价：“华枝春满，天心月圆。”又想起了海子的诗：“面朝大海，春暖花开。”这些诗人都有着对朴素、对人类之爱的共同追求。真正的诗人都有一颗大爱之心。

“逼人的朴素”，朴素而逼人，可见其力量。

素——本色，就是自然；朴——没有任何修饰。

《诗经》有句：“既雕既琢，复归于朴。”庄子说：“朴素而天下莫能与之争美。”老子提倡“抱朴守素”，托翁是中国文化的崇拜者，更是老子的爱好者，曾翻译了老子的《道德经》，自然能领悟其中奥秘。禁锢：唤起你内心的良知，逼着你不这样做。

“风儿在俯临这座无名者之墓的树木之间飒飒响着，和暖的阳光在坟头嬉戏；冬天，白雪温柔地覆盖这片幽暗的土地。无论你……一个。”

多么朴素，多么和谐，又是多么美丽！世上还有比这更美丽的坟墓吗？

大理石有清风美吗？奢华的装饰有和暖的阳光美吗？高大的建筑有白雪美吗？

“然而，恰恰是不留姓名，……纪念。”

它的美丽、崇高，唤醒了人内心的道德律。康德说，最让我神往的，是夜空的星斗和人们内心的道德律。此时此刻，人们怎么可能去摘花，怎么可能去破坏他的宁静呢！

“残废者大教堂大理石穹隆底下拿破仑的墓穴……能剧烈震撼每一个人内心深藏着的感情。”

每个人内心都有对幸福和爱的渴望，对自由、民主、平等的渴望，每个人内心都深藏着一种“人，生而平等”的信念。无论多么伟大的人物，都是那么渺小，那么平凡。人从自然中来，就要回归自然，灿烂之极，归于平淡，这个真理是朴素的。

回归平凡，回归大众，回归自然的声音，萦绕在托尔斯泰的墓地，回荡在前来朝拜的每个人的内心中，没有人能不为之震撼！

没有人能不在托尔斯泰的墓前拷问自己的灵魂：我为这个世界做了些什么？我应该如何对待人生？我应该做一个什么样的人？！

茨威格在托翁墓前深深地震撼！为和平，为人类之爱，呼喊、奔走、斗争。

第一次世界大战爆发，他积极反战；流亡国外，到处救助，1942年在孤寂与理想破灭中与妻子在巴西双双自杀身亡，他的遗嘱中，最后写道："我向所有的友人致意！愿他们度过了漫长黑夜之后，能见到朝霞！而我，一个格外焦急的人先他们而去了。"

那么，我们呢？

文章的核心是爱，托尔斯泰的爱超越了自我，超越了国度，超越了宗教。看来，最后一定要归结到这一点。

对文本有深入理解后，决定采用串讲式。一面读，一面讲。一面讲文本，一面结合内心的感受，联系我的经历，把自己放进去，把我们的时代放进去。

课是上完了，总觉得还有许多遗憾，一个就是太满了，想把自己想到的都告诉学生，反而使学生少了思考的空间。自己平时爱作画写字，字画最讲究留白，而我上课时恰恰忘了这一点。看来，还是教艺不高超，以后再教时，要舍得扔！

最后，我觉得，我的这堂课是为了让语文教学归真返璞。正如《诗经》中所说的："既雕既琢，复归于朴。"

教学简案

一、教学目标

1．走近托尔斯泰，走近茨威格，了解托翁伟大的人格及其伟大的人道主义精神，即他们身上体现出来的大爱。了解本文告诉我们的是对民主、自由、平等、平凡的追求，对回归自然的追求，以及对一个新政权的怀疑和不满。

2．理解文章写法："无法中有法""行于当行，止于不可不止"。

3．体会对比手法的广泛运用。

二、教学过程

首先介绍两个人物：托尔斯泰和茨威格。

（两人照片）

列夫·托尔斯泰（1828—1910），出身于名门望族，一生始终不渝地致力于探索公正、合理的理想社会制度，真诚地寻求接近人民的道路，多次在自己的庄园进行改革，连他的死也是一生探索的继续。他是人类的道德领袖、人道主义的守护神。

高尔基称他为"人类中的人"，茨威格称他是"真正的人的模型"。

斯蒂芬·茨威格（1881—1942），奥地利思想家，伟大的人道主义者，出身于富裕的犹太家庭。他在小说、人物传记、短论和诗歌方面均有杰出的成就。他是托尔斯泰的精神继承人。

1．导入

列夫·托尔斯泰晚年，深深地陷入了两个巨大的精神痛苦中。一是由于与革命者之间的矛盾，一是由于与妻子、家人的矛盾。他同情穷苦人，也同情革命者，但反对使用暴力，宣扬人类之爱。他把财产分给穷苦人，却遭到家人反对。他的妻子索菲亚与他结婚48年，几乎为他一个字一个字地誊抄了全部著作，但后来也不能理解他。他想离家出走，又怕丢弃了自己的责任，伤害了妻子、家人，使他们痛苦。这个矛盾整整折磨了他30年。

1890年，托翁开始写自传体剧本《光在黑暗中发亮》。他写了整整20年，直到去世都没能完成！因为他不知道如何解决这个矛盾，不知道路在何方！

茨威格不愧是托翁的精神继承人，在托尔斯泰死后，他以托尔斯泰最后的出走为蓝本，为这个剧本写了最后一章，名曰“逃向苍天”。

（朗读剧本的片段）

（在托尔斯泰出走前一天晚上，一群激进的大学生闯进了他的书房，要托翁站在他们一边。下面是一段对话。）

大学生甲：列夫·托尔斯泰，如果你认为人与人之间的关系只要通过爱就能改善，那么你错了。我告诉你，这个世界将遭到血洗，不仅那些老爷们要被打死，碎尸万段，连他们的后代也不能幸免，以免让他们的后代将来再给这个世界造孽。

托尔斯泰：即使是罪人，也还是我们的兄弟。

大学生乙：即便他是我的兄弟和我母亲生的孩子，只要他给人类带来苦难，我也会把他像一条疯狗似的打倒在地。

托尔斯泰：年轻人，通过暴力，不可能建立一个符合道德的制度，因为任何一种暴力不可避免地会再产生暴力。一旦你们掌握了武器，你们也会很快建立新的专制主义。你们不是破坏专制，而是使它永存下去。

大学生丙：你这是麻痹人民的药酒。

托尔斯泰：我对你们再说一遍，只要你们不承认对所有的人都应怀着兄弟般的仁爱，那么我就拒绝同你们站在一起！

这是托翁的第一个矛盾：与革命者的矛盾。他与家人也发生冲突，请看他与家人的对话。

托尔斯泰：（对秘书说）我的妻子和儿子是不会尊重我这最后的意愿的，他们会把我的著作拿去做肮脏交易、谋取厚利。明天，我就要写遗嘱，我要写得清楚明白，不让发生歧义，而且它要有约束力，我要在遗嘱中把我的全部著作的收入以及从稿费存款中得到的利息——这些肮脏的钱，统统捐献给大家，捐献给全人类。

托尔斯泰：索菲亚，直到今天我也不明白，你的这种信仰有什么意义。你自己擦炉子，自己挑水，自己补破靴子……不，我始终不明白，为什么我们这种清清白白的生活，勤劳、节俭、安静、朴素的生活，突然之间变成对别人的罪孽呢？不，我不能明白！

这就是托翁的两个矛盾，两个无法挣脱的痛苦，两个矛盾、两个痛苦又互相联系。

2．继续导入

1910年10月28日，在夜色的隐蔽下，一辆马车载着一位83岁的老人，逃出庄园，前面是茫茫苍天。十天后，托尔斯泰死在一个小火车站，像一个真正的流浪汉！

茨威格是理解托翁的，他是托翁的知音。

茨威格早就想去看一看托翁的故乡，去目睹用托尔斯泰所反对的暴力建立起来的新的政权到底怎么样，早就想看一看托尔斯泰的坟墓。今天机会终于来到了，他终于来到了托尔斯泰的坟墓前。

那么，此时此刻，这个同样伟大的人物在想些什么？他又说了些什么？哪些话是他想说而又没说的？他要告诉我们的到底是什么？

（打出篇名“世间最美的坟墓”）

3．思考

请同学们认真思考每一句话、每一个字的含义，用两个字概括自己的感受，并思考为什么有这种感受。

4．读全文

读完后，稍停片刻。

问：读了茨威格的文章，你有什么样的感受？

（根据不同回答应对）

问：对文章中的词句还有什么不理解的？**（目的是让学生思考，以便在串讲中加强针对性）**

5．串讲课文（略）

问：本文顺序？

本文没有顺序。怎么想就怎么写，“行于当行，止于不能不止”，随感情的起伏行文。这是一曲颂歌，是一首赞美诗。不能看作游踪。比如第一句劈空而来，最后一句戛然而止；再比如一再出现“小小的土丘”。不能用任何顺序去规范它，这才是大师！如果一定要编什么行文的轨迹，可以这样指示：

感受—墓地—由来

照办—墓地—平民

保护—墓地—震撼

6．对比手法

（1）外界的尘嚣与此地的偏僻比（只有风儿低吟，只是全无人语）。

（2）环境的安静与内心的震撼比。

（3）高大挺拔的树木与小小的土丘比。

（4）开满鲜花与奢华装饰比。

（5）贵族身份与平民生活的追求（流浪汉）比。

（6）童年的游戏与饱经忧患的老人的愿望比。

（7）伟人与伟人比（莎士比亚与托尔斯泰对比，莎翁的墓志铭恶狠狠的）。

（8）还有与没有写出来的对比（我们可以补出）。比如：列宁墓与托尔斯泰墓，“我”与托尔斯泰（包括所有到过墓地或读过本文的人）比。

7．结束语

回归自然，回归平凡，追求平等，追求民主，追求自由，对人类的博大的爱，对人类前途的思考和忧虑——这就是茨威格这篇《世间最美的坟墓》要告诉我们的。

作业。①推荐三本书：《人类的群星闪耀时》《昨日的世界》《异端的权利》。②为一个了解的人写墓志铭。例：（黄玉峰自拟墓志铭）这里躺着一个小人物，他曾为孩子们的精神成人大声喊叫过。

世间最美的坟墓——记1928年的一次俄国旅行

斯·茨威格

我在俄国所见到的景物再没有比托尔斯泰墓更宏伟、更感人的了。这块将被后代永远怀着敬畏之情朝拜的尊严圣地，远离尘嚣，孤零零地躺在林荫里。顺着一条羊肠小路信步走去，穿过林间空地和灌木丛，便到了墓冢前；这只是一个长方形的土堆而已，无人守护，无人管理，只有几株大树荫庇。他的外孙女跟我讲，这些高大挺拔、在初秋的风中微微摇动的树木是托尔斯泰亲手栽种的。小的时候，他的哥哥尼古莱和他听保姆或村妇讲过一个古老传说，提到亲手种树的地方会变成幸福的所在。于是他们俩就在自己庄园的某块地上栽了几株树苗，这个儿童游戏不久也就忘了。托尔斯泰晚年才想起这桩儿时往事和关于幸福的奇妙许诺，饱经忧患的老人突然从中获得了一个新的、更美好的启示。他表示愿意将来埋骨于那些亲手栽种的树木之下。

后来就这样办了，完全按照托尔斯泰的愿望：他的墓成了世间最美的、给人印象最深刻的、最感人的坟墓。它只是树林中的一个小小长方形土丘，上面开满鲜花——“nulla crux，nulla coroma”——没有十字架，没有墓碑，没有墓志铭，连托尔斯泰这个名字也没有。这个比谁都感到受自己的声名所累的伟人，就像偶尔被发现的流浪汉、不为人知的士兵一般不留名姓地被人埋葬了。谁都可以踏进他最后的安息地，围在四周的稀疏的木栅栏是不关闭的——保护列夫·托尔斯泰得以安息的没有任何别的东西，唯有人们的敬意；而通常，人们却总是怀着好奇，去破坏伟人墓地的宁静。这里，逼人的朴素禁锢住任何一种观赏的闲情，并且不容许你大声说话。风儿在俯临这座无名者之墓的树木之间飒飒响着，和暖的阳光在坟头嬉戏；冬天，白雪温柔地覆盖这片幽暗的土地。无论你在夏天还是冬天经过这儿，你都想象不到，这个小小的、隆起的长方形包容着当代最伟大的人物当中的一个。然而，恰恰是不留姓名，比所有挖空心思置办的大理石和奢华装饰更扣人心弦：在今天这个特殊的日子里，成百上千到他的安息地来的人中间没有一个人有勇气，哪怕仅仅从这幽暗的土丘上摘下一朵花留作纪念。人们重新感到，这个世界上再也没有比这最后留下的、纪念碑式的朴素更打动人心的了。残废者大教堂大理石穹隆底下拿破仑的墓穴，魏玛公侯之墓中歌德的灵寝，西敏司寺里莎士比亚的石棺，看上去都不像树林中的这个只有风儿低吟，甚至全无人语声，庄严肃穆，感人至深的无名墓冢那样能剧烈震撼每一个人内心深藏着的感情。

五、教学流程的展开和教学内容的落点

——郑桂华老师《安塞腰鼓》研习

钟启泉先生曾比较过中日两国教师在教学观摩课上的不同表现：日本的教师观课时，眼睛朝着学生；而我国的教师观课时，眼睛则死盯着上课的教师。有的观摩课在舞台上，聚光灯对着讲课的教师，黑压压一片观课者，看的是学生的侧面，乃至背面；有的观摩课，舞台场地太小，学生就坐在礼堂的前排，不是近前的观课教师连学生的背影也难得看见，而课照样看得津津有味；有的观摩课是在教室里，听课的教师挤在贴后墙的加座，眼光跳过学生的头顶，生怕漏掉讲课教师的一举一动。钟老师痛恨这样的观课方式，称之为“目中无‘人’”，因而大反“公开课”。我深有同感。尽管我不一概地反对“公开课”，而主张观“公开课”功能分化：是比赛就照比赛，是展示就按展示，是观摩就应观摩，是研讨就像研讨。我以为比赛应该局限在比赛者的范围，展示应该讲明白展示什么，观摩应该先培训如何观摩，就大部分的“公开课”来说，我曾建议，观课者应该面朝学生，背对着讲课的教师。

听郑桂华老师的课，是很应该面朝学生的，至少观课者的眼光要时时留驻在学生的身上。看郑老师《安塞腰鼓》课例，我们首先应该关注的是学生的学习状况，关注学生先怎样、再怎样、后怎样，关注课堂的生态及其演化。

（1）上课开始，老师询问预习的情况，发现学生做了两件事：一件是多数学生做过的，标出节号、找出生词，有的还圈了重点词语；一件是只有少数同学做过的，朗读课文。标出节号就是在自然段前面标上序数，据我所知，多数学生是在阅读文章之前标序号的，《安塞腰鼓》正文计1055字，分30个自然段，应标出30个序号。找出生词，学生可能有两种操作：一种是在读标有序号的课文时，边读边圈出生词，用术语来说，就是把阅读的“意识点”放在生词的“生”上；另一种是读完标有序号的课文后，对照课文下面的注释，在正文中找到对应的词语圈出来。老师们可以试一试，请翻到附录的课文，拿起笔，标序号、找生词；然后反思一下，这是一种什么样的阅读状况。

我的体验是，标了序号的《安塞腰鼓》不忍卒读，别说体会、感悟，就是把课文连贯起来，恐怕都难以做到。也就是说，学生对课文缺乏起码的感觉，处在一种

近乎麻木的阅读状态。

（2）看录像之后，学生对“安塞腰鼓”这个意象有了感受。他们开始谈论，老师板书了那几个词语：整齐、雄壮、壮观、野气——原始的、朴素的、来自大自然的。然后学生再读课文——“自己读自己的”。尽管学生读得很投入（按我的推测，是在不断地矫正自己的言语习惯，读准词句），但阅读看来并没有带来新的成果。学生似乎不再能说什么了，发言的同学似乎也没摸到门道，阅读感受的师生交流，陷入了艰涩。

（3）接着发生了转机。学生们好像一下子开了窍，一下子打通了与课文对话的感觉通道：一个学生站起来念，其他学生边听边画，接着是另一个同学，接着是又一个同学，接着是再一个同学，接着，似乎每个同学都找到了自己感受到的“传达这种感受（即学生看录像时的感受）更强烈一些的句子”。

（4）接下来似乎又陷入了僵局。念完了，“还有想讲的吗”，老师问；“没有了”，学生们表示。老师布置了新任务，有同学畏难。

（5）然而，5 ～ 6 分钟后，学生开始有话说了，“不少小组举手想发言”，想说他们的“讨论成果”。上课至今还没有一个人说过话的小组率先开局，一个代表发言，同小组的另一个同学举手“帮助”，似乎有说不完的话语，有滔滔不绝的“感受”。不但是发言的学生动起来了，听的同学也动起来了，不但听，而且想，把听的记下来，还跃跃欲试要插话。接着有两个小组竞争发言权，女生组先发言，说自己的阅读感觉，并试着把感觉朗读出来，接着是一个同学主动帮助，努力进一步朗读出感觉。接着是还在继续讨论中的“男生小组开始交流”，对前面的同学发言做了“补充”；接着是“老师发现有人举手”想发言，学生站起来朗读、讲述自己的感受；接着是有同学表示“不同意”，他来讲；接着是大家齐声复述了他讲的好词“融入”，前面那个同学也“同意”后一位同学的纠正与深化；接着是还有同学说，接着是“发扬了风格”的小组代表补说前边各小组没有说到的，一人说，另一人补了再补不停说；接着是师生讨论句式，感觉到还有学生有想说的话。

（6）接着是学生自己选择一段各自轻声朗读；接着是“放开来，热烈奔放地”各自大声朗读。下课的时间差不多到了，而同学们“还想读下去”。我们仿佛看到学生很有收获的样子，露出满意的笑容，不仅对老师，而且对同伴、对自己。

这一切是怎么发生的？从近乎麻木，到对事情的感觉，到对课文的感觉，到对课文语句的感觉；从读有感觉的语句，到说出自己的感觉，到倾听同学的感觉，到同学们相互之间交流感觉。我们将从课堂教学的流程和教学内容的落点这两个角度来研习这堂课。

（一）教学的流程展开

先讨论课堂教学的流程。“流程”是课堂教学从起点到终点的过程，大致相当于我在评议欧阳代娜《岳阳楼记》时所说的“一根筋”[1]，即课堂教学的连贯过程。说“流程”，比说“一根筋”更为妥当，因为这反映出了两种不同的“教学观”。“一根筋”的教学观，是“把我对教材的理解教给学生”，表现为课堂的生态，就是“老师牵着学生走”；而“流程”的教学观，则是“根据学生的学情导向这堂课的终点”，表现为课堂的生态，就是“学生随着老师走”。语文课堂教学的流程，走向是“预设”的，关节点是精心设计的；但它不是僵硬的，它依据地势而流动，依据学情而可变化，因而具有教学现场的适应性，为教学内容的“生成”留下广阔的空间。课堂教学的流程，可以从几方面看，比如流程的起点、流程的终点、流程的连贯、流程的流向、流程的疏导处等。

1. 流程的起点与终点

流程的起点，也就是一堂课的开始处；流程的终点，也就是一堂课的结束处。在公开发表郑桂华《安塞腰鼓》课例的同期杂志上还刊登了一篇同题的课例，正好用于比较。我先把那个课例中有关流程起点与终点的话语抄出来：

> 《安塞腰鼓》作为文学作品走进课堂，它不仅表现出文本价值，还承载了更重要的科学意义。在教学中，我们从语文学科的教学和学生个体可持续性发展的角度出发，创造性地处理和运用教学材料。《安塞腰鼓》讴歌了黄土精神，赞颂了生命的顽强不屈。学生学习时很容易被其中几个含义较深的句子绊住脚。如：为什么多水的江南是易碎的玻璃，打不得这样的腰鼓？学生很可能只看到了安塞腰鼓的激越，而忽视了其背后蕴含的生命精神。因此在本课的设计中，我先让学生发现安塞腰鼓的美，再发现“文章”的美，再去感悟“生命”的美。这样的设计力图让学生通过几个层面的阅读，即由浅层面的文本阅读过渡到较深层面的文本语言和创作手法阅读，再过渡到深层次的文本思想阅读，让学生深刻领悟《安塞腰鼓》的精神内涵并获得思想的启迪。[2]

这个老师上述这段话，有点“花里胡哨”，但要点还是可以看出来的。正如许

[1] 见本书第 40 页“‘美’‘巧’‘活’‘实’——欧阳代娜老师《岳阳楼记》研习”。

[2] 杨涛. 追寻美的脚步——《安塞腰鼓》教学案例［J］. 语文学习，2006（5）.

多语文教师一样，这位老师“知道”，教学设计要考虑下述三点：①文本的特性；②学生面对文本时可能的状况；③教学的目的或教学设计的意图，即学生最终的收获。但是，与老师们普遍存在的问题一样，在上述三点的每个点上，这位老师都是“想当然”，整个“教学设计”过程实际所做的事情，恰恰是对这三点“不予考虑”。

首先是对文本的特性“不予考虑”，而“想当然”。《安塞腰鼓》怎么“还承载了更重要的科学意义”？什么科学意义？它是如何承载的？看来这位老师没有好好地琢磨课文，要么受惯了教材误导而丧失了自己的文学感觉。《安塞腰鼓》是篇散文，我们不妨与我评议过的《世间最美的坟墓》[1]相比较。我说，《世间最美的坟墓》黄玉峰老师“串讲”对了；但如果黄老师坚持“返璞”到底的话，对《安塞腰鼓》也来一番“串讲”，那么我会说，错大了——我猜黄老师也绝不会用“串讲”的办法来对付《安塞腰鼓》，否则他就不可能是上出《世间最美的坟墓》好课的那个黄玉峰了。何也？文本之体性异也。

《安塞腰鼓》与《世间最美的坟墓》的最主要区别，就是它的“背后”没有东西。《安塞腰鼓》的所有一切，都在前台，都在它的言语中，作者所要表达的“思想”，都用他的言词表达了出来，呈现在读者的面前。《安塞腰鼓》被称为“艺术散文”，被称为“风情—神韵散文”[2]，它的魅力恰恰在于作者用如此奇崛的语言生动地表达出了作者所要表达的一切：茂腾腾的后生，气壮山河的安塞腰鼓，生养了这些元气淋漓后生的黄土高原，以及作者对改革开放的向往与赞颂。《安塞腰鼓》是一篇作者精心“做”出来的散文，它有刻意的艺术追求，呈现出强烈的形式美感，是精雕细琢的语言艺术品。即使作者说他写时“一点也没有费力”，也是因为“做”到了家，才洗尽了伴随作者多年的“杨朔味”，才抓住了自己艺术才能喷涌的瞬间，创造出了属于自己的“刘成章体”。刘成章是把散文当创作的“作品”写的，当“诗歌”写的，当“剧本”写的，当语言的营造物写的，就像评论家所说的，他的《安塞腰鼓》“简直就是一首意韵优美的散文诗”[3]。“这篇散文的诗意美来自两方面：一方面是内在的意蕴美；另一方面是语词、句式乃至整体节奏上，均经过一番苦心孤诣的设计，使整个散文充满一种神奇的形式美。”[4]

这样的作品，何来“科学意义”？在这样的作品中，言语营造了安塞腰鼓的激

---

[1] 见本书第76页“教学内容与教学方法的理据——黄玉峰老师《世间最美的坟墓》研习”。

[2] 刘锡庆．我读刘成章［N］．文艺报，1999-10-05．

[3] 刘锡庆．我读刘成章［N］．文艺报，1999-10-05．

[4] 厚夫．高原生命的火烈颂歌 民族魂魄的诗性礼赞［J］．名作欣赏，2001（5）．

越，安塞腰鼓的激越承载了陕北后生的生命精神，“深刻领悟《安塞腰鼓》的精神内涵并获得思想的启迪”，何须跑到文字的“背后”去找？这样的句子——“骤雨一样，是急促的鼓点；旋风一样，是飞扬的流苏；乱蛙一样，是蹦跳的脚步；火花一样，是闪射的瞳仁；斗虎一样，是强健的风姿。”除了对句子的感受，谁能找出较深的含义？到哪里去找？“使人想起：落日照大旗，马鸣风萧萧！”据作者说，这是这篇散文中唯一想留点微言大义的句子，而那个微言大义在2006年作者自己披露之前根本就没人知晓。[1]那又怎么样？对我们理解和欣赏《安塞腰鼓》的美有什么损伤？“多水的江南是易碎的玻璃，在那儿，打不得这样的腰鼓”就是“打不得这样的腰鼓”么，就是没有黄土高原的土层啊，就是养不出茂腾腾的陕北后生呀，这不是明摆着吗？这有什么深含义？教材非要问“为什么‘多水的江南’打不得这样的腰鼓”，这不是逼死刘成章他也没法子做出“标准答案”的考题吗?！“耳畔是一声渺远的鸡啼。”作者说，《安塞腰鼓》中后生们身后的高粱，长着酸枣树的山崖，呲溜溜的南风，以及一声渺远的鸡啼，“都是凭借我胸中丰厚的陕北资源信手布置出来的”[2]。教材非要问“为什么听到这样一声‘鸡啼’”，这不是硬要把作者和读者弄成白痴吗?！事实上，真的把语文教师弄痴了，所以才会到诉诸感觉的作品中去做什么“深层次的文本思想阅读”。

为什么明“知道”要关注文本，备课的时候却不去读一读课文呢？

愈捶愈烈！痛苦和欢乐，生活和梦幻，摆脱和追求，都在这舞姿和鼓点中，交织！旋转！凝聚！奔突！辐射！翻飞！升华！人，成了茫茫一片；声，成了茫茫一片……

当它戛然而止的时候，世界出奇的寂静，以致使人感到对她十分陌生了。

简直像来到另一个星球。

耳畔是一声渺远的鸡啼。

出奇的寂静中，耳畔传来一声渺远的鸡啼，多美的景象啊！我们那刚经历“隆隆隆隆”翻腾的心灵，瞬息获得了淘洗过似的净洁。正如作者所有意布置的，此时的我们，猛地缓过神来，明白了自己的“观众”身份，明白了我们与剧中人的不同，我们忍不住回过头去，想再看一次这出绝妙的表演：

---

[1] 刘成章．安塞腰鼓二十年［J］．语文学习，2006（5）．

[2] 刘成章．安塞腰鼓二十年［J］．语文学习，2006（5）．

一群茂腾腾的后生。

他们的身后是一片高粱地。他们朴实得就像那片高粱。

咝溜溜的南风吹动了高粱叶子，也吹动了他们的衣衫。

他们的神情沉稳而安静。紧贴在他们身体一侧的腰鼓，呆呆的，似乎从来不曾响过。

我们期待着，期待着又一场龙腾虎跃；然而戏剧闭幕了，观众要离场了。观众渐渐离场，但这出剧，这使我们热血沸腾的场面，这铺天盖地“隆隆隆隆”的声响，似乎永远地留在了我们的心中，还有我们对黄土高原的神往、对陕北人的景仰。

为什么明“知道”要关注文本，备课的时候却不去读一读课文呢？

然而有老师告诉我他们“读啦”，在网上有近 8000 个与《安塞腰鼓》备课有关的材料，还有杂志上的，我看了、翻了，我确认：老师们是要求学生“读”的，而且强调要流利地朗读、有感情地朗读，甚至非“诵读”不可。

但老师们自己在备课时真的读过课文吗？阅读过《安塞腰鼓》吗？朗读过《安塞腰鼓》吗？“诵读”了吗？我敢断定，如果有老师阅读过课文且读懂了，却还要去朗读、诵读，而且真的流利地朗读了、有感情地诵读了，那么那一定是位很特殊的语文教师，特殊得不配做语文教师。《安塞腰鼓》哪里是朗读的文本？哪里是能流利朗读的文本？作者对语言的砍削、雕琢、一系列变形的陌生化处理，就是为了阻止你流利地朗读，就是不让你朗读，尤其是学生腔“普通话朗读”那种朗读。《安塞腰鼓》刻意追求文字排列的形式美，显然是一种书面的文本。看这篇评议的老师，不妨做一个小实验：把课文下载下来，先用四号字体看，再改用五号字体看，再改用小四号字体看一遍，然后感觉感觉，看不同字号的同一篇文章，我们读的时候是不是产生了不同的感受、不同的理解，以及对作品的不同评价。

不知道大家有没有注意到，郑桂华老师的《安塞腰鼓》，整堂课没有语文课堂常见的那种“流利地朗读”——没有播放朗读的课件，没有老师的整篇范读，没有学生们的齐声朗读。当学生“坐端正，拿好书”，习惯性地做好了“齐声朗读”准备的时候，郑老师却对同学们说：“自己读自己的。”她做对了。她说她感觉这里必须“自由朗读”。这就是语文教师的专业感觉。

不幸的是，许多语文教师似乎缺乏这种专业感觉，甚至忘记了感觉。所以对学生与文本遭遇时的状态也“想当然”。不错，学生阅读《安塞腰鼓》时，会被其中一些句子“绊住脚”。但是，“绊住脚”的不是什么深沉含义，除非一开始阅读时就布置他们对付“为什么‘多水的江南’打不得这样的腰鼓”“为什么听到这样一声

‘鸡啼’”这样的题目。《安塞腰鼓》就其文本追求来说，就是要把习惯于流利阅读而对词语、句式丧失敏感的人“绊住”，从而迫使读者停住匆匆的脚步，细细地观赏那些“绊脚”的词语。学生遭遇《安塞腰鼓》时可能发生的问题，恰恰是不想被“绊住脚”，他们瞥了一眼“绊脚”的词句，避了过去，或者假装没看见。换句话说，学生的问题是对这些词句不能感觉，也不知道如何感觉。而像《安塞腰鼓》这样精致的“艺术散文”，如果接二连三地避开“绊脚”的词语，那是很难读下去的。我猜想，学生很可能读不了几行，就再难以唤醒读下去的欲望，因而自动地进入了“拒绝性阅读”的状态，也就是郑老师这堂课起始阶段的学生状态。

对文本体性“想当然”，对学生的阅读起始状态“想当然”，结果是对这堂课的教学目标“想当然”。或者这样表述，教师们套用文本阅读之外的种种理由“想当然”地设定目标。这有两个标志：第一是多头目标，比如情感态度一个，过程方法一个，知识技能一个，难字生词一个，几个之间互不相干，或者老师自己也搞不懂如何相干。第二是目标玄虚，老师自己也把握不住它到底是个什么东西，或者根本就不可能把握，因为目标延伸到与文本阅读相距十万八千里处。这两种情况往往兼而有之。比如那位执教《安塞腰鼓》的老师，目标是“让学生深刻领悟《安塞腰鼓》的精神内涵并获得思想的启迪”。什么叫“深刻领悟”？《安塞腰鼓》的哪一个“精神内涵”？什么叫“启迪”？如何看出这堂课“深刻”，还是欠“深刻”“启迪”，还是没“启迪”？

当然，说流程的终点，绝不能光看语文教师的教案，绝不能光听语文教学“教学目标”或教学设计“意图”的说课稿。语文教师教案里的“教学目标”多数是骗人的，这已成为不争的事实。我最近曾多次建议语文教师把一个学期教案里的目标合起来抄一遍，然后自己查查，哪一条在课堂里教了、哪一条在学生身上实现了。如果我没猜错的话，语文教师一个学期的教案里一定什么都有了，高尚情操有了，个性发展有了，创造性思维有了，文学鉴赏有了，能想到的都有了，如果语文教师教案里写的“教学目标”真的在课堂里教过、在课堂里实现了，哪怕其中一半，或者三分之一、四分之一，那么中国的中学语文课程，一定一个学期足够矣。事实却不是这样，别说一个学期，十二个学期也不够，要像我们现在这样，文本特性“想当然”，学生学情“想当然”，教学目标“想当然”，恐怕一百个学期也不会够。我建议，为了避免骗人骗己，语文教师的教案最好不要用“教学目标”这种高雅的词语。改用“教学结果”行不行？这至少有利于语文教师把事前设计与事后效果区分开，把自我悬想与学生实情区分开。“教学结果”，也就是一堂课里学生最后收获的东西，而这个东西大家在课堂里是看得到的——教师看得到，学生看得到，它就在语文课堂教学流程的终点。

郑老师《安塞腰鼓》的流程终点，清晰可辨，实实在在，而且完全对头。那就是对文本语句的感受，在文本语句的感受中开发学生的文学感官，让学生体验到文学感受细腻、丰厚的路径与方法。

2. 连贯、流向与疏导处

流程必须连贯，否则就难以流动，因而也不成其为“流程”。而流程的连贯问题，实际上是几个环节之间的关系问题。环节之间的关系，向来是语文“教学设计”受关注的地方，甚至被提到“环环相扣”的高度。但我以为过去我们没有关注到要点，“环环相扣”的说法不但无益，而且有害。

接下来，我们看看那个用于比较的同题课例，下面是那位老师的“环节”。“我将《安塞腰鼓》一课的教学设计为五个环节，依次为：①朗读，体味语言之情感；②探究，品味构思之精当；③感悟，领略行文之美妙；④体验，享受意蕴之深远；⑤创造，展示想象之瑰丽。”

与前面引用过的那段相似，这也是花里胡哨的，后面还有“这样设计的目的”，即设计的依据和意图，更是花里胡哨，在我看来几乎是胡说八道，我不愿意抄了。我们来看实际的教学过程。

“朗读”环节，据说采用了一位“教学设计”名手的“精彩设计”。选一段，先“女领”一句，再“众合”（好一个安塞腰鼓！），然后是“男女领”一段，再来“女领”一句，接着是“女合”一句，再“众合”（好一个安塞腰鼓！），最后是“男女领”（好一个黄土高原！），然后是“众四部轮读”（好一个安塞腰鼓！）。

“探究”环节，是学生回答老师的问题：“课文中反复出现了‘好一个安塞腰鼓’一句，你们认为安塞腰鼓到底‘好’在哪里？”

“感悟”环节是这样的：“请你从词语、句式、修辞、写法、结构等方面评说文章的美点。从课文中找出句子证明自己的观点，并用‘……好，好在……’这一句式进行评说。”

“体验”环节，是“再读课文，说说《安塞腰鼓》赞颂了什么，赞颂了陕北人民的什么特点”。

“创造”环节，即布置作业，让学生把文章改写成诗歌样式，比如“那鼓点，似骤雨一样，是那么急促；那流苏，似旋风一样，是那么飞扬……”。另一个作业，是“请你为安塞腰鼓写一则宣传广告”。

上述这位老师的“五个环节”，环环都是瞎搞，这我留在下一节来分析。这里要说的是他的“环”与“环与环之间的关系”。老师们看看，这是“环”吗？

教学的开始，老师先虚晃一枪：“你们能用优美的朗读表现出安塞腰鼓豪迈与震撼的气势吗？”

当然不能，除了朗诵表演艺术家，没有人能“优美地朗诵”《安塞腰鼓》，道理我前面已经说了。不但不能“优美”，连“流利”也不可能；对与《安塞腰鼓》初次会面的学生来说，连有“豪迈与震撼”的感觉也很困难。

就像郑桂华的课一样，在这位老师的课上，学生在起始阶段对《安塞腰鼓》也处于很低级的理解水平。但这位老师不管这些，因为他逼学生“优美地朗读”，目的是引出自己的“精彩设计”，于是他说：“通过刚才同学们的朗读，我们不难发现，个人朗读已很难表现出安塞腰鼓表演时的雄壮场面，我们来变换朗读的形式。请同学们按照屏幕上显示的方式朗读课文。”接着上演“女领”“男女领”一套。

有同学说这种读法有点意思，读起来很有劲儿；那就接着再读呗，“体味语言之情感”呀！但老师不干，因为他有“设计”，他赶紧总结说，“让我们体味到生命的活跃与强盛”。

那么，接下来该讲“生命”了吧？他不，因为“设计”好了。所以忽地杀出一个问题，“品味构思之精当”。“构思”就构思吧，展开呀！他不！老师赶紧做总结：“从‘形’方面看”“从‘神’方面看”。因为他“设计”好了，所以又忽地杀出“从词语、句式、修辞、写法、结构等方面评说文章的美点”。

不知道这里的词语、句式与刚才的“形”有什么关系？不知道这里的写法、结构与刚才的“构思”有什么关系？不知道这里的词语、句式与修辞、写法有什么关系？管他呢，“美点”就“美点”吧，让学生说啊！他又不，因为他还有“设计”；学生也不，因为他们说不出、不能说——为何如此的道理，我留在之后分析。

接着老师又忽地“杀”出个问题来，考学生“赞颂了什么”，不知道刚才老师说“神”那几句话还记得否？不知道刚才“让我们体味到生命的活跃与强盛”还在否？管他呢，“赞颂”就“赞颂”吧。

可他又不，因为他还有“设计”，“让我们饱含深情地再朗读一遍课文”，老师提出这一要求。不知道“个人朗读已很难表现出安塞腰鼓表演时的雄壮场面”这句话老师有没有说过哦，糊涂了；不管他，“饱含深情”就“深情”一把吧。

但，不能“深情”，也来不及“深情”；因为下面还有“创造”，还有改写成诗歌的“示范”——也就是把作者有意砍掉的废话统统加上，比如：“那鼓点，似骤雨一样，是那么急促……”

接下来呢？还要“广告”呀，总不能白“设计”；混了混了，这节课是“安塞腰鼓”，还是《安塞腰鼓》？前面的“体味语言之情感”“品味构思之精当”“领略行文之美妙”“享受意蕴之深远”到哪里去了？不管他，“展示想象之瑰丽”吧，加废话吧，写广告吧——可我记得这位老师说，本来的终点好像是“文本思想阅读，让学生深刻领悟《安塞腰鼓》的精神内涵并获得思想的启迪”。

这是“环节”吗?! 这能叫“流程”吗?! 为什么那位老师的课，成不了流程呢？为什么郑桂华老师的《安塞腰鼓》，流淌得那么舒坦呢？老师们应该研究研究。

我以为溪流流淌的关键，是对文本体性的把握，是对学生学情的估量，是要有流程终点的愿景，是时时把握着课堂如何在流、流向何方。换言之，关键是各个环节的流向。下面是郑桂华老师《安塞腰鼓》调控流向的关节处，请看表 4。

表 4　调控流向的关节处

流向	学生的状况	教师的调节
起点	对课文缺乏感觉	放大约 2 分钟的录像
从对事的感受转移到对文的感受	感受了“安塞腰鼓”	请同学们自由朗读课文
从对事的感受转移到对文的感受	说不出新的感受，即没有把关注点从事件转移到文本	启发：有没有发现有些句子传递这种感觉更强烈一些？能不能独立地圈一圈？
从对事的感受转移到对文的感受	学生自己感受句子；有学生想讲了；学生们朗读，交流自己感受深的语句	引导学生间的相互学习：大家拿起笔，我也拿笔记
延伸到感受精细化	没有学生想讲了，即同学们基本上理了一遍课文的语句	延伸：能不能把我们的思考推进一步，想一想为什么是这些句子，它们在句式上有哪些特征？
延伸到感受精细化	有学生觉得难	组织小组合作讨论；调整：也可以在词语的选用上
终点	学生小组讨论约 5 分钟；小组推举代表准备发言	小组讨论，教师巡回；提议小组代表发言，再等 1 分钟
终点	小组代表发言，其他成员补充；各小组交流	老师不断调节学生发言的流向，使交流充分，并不断增加交流的角度
终点	学生再自由朗读	让学生感受刚才的交流成果
终点	可能会以为言词表达只是“修辞手法”	再延伸：从写作对象引到作者，引导学生意识到“语句传递精神”——点到为止

在前面我谈到，流程的走向是“预设”的，但又为教学内容的“生成”留下广阔的空间。从表 4 中，我们可以发现之所以如此的一些诀窍。

比如“流向”，依据学生的学情和达成教学结果的需要，从起点到终点的过程，分成几个阶段，一个阶段就是一个环节，上一个环节流向下一个环节，抵达课堂教学的终点。根据对优秀课例的分析，我们初步认定，阶段以 2 ～ 3 个为宜；语文教师的备课功夫，要花在对起点的辨认、终点的确定、2 ～ 3 个环节的把握上；在时间分配上，大致是喇叭型的，流程越往下走，越要留有充裕的时间，终点处更要充分展开。

说到展开，就可以讨论流程的疏导处了。郑桂华老师的课有这样一个特点，比如《安塞腰鼓》这节课，不同的学生，甚至不同的年级，她都可以上。我以为诀窍在课堂教学流程的疏导处，比如圈“传递这种感觉更强烈一些的句子”这一处，比如“发现词语和句式的特征”以体会“感情与表达形式之间的关系”这一处。感觉强烈的句子，有的班级可能圈得多一些，有的少一些；词语和句式的特征，有的学生发现得少一些、浅一些，有的多一些、深一些，这里有很大的调节余地。换句话说，不同班级、不同学生都按流程的方向在学习，都经历了学习的过程，都能获得不同程度的成果，但他们所获得的，是他们能获得的，而不是老师硬塞给他们的。

再换句话说，教学的具体内容是根据学生的情况来调节和生成的，比如《安塞腰鼓》的句式，可以是排比、反复这样的程度，也可以是句式视觉美感这样的程度。在某班的一堂课，教学内容具体落在哪个点呢，要看情况，看学生能不能发现，看老师的引导能不能起效，看学生相互之间能不能触发，看学生与课文、与教师的对话中能不能生成。我以为，郑桂华老师的课抓住了对话教学的实质。对话教学的实质，是教学内容的生成；而教学内容的生成，是在教学流程调控下的生成，是朝着流程终点的有方向的生成。我认为，郑桂华老师的课在实践中已经对“预设”与“生成”的关系问题做出了妥善的结论。如果语文教师能够从流程的“环节”和“疏导处”来研习郑老师的《安塞腰鼓》以及她的其他课例，我相信，语文教学的“对话教学”将回归它的朴素本性，而能在广大教师的语文课中生根开花。

（二）教学内容的落点

“教学内容的落点”，指的是在一个具体的教学活动中学生实际所学的东西。我们发现，如果把教学流程拆开来看，从教学活动及其所涉“话题”来看，郑桂华老师的《安塞腰鼓》与其他老师的同题课例似乎没有大的不同，除了朗读这一处。比如上面用作比较的那个课例，开始也有录像，接着也是让学生选段读，也是要学生说“词语、句式、修辞”。那为什么我说郑桂华的课近乎“好课”的典范，而那位老师的课却一无是处、环环都在瞎胡闹呢？

先看录像。郑桂华老师的课，是考虑到学生与文本初次会面可能的状况，才使用限制在 2 分钟以内的录像。从流程的上端说，是引导学生摆脱“无感觉”的状态；从流程的下端说，是引导学生从对录像内容的感觉迁移到对文本内容的感觉，以便进一步引导从对内容的关注转移到对文本言语的关注。她是从学生学习的角度使用录像的，落点在文本的阅读和感受。那位老师呢，仅仅是将其作为上课的漂亮“导入”罢了，课一开始，老师说：“今天我们一起学习的是《安塞腰鼓》一课，首先请大家欣赏一段录像。”为什么“首先”呢？找不到上端，像凭空杀出。下端呢，老师也让学生说看录像的感觉，学生的程度看来比郑老师上课的那个班要好，说了“气势磅礴”“豪迈”“大气”“震撼”“威武”，但接着老师却找不到南北了，而立马要求学生“优美地朗读”，尽管他知道学生此刻不可能“优美”。在这里，看录像与“优美地朗读”不发生关系，而教师提出“优美地朗读”，落点其实也不在“朗读”，而在他接下来要隆重推出的“精彩的朗读设计”。

再看词语、句式。那位老师也试图让学生从言语的角度关注“文章美点”，但“美点”指什么呢，含混得很。从老师的两个示范来看，猜不出什么是“美点”，什么不是“美点”。指向不明，落点不清，结果是学生不能说，至多是站起来回答老师的问题，模仿着老师说。不但落点不清，而且落错了地方。那位老师要学生说的，是“从文章中找出语句证明自己的观点”，并且要用“……好，好在……”的句式。换言之，老师要学生做的是抽象归纳，是一种理性的分析，是用严格规定的句式来组织表述的语句。老师向同学们示范，要这么说：“‘观众的心也蓦然变成牛皮鼓面了’一句，运用比喻造成夸张，将人的心脏说成‘牛皮鼓面’那样大，而且隆隆作响，极写沉重鼓声的惊天动地，引起人们心灵上的强烈共鸣。”

这大概是教参上抄的吧？或者是考试题目做习惯了？毫无生命的气息，毫无感觉的灵动，陈词滥调，而且莫名其妙，什么“将人的心脏说成‘牛皮鼓面’那样大”之类。结果学生更不能说，更不会说。当然老师也没真想让他们说，因为后面还有要赶着完成的“设计”。

郑老师是怎么做的呢？她问的是：“有没有发现有些句子传递这种感觉更强烈一些？而有些句子就不那么明显？”落点在哪里呢？在“感觉”。谁的感觉呢？是学生自己的。所以她接着问：“能不能独立地圈一圈？”结果是学生各自圈了“感觉强烈”的句子，结果是学生纷纷诉说自己的“感觉”。下一环节是引向感觉的细腻、丰厚，郑老师是这样说的：“能不能把我们的思考推进一步，想一想为什么是这些句子，它们在句式上有哪些特征？”“想一想为什么是这些句子”，也就是对自己“感觉”的反思，反思的结果是“发现”了句式和词语运用的“特征”。那么学生是怎么说“特征”的呢？老师又是怎样引导的呢？教学内容的落点落在何处呢？看一个片段（中括号部分是我加的点评）：

生：第18节，用了排比，语气非常强烈且有递进的意思。

［学生找到了特征，但感觉是笼统的，因而是粗浅的。］

师：（板书：排比）怎样排比的？

［老师引导学生调整落点。］

生：第一个“有力地搏击着”，第二个“疾速地搏击着”，第三个“大起大落地搏击着”，表达的意思一个比一个强烈。

[教师的调整没有见效；学生的感觉仍在粗浅处，但思考的方向开始转变，由抽象归纳返回到了具体语句。]

师：它跟下面的排比一样吗？“它震撼着你，烧灼着你，威逼着你。”

[换一个角度启发；给学生提供一个思考的台阶。]

生：一样，一个比一个幅度大，都是越来越强烈。

[启发没有见效；该学生只能从“力度”这一个维度上去感觉，显然是该班原任教师的教学落下的病。]

师：用词上呢？我们再来看一遍。（教师范读：“后生们的胳膊、腿、全身，有力地搏击着，疾速地搏击着，大起大落地搏击着。它震撼着你，烧灼着你，威逼着你。”）

[点出思考的新方向；范读，让学生们感受他们的感觉。]

生：这里的三个词都是说明了幅度。（教师看到该小组有同学举手）

[学生开始反思自己的感觉，但一时不能到位。]

师：你们小组的成员想帮助你一下。

[老师没有急于告诉，而转向同学间的相互触发。重视同学间的相互学习，是郑桂华的课堂教学值得老师们好好研习的一个重要方面。]

生：“有力地搏击着”是力度，“疾速地搏击着”是指速度，“大起大落地搏击着”说明幅度。

[同学说出自己的细致感觉。注意：同学是用精确的专业语言来说的。怎么会这样呢，老师们可以研究研究，郑桂华老师在前面的课中做过什么。]

师：这三个“搏击”和下面的“震撼、烧灼、威逼”一样吗？

[继续把落点由抽象调节到具体，并试图进一步调细学生的感觉。]

生：不一样，后面表明气势很紧张。

[学生对这一处的感觉尚显粗浅；老师觉得在这个点上，这班学生可能抵达了程度的极限。]

师：前面一组排比都是“搏击”这一个中心词，作者从不同的角度来修饰它，就像你用到的“力量、速度、幅度”。（板书：多角度修饰）而且都是从力量、速度这些有震撼力的角度来修饰的。（板书：力量、速度、幅度）下面是连续运用三个动词：震撼、烧灼、威逼。

[老师面向全班学生，在与同学的对话中，总结这一回合的学习。注意：老师对学生没有发现的地方，只点到为止，只是让学生注意到感觉的这个

维度，而没有试图把教师的理解硬塞给学生。]

师：大家还有其他发现吗？

[开辟讨论的新方向。]

下面的片段更为精彩，请老师们继续研习。在研习的时候，最好能数一数，在教师和学生的对话中，“感觉”这个词出现了多少次，还出现过哪些与“感觉”类似的词语，或者指向“感觉”的词语。

最后，再说一说朗读的问题。我在前面曾说，《安塞腰鼓》是一个刻意追求文字排列形式美的书面文本，而不是一个试图让人流利“读”的文本。这并不是说这个文本跟阅读时的“发声”没有关系，也不是说它不能发声“读”，更不是说它的每一段、每一句都让人读不流利。

传统上，我们把“读”分为默读与朗读，这也对也不对，因为还有好几种介乎两者之间的“读”。

比如，意识到声音内觉的默读，语文教学有一段时间过度地强化“速读”，因此把默读时的内觉发声，看成是一件要避免的坏事，又以学外语的眼光来类比母语，以为内觉的发声是阅读能力低的表现，因而需要克服。其实这只说对了一半。另一半是在文学作品的阅读中，内觉发声的阅读有时是很重要的，乃至需要专门培养，比如在一些诗歌、散文的阅读教学中。据文学界的研究，诗歌有适合于流利朗读的“歌”与专供视觉阅读的“诗”之分。“诗”不适合朗读，也不应该像“歌”那样吟诵；但这并不等于阅读时没有内觉发声，或不宜发出声来读。事实上，不适合朗读的“诗”文本，往往通过对“流利朗读”的有意抑制，来最大程度地挑起我们阅读感受的内觉发声。散文也是这样，比如《安塞腰鼓》，作者让我们最大程度地“感觉到”安塞腰鼓的磅礴气势，通过刻意抑制我们的流利朗读，竭力地挑起我们的内觉发声。

再比如，在流利朗读之外，还有种种发声的读法。实际上，通常我们所说的“朗读”本身就有很多种类。从语文教学的角度来看，或者这样表述，作为语文教学活动的“朗读”，不同种类的“朗读”往往意味着教学内容的落点有所不同。在论述朱自清文学鉴赏教学论的一篇文章里，我写道[1]：

朱自清对汉语因声求气的民族特点有深切的感悟，他十分重视朗读在文学鉴赏中的作用，在中国现代，像朱自清那样写过这么多以朗读为题目文篇的人为数

---

[1] 王荣生．夏丏尊、朱自清、叶圣陶文学鉴赏教学论比较研究［D］．杭州：浙江大学人文学院，1999．

不多。然而朱自清对朗读的重视，是放在“抽绎意蕴”根基上的，其着眼点与叶圣陶、夏丏尊存在着很大的区别。

在朱自清眼里，文学的“意义”是文字所载行的一切，文学的一部分生命就存在于它的声调里，所以“吟诵与了解极有关系，是欣赏必经的步骤。吟诵时对于写在纸上死的语言可以从声音里得其意味，变成活的语气”。[1]但把握文本“全部的内容”，在不能漏掉点什么的同时，也不许凭空添加点什么，而音乐化、表演性的朗诵，“可以将意义埋起来，或使意义滑过去”，朱自清认为在语文教学、在文学鉴赏教学中“可以不用”。[2]朱自清所说的朗读，与传统的“诵”不相类，与“美读”也有区别，它是用类似说话又比说话做作一点的“腔”，减去了音乐化，也不具表演性，主要是读给自己“听”的，供读者自己感觉的。朱自清指出：朗读时“要能分辨语气的轻重，要使声调有缓急，合于原文的意思发展的节奏。注意本文的意思，不要被声音掩盖了，滑过去”。[3]

朱自清所主张的“供读者自己感觉的”朗读，大致相当于郑桂华老师这堂课里学生们所做的“自由朗读”。供读者自己感觉的朗读，显然不能“齐声朗读”，显然要求“自己读自己的”，郑老师做对了。

［附：课例及课文］

《安塞腰鼓》教学实录[4]

师：今天我们学习的是《安塞腰鼓》，刚才我们见面的时候，我知道大家都已经预习过了。你们是怎样预习的呢？

生：找出生词，标出节号。

师：节号都标了吗？生词有没有注音？

生：标了。

师：谁来把你圈出的词语告诉大家？

生：第 8 节的“亢奋”，第 11 节的“晦暗”，第 12 节的“羁绊”。

师：“羁绊”的“羁”要注意，右下角是“马”，很容易写错。我今年教高三，默写“羁鸟恋旧林”，还有不少人默写错了。大家接着说。

---

[1] 蔡清富. 朱自清选集（第三卷）［M］. 石家庄：河北教育出版社，1989：33，404.

[2] 蔡清富. 朱自清选集（第三卷）［M］. 石家庄：河北教育出版社，1989：47，238.

[3] 蔡清富. 朱自清选集（第三卷）［M］. 石家庄：河北教育出版社，1989：239-241，405.

[4] 原载《语文学习》2006 年第 5 期。承郑桂华老师同意援用本课例。

生：第13节“蓦然”，第15节“冗杂”。

师：其他人还有没有补充？没有了。

师：我们标了节号，圈了生词，还有人圈了重点词语。

师：有没有人朗读过课文？读过的人请举手。（**教师数了一下**）

师：朗读过的人好像比较少。

师：安塞腰鼓离我们多水的江南，离我们人间的天堂杭州是有点距离的。所以，在讲《安塞腰鼓》前，我们先不妨看一段录像，感受一下安塞腰鼓的气势，也许感受之后，我们再来朗读，会有更清晰、更明确的感受。（**学生观看录像，大约2分钟**）

师：有什么感觉？我们请刚才没有说话的同学先讲。

生：有一种野气。（**板书：野气**）

生：他们打鼓的时候是热情奔放的，有一种轰轰烈烈的感觉。（**板书：热情奔放、轰轰烈烈**）

师：还有谁想讲？

生：他们的手势、脚步都很整齐。

生：气势雄壮，场面壮观。（**板书：整齐、雄壮、壮观**）

师：安塞腰鼓有2000多年历史了，它融舞蹈、武术、音乐于一体，可以几个人表演，也可以上千人表演。我们从中看到了野气，看到了奔放。

师：“野气”是什么？请提出这个说法的同学讲一讲。

生：我觉得野气有点像原始人的样子。

师：大家应该做做笔记。是一种原始人的……

生：非常朴实，所有的东西都是来自大自然的。

师：太好了！记下来了吗？我们同学有这么好的智慧，要把同学的智慧记在笔记本上，集中到我们的脑海中。（**板书：原始的、朴素的、来自大自然的**）

师：带着这样一种感觉我们再来朗读《安塞腰鼓》，肯定会有新的感觉。

师：我看到大家已经坐端正了，非常好！坐端正，拿好书。自由朗读课文。

师：读完之后，比较这些感觉（**指着板书**）与我们从文章里获得的感觉是不是一致的？自己读自己的，哦，开始吧！（**学生朗读课文，教师巡视。后来，有一些人看到旁边同学停下来也就停下来了。**）

师：没有读完的同学接着读完吧。读完的同学可以回味一下刚才朗读时的感觉。

师：有的同学读得非常投入，也有同学的声音太轻了。

师：（**对着一个女生**）我感觉你读得特别投入。你投入进去之后，感觉到的是否与我们看录像时的感觉一致？

生：我觉得是的。

师：再用几个词语来描述一下？

生：想不出来。

师：也可以用黑板上的词语来描述。（**该生没有说什么**）

师：大概是什么样子？

生：大概跟刚才说的一样。

师：还有同学愿意用新的词语来描述你的感觉吗？（**等了一会儿**）

师：有吗？我们看了录像，我们再读了文章……大家都认可黑板上的？

生：剑拔弩张。

师：这个词你会写吗？来，写到黑板上。（**该学生上黑板写，有同学鼓掌**）

师：同学给你掌声了！语文课上我们要做的事情主要就是把我们的感觉用语言描述出来，把我们的思考用语言描述出来。

师：写得对吗？“剑拔弩张”是什么意思？后面那个男孩子，你来讲。

生：形容形势紧张。

师：这里是形容形势紧张吗？用“剑拔弩张”来形容安塞腰鼓，你认可吗？

生：也许是场面雄壮有力。（**教师有点疑惑的样子**）

生：雄健。

师：这个词好，它突出了一种充满活力的状态。（**板书：雄健**）

师：“剑拔弩张”在这里用了它的比喻义，这位同学用了一个聪明的表达。有时候我们直接来表达我们的感觉，比如“雄壮、轰轰烈烈”，这很好。有时候，我们可以把我们的感觉转化成一个比喻的说法，这样的表达就很形象。还有想表达的吗？（**教师看没有学生想讲**）

师：如果没有了，我们可以把现在的交流告一段落，看录像，朗读课文，我们的感觉是一致的。在朗读课文的时候，你们有没有发现有些句子传递这种感觉更强烈一些？而有些句子就不那么明显？

师：哪些句子让你们特别强烈地感觉到了这种热情奔放？这种轰轰烈烈？这种雄健之风？这种原始的野气？能不能独立地圈一圈？哦，已经有同学想讲了！

师：话筒就近的同学先讲吧。大家拿起笔，我也拿笔记。

生：“百十个斜背响鼓的后生，如百十块被强震不断击起的石头，狂舞在你的面前。骤雨一样，是急促的鼓点；旋风一样，是飞扬的流苏；乱蛙一样，是蹦跳的脚步；火花一样，是闪射的瞳仁；斗虎一样，是强健的风姿。黄土高原上，爆出一场多么壮阔、多么豪放、多么火烈的舞蹈哇——安塞腰鼓！”

师：好的。她找到了一处。大家圈一圈啊。接着来交流你找到的句子。然后我们再思考我们为什么找到这些。

生：第 18 节。“后生们的胳膊、腿、全身，有力地搏击着，疾速地搏击着，大起大落地搏击着。它震撼着你，烧灼着你，威逼着你。它使你从来没有如此鲜明地感受到生命的存在、活跃和强盛。”

生：“每一个舞姿都充满了力量。每一个舞姿都呼呼作响。每一个舞姿都是光和影的匆匆变幻。每一个舞姿都使人颤栗在浓烈的艺术享受中，使人叹为观止。”（学生将“颤栗”读成“chànlì”）

师：颤栗（zhànlì）还是颤栗（chànlì）？

生：颤栗（zhànlì）。

师：颤栗（zhànlì），注一下音。

师：接下来，第四位同学在哪里？前面那个女孩子，你还没有讲过话呢。你有没有找到感觉很明显的句子？

生：“黄土高原啊，你生养了这些元气淋漓的后生；也只有你，才能承受如此惊心动魄的搏击！”

师：第 19 节。还有吗？（教师离开后半部分同学，朝右前边的同学走过去）

师：我们到这边来，没有说话的同学赶紧找找看，你特别有感觉的句子在哪里？往后的交流会越来越有挑战性，想说话的早点先说起来。

生：27 节。“愈捶愈烈！痛苦和欢乐，生活和梦幻，摆脱和追求，都在这舞姿和鼓点中，交织！旋转！凝聚！奔突！辐射！翻飞！升华！”

师：非常好！你读得很有感情！好，旁边的同学……

生：“隆隆隆隆的豪壮的抒情，隆隆隆隆的严峻的思索，隆隆隆隆的犁尖翻起的杂着草根的土浪，隆隆隆隆的阵痛的发生和排解……”

师：很好。还有想讲的吗？（看了一下）

师：没有关系，先前我们的预习是初步的学习，然后我们又进一步看了录像，朗读了课文。这篇文章的学习还是起步阶段。我们找到这么多已经很好了。接下来我们小组合作，四人为一小组。做两件事：第一件事是在大家交流的基础上，再找一些特别能传递奔放之情的句子；第二件事，能不能把我们的思考推进一步，想一想为什么是这些句子，它们在句式上有哪些特征？（有学生觉得难）

师：有点难？

生：不难。

师：有点难也没有关系，四人小组来合作吧。（学生讨论交流，教师巡视，约 5 分钟。与小组交流：看看这些句子句式上的特点。……第 8 节，好！想想为什么画它。……画了这么多！好样的！能找到它们的特点吗？写下来，等会儿交流起来就会方便一些。……归纳出两点了，好！还有吗？）

师：也可以在词语的选用上讨论，发现词语选用的特点。（教师板书：句式、词语）

师：我们有些同学已经发现一些了。每个小组准备派一个代表来发言，展示你们讨论的成果。（过1分钟）

师：好，我们可以停下来了吗？可不可以？（有同学议论）

师：有同学问，如果没有说完，小组其他人可不可以补充？当然可以！我们在课堂上的交流应该是非常自由的。你随时可以调整你的意见，随时可以请同学补充，也随时可以去补充别人。（有不少小组举手想发言）

师：现在还没有一个人说过话的小组有没有？

师：这儿有，要请他们先说了。好，大家看看他们的讨论成果。开始拿起笔，准备做笔记。

师：来，你们的代表，慢点，不要着急。

生：第18节，用了排比，语气非常强烈且有递进的意思。

师：（板书：排比）怎样排比的？

生：第一个“有力地搏击着”，第二个“疾速地搏击着”，第三个“大起大落地搏击着”，表达的意思一个比一个强烈。

师：它跟下面的排比一样吗？“它震撼着你，烧灼着你，威逼着你。”

生：一样，一个比一个幅度大，都是越来越强烈。

师：用词上呢？我们再来看一遍。（教师范读：“后生们的胳膊、腿、全身，有力地搏击着，疾速地搏击着，大起大落地搏击着。它震撼着你，烧灼着你，威逼着你。”）

生：这里的三个词都是说明了幅度。（教师看到该小组有同学举手）

师：你们小组成员想帮助你一下。

生：“有力地搏击着”是力度，“疾速地搏击着”是指速度，“大起大落地搏击着”说明幅度。

师：这三个“搏击”和下面的“震撼、烧灼、威逼”一样吗？

生：不一样，后面表明气势很紧张。

师：前面一组排比都是“搏击”这一个中心词，作者从不同的角度来修饰它，就像你用到的“力量、速度、幅度”。（板书：多角度修饰）而且都是从力量、速度这些有震撼力的角度来修饰的。（板书：力量、速度、幅度）下面是连续运用三个动词：震撼、烧灼、威逼。大家还有其他发现吗？

生：第7节用的也是排比和比喻。

师：比喻怎么能有气势呢？排比有气势我能理解。

生：比喻也有气势的。把鼓点比喻成“骤雨”，骤雨就是比较急促，也比较雄伟。

师：等一会儿。大家要记下来。好，不好都要记下来。

生：用“旋风”比喻“流苏”，“骤雨”比喻“鼓点”，“乱蛙”比喻“脚步”，都有气势磅礴的感觉。

师：你的感觉很好！我发现你的思考很有特点。你从喻体入手，这是一种很好的思考角度。（**板书：喻体**）

师：为什么这些比喻能突出豪迈的气势呢？你能不能还原得更具体一点、明确一点？

生：这些喻体本身给人一种气势磅礴的感觉，用它们比喻要比喻的物体，也会产生气势磅礴的感觉。

师：好！你们有没有记下来？

生：骤雨。

师：对，“骤雨”的意象很突出，最后一句话有没有记下来？他说得很好，喻体的选择是能够传达作者感情的。作者选择的都是有活力的喻体，都是有速度和气势的。你看，骤雨是速度，骤雨是急速而来的；旋风是非常快速的，甚至带着一种强大的不可抵抗的力量；乱蛙呢，有没有听到蛙鸣，什么时候有蛙鸣？

生：最有活力的时候。

师：斗虎，也是有气势的。还有两个小组要交流，哪个小组先来？（**一个男生让女生先发言**）

师：很有风度！

生：我看到第12节。（**学生读：“容不得束缚，容不得羁绊，容不得闭塞。是挣脱了、冲破了、撞开了的那么一股劲！”**）这里用了排比，写出了说不出来的一股劲。庞大的气势，一股劲。

师：你在朗读时好像没有把那股劲表现出来，你能不能重新读一下，试着把那股劲读出来。（**学生重新朗读这段文字**）

师：有进步吗？（**问学生，学生点头**）

师：有一定的进步，但感觉还不到位。有人好像想帮助一下她。（**另一学生朗读这段文字**）

生：束缚、羁绊、闭塞、挣脱、冲破、撞开，感觉一步一步推进。

师：不错。现在有感觉了。这里的三个“容不得”是什么语气？

生：反复。

师：（**板书：反复**）你们小组还有谁想补充？（**男生小组开始交流，朗读：“这腰鼓，使冰冷的空气立即变得燥热了，使恬静的阳光立即变得飞溅了，使困**

倦的世界立即变得亢奋了。”）

生：它这里用了“空气、阳光、世界”，是从环境的角度，又用了“燥热”来修饰它们，使环境显得更加紧张。

师：我看到圈这一段的有好几个小组。有没有不同的想法，来一起碰撞一下？

生：我认为这里用了排比，“冰冷”和“燥热”、“恬静”和“飞溅”、“困倦”和“亢奋”都是反义词，形成强烈的对比。

师：好！他的发现很有价值，在句式上用了排比，用词上运用了反义词，后面还用了很好的说法——对比。很专业！还有要补充的吗？

师：前一个小组是从环境描写的角度——“空气、阳光、世界”，塑造了一种强烈、紧张的氛围。第二组是从排比、反义词对比的角度。这节课我们从词语的角度来归纳一下，你们要做点笔记。

师：（教师发现有人举手）好像还有人想讲？（学生朗读：“愈捶愈烈！形成了沉重而又纷飞的思绪！愈捶愈烈！思绪中不存任何隐秘！愈捶愈烈！痛苦和欢乐，生活和梦幻，摆脱和追求，都在这舞姿和鼓点中，交织！旋转！凝聚！奔突！辐射！翻飞！升华！”）

生：这里“愈捶愈烈”用了三次，也是一个排比段。（另一个学生不同意）

生：还有内容，这一段应该接下去，“人，成了茫茫一片；声，成了茫茫一片……”。

师：他加了后面一句。你是有意的吗？

生：这一部分应该是一体的，说明人融入了，声音也融入进去了。

师：他有个词用得很好。哪个词？（学生齐声回答“融入”）

师：（问前一个学生）你同意他吗？

生：同意。

师：人和人、人和鼓、人和自然，一切都是交融的，就像有同学在前面提到的“是来自大自然的东西”，才使得安塞腰鼓变得这么震撼人。大自然的力量是无穷的。我们投身到自然，融入自然，我们的力量也是无穷的。（学生说“无限的”）

师：好，就用你这个词。有一个小组发扬了风格，现在轮到你们了，相同的就不用讲了。

生：第 20 节。多水的江南，用了对比的写法，衬托出了黄土高原的雄壮。

师：很好！还有吗？

生：我读到的是第 12 节。“百十个腰鼓发出的沉重响声，碰撞在遗落了一切冗杂的观众的心上，观众的心也蓦然变成牛皮鼓面了，也是隆隆，隆隆，隆隆。”这里“山崖”变成了“牛皮鼓面”，运用了比喻和夸张。

师：“山崖”变成牛皮鼓面，声音会怎么样？夸张是有磅礴的气势的，李白的“白发三千丈”“燕山雪花大如席”，有气势吧。

生：（**另一人**）还有第21节，这里有两个“厚”字，突出了黄土高原的悠久历史。

师：还有哪些发现？

生：我想为他补充一下。第27节用了很多感叹号。我们觉得黄土高原的人们把发现的好与坏，全部发泄到捶鼓当中。

师：对，刚才也有人提到了感叹句。你们有没有注意到，这篇文章的感叹句特别多，多到什么程度？几乎每段都有。我数过，整整30个自然段，有15段结束在感叹句上。为什么用这么多感叹句呢？或者说感叹句擅长表达什么？

生：用力。

师：作者的感情实在太强烈了。你看，轰轰烈烈，热情奔放，这样的感情都需要用感叹句。还有，这篇文章的句式段落都比较短。短句一般有什么效果？（**板书：短句**）

师：我记得朱自清的《荷塘月色》“微风过处，送来缕缕清香，好像远处高楼上渺茫的歌声似的”，还有“弯弯的杨柳的稀疏的倩影”，他写荷塘的月色是什么感觉？

生：雅。

师：是环境的雅。节奏是缓慢的，所以他用的句子都是长句。而这里写猛和快，他的句子都是比较短的。在这里，我们要思考一下，这样的感情和这样的表达之间是一种什么样的关系？

师：下面，你们选择一段来朗读，体会和感受一下这篇文章“感情与表达形式之间的关系”。（**板书：感情——形式**）（**学生轻声朗读**）

师：放开来，热烈奔放的！（**学生大声朗读**）

师：时间差不多了，大家还想读下去的话，课后再好好读。总结一下，作者写的对象是安塞腰鼓，它有什么特点？（**板书：安塞腰鼓**）（**师生一起说“热烈的、壮观的”**）

师：表达形式带有强烈的感情色彩。大家看看作者是什么地方的人？

生：（**齐声**）黄土高原。（**板书：黄土高原**）

师：一方水土养一方人，一方水土养育一方文化。作家是那里的，如果换了我，我就写不出来。西北作家写自己的家乡，充满感情，所以用了（**指着板书，师生一起说**）“排比、比喻、反复、对比、感叹”，把对当地的热爱之情传递出来。（**板书：西北作家**）

师：大家理解了他写的，说明他的传递是成功的。如果让你来写西湖，你能写出什么感受来？是不是像这篇文章写的那样“是易碎的玻璃”呢？（学生摇头）

师：对，江南有很多的优点，西湖有太多的美丽。身在其中，你们的感受肯定是最深的。有兴趣的同学回去以后可以写一下西湖，看能不能写出你的西湖。

师：下课！

安塞腰鼓

刘成章

一群茂腾腾的后生。

他们的身后是一片高粱地。他们朴实得就像那片高粱。

咝溜溜的南风吹动了高粱叶子，也吹动了他们的衣衫。

他们的神情沉稳而安静。紧贴在他们身体一侧的腰鼓，呆呆的，似乎从来不曾响过。

但是：

看！——

一捶起来就发狠了，忘情了，没命了！百十个斜背响鼓的后生，如百十块被强震不断击起的石头，狂舞在你的面前。骤雨一样，是急促的鼓点；旋风一样，是飞扬的流苏；乱蛙一样，是蹦跳的脚步；火花一样，是闪射的瞳仁；斗虎一样，是强健的风姿。黄土高原上，爆出一场多么壮阔、多么豪放、多么火热的舞蹈哇——安塞腰鼓！

这腰鼓，使冰冷的空气立即变得燥热了，使恬静的阳光立即变得飞溅了，使困倦的世界立即变得亢奋了。

使人想起：落日照大旗，马鸣风萧萧！

使人想起：千里的雷声万里的闪！

使人想起：晦暗了又明晰、明晰了又晦暗、尔后最终永远明晰了的大彻大悟！

容不得束缚，容不得羁绊，容不得闭塞。是挣脱了、冲破了、撞开了的那么一股劲！

好一个安塞腰鼓！

百十个腰鼓发出的沉重响声，碰撞在四野长着酸枣树的山崖上，山崖蓦然变成牛皮鼓面了，只听见隆隆，隆隆，隆隆。

百十个腰鼓发出的沉重响声，碰撞在遗落了一切冗杂的观众的心上，观众的心也蓦然变成牛皮鼓面了，也是隆隆，隆隆，隆隆。

隆隆隆隆的豪壮的抒情，隆隆隆隆的严峻的思索，隆隆隆隆的犁尖翻起的杂着草根的土浪，隆隆隆隆的阵痛的发生和排解……

好一个安塞腰鼓！

后生们的胳膊、腿、全身，有力地搏击着，疾速地搏击着，大起大落地搏击着。它震撼着你，烧灼着你，威逼着你。它使你从来没有如此鲜明地感受到生命的存在、活跃和强盛。它使你惊异于那农民衣着包裹着的躯体，那消化着红豆角老南瓜的躯体，居然可以释放出那么奇伟磅礴的能量！

黄土高原啊，你生养了这些元气淋漓的后生；也只有你，才能承受如此惊心动魄的搏击！

多水的江南是易碎的玻璃，在那儿，打不得这样的腰鼓。

除了黄土高原，哪里再有这么厚这么厚的土层啊！

好一个黄土高原！好一个安塞腰鼓！

每一个舞姿都充满了力量。每一个舞姿都呼呼作响。每一个舞姿都是光和影的匆匆变幻。每一个舞姿都使人颤栗在浓烈的艺术享受中，使人叹为观止。

好一个痛快了山河、蓬勃了想象力的安塞腰鼓！

愈捶愈烈！形成了沉重而又纷飞的思绪！

愈捶愈烈！思绪中不存任何隐秘！

愈捶愈烈！痛苦和欢乐，生活和梦幻，摆脱和追求，都在这舞姿和鼓点中，交织！旋转！凝聚！奔突！辐射！翻飞！升华！人，成了茫茫一片；声，成了茫茫一片……

当它戛然而止的时候，世界出奇的寂静，以致使人感到对她十分陌生了。

简直像来到另一个星球。

耳畔是一声渺远的鸡啼。

六、帮助、指导学生打开审美的窗户
——曹勇军老师《最后的常春藤叶》研习

（一）

曹勇军老师15年前的《个人与集体》课例[1]，是“用件”类型课文的教学典范之作。

如今，把课文当作“用件”，似有勃兴之势，誉以“主题阅读”“专题阅读”乃至“项目学习”等“好的”名称。但撇开高昂的说辞，浏览一些课例实货，像曹老师那样把“用件”处理得话题切要又符合语文的，实不多见。

把课文当作“用件”，学生其实不是去“学”文，而主要是“用”这一篇文里的东西，或者借选文所讲的那东西，或者由选文所讲的那东西触发，去从事一些与该选文或多或少有些相关的语文学习活动。如处置得当，或可产生超越传统的单篇课文教学的功效。

比如曹勇军老师把《个人与集体》与王小波的《个人尊严》并置，在理解课文主要内容的基础上，引导学生讨论：

（1）“你认为这两篇文章的观点截然对立吗？为什么？”从这里，学生明白了议论文的针对性：时代环境不同，写作目的不同，写作对象不同，两篇文章的侧重面也不同；不同的言辞并不等于观点的对立，如果不发生时代错乱、语境混淆的话。

（2）“你认为在当今社会中个人与集体应该是什么关系？”各小组认真讨论后，推举代表发言，并留作业《个人与集体新说》。

从这里，学生明白了：议论性或论辩性文章所言说的“话题”，并非空穴来风，它是摆在我们每个人面前而必须去面对的切要问题；所读的课文并不是与己无关的一场“他说”，而是在新的环境中我们“接着说”“重新说”的参照乃至坐标——在有根基的“我说”中，学生们扩展和提升自己对世界、对社会、对人生的认知。这样深度的语文学习，或许是单篇课文教学所不擅长担当的。

但是，把“用件”处理得话题切要又符合语文的，实不多见。

---

[1] 曹勇军. 照亮课文，点燃学生——《个人与集体》教后谈［M］. 语文建设，2002（4）：39-40.

况且，将两篇或几篇聚焦同一话题的文章联系起来“用”，前提是学生能读明白这两篇或几篇文章。所以在曹老师的上述课例中，2 个课时中花了 1 个多课时来“概括文中的基本观点”。

我以为，开展阅读教学，其根基还是要把一篇篇课文教好，即教学生会读课文。学生学会了如何阅读课文，比如曹老师教的课文《最后的常春藤叶》，然后应用所学的方法，延伸、拓展开来，如曹老师在这节课中所布置的课后任务：比较这篇小说结尾构思与莫泊桑《我的叔叔于勒》的相同和不同之处；课外选读欧·亨利的小说，再选一篇有“欧·亨利式结尾”的小说，并将其介绍给同学。这是中小学阅读教学的主要样式。

行有余力，机缘合适，尤其是论辩性文章，如果课文所涉的话题切学生之要，则可采用曹勇军老师《个人与集体》那样的“用件”类型的课文教学。

以上这番话有些突兀。一来是曹勇军老师引起的。提到曹老师，就情不自禁想起他的《个人与集体》课例，因而重温学习这一课例的体会。二来与我近期遭遇的境况有关，乃有感而发。照目前的架势，在美誉“主题阅读”“专题阅读”乃至“项目学习”等我曾界定为“用件”类型课文教学的同时，被置于对立面的“单篇教学”正遭污名化，就如当年对“语文知识”所干的事情一样。

（二）

阅读教学，主要是一篇篇课文的教学。而一篇篇课文的教学，其机理经数辈语文教育研究者一百多年的不断探索，到现在总算有了较为清晰的面目。

在前人研究的基础上，我和同事经研究发现，一篇课文的教学主要有四个要点：

（1）找准课文的教学点，也就是通常所说的明确教学目标。

（2）开发或选择帮助学生解决教学点问题的语文知识，也就是确定教学内容。

（3）根据课文若干教学点的相互关系，合理安排教学环节，也就是教学点的先后顺序安排。名师课例研究表明，一篇课文（一节课）通常是呈阶梯状的三个环节。

（4）设计学生的学习和运用相应语文知识以解决教学点问题的学习活动，具体表现为教学活动的步骤及相应的学习方式。

如将课文教学延伸到课前和课后，则再加两条：

（5）设计与课文教学点有内在联系的课前自学活动或预习任务。

（6）联系所学语文知识的运用，设计课后作业或课外拓展学习活动。

上述研究结论，后又经数年反复研讨，尤其是与优秀课例的比照，现在写进了教育部颁布的《中小学幼儿园教师培训课程指导标准（义务教育语文学科教学）》[1]。

语文教师阅读教学领域的培训目标，相当于阅读教学能力指标。单篇课文教学有 4 个核心能力项、22 个能力指标，其中前 3 项指向备课阶段，第 4 项指向课堂教学能力。

一、课文的教学解读

1. 能按读者的常态阅读方式理解和感受文本，并反思自己的阅读过程和阅读方法。

2. 能以专业的态度分析文本，依循体式特性，梳理文本的关键点。

3. 能从学生的角度阅读课文，揣摩学生可能出现的问题或困难，判断学生理解和感受的疑难处。

4. 能根据学段、年级和单元，按定篇、例文、样本、用件等课文类型，对课文的教学功能予以定位。

二、教学目标确定与教学内容选择

1. 能依据文本关键点和学生疑难处，明确课文的教学点，确定阅读教学目标。

2. 能比较课文若干教学点的教学价值，明确教学重点。

3. 能预估学生自读状况，把握学生的学习起点，明确课文教学难点。

4. 能分析学生的学习起点与教学目标的落差，选择相应的阅读教学路径。

5. 能针对课文教学点，选择促进学生理解和感受文本的语文知识，确定阅读教学内容。

6. 能采用主题阅读、专题阅读、比较阅读等方式，根据学习需要重组课文，整合教学内容。

三、教学活动、教学资源与教学点的一致性

1. 能设计与课文教学点有内在联系的课前自学活动或预习任务。

2. 能根据课文若干教学点的相互关系，合理安排教学环节和流程。

3. 能采用便于学生理解和运用的方式呈现语文知识，围绕课文教学点设计教学活动。

4. 能将教学活动分解为若干步骤，按步骤选择具体的学习方式。

5. 能根据教学活动的需要，合理利用文本、图片、影视等多种教学资源。

6. 能联系所学语文知识的运用，设计课后作业或课外拓展学习活动。

---

[1] 中华人民共和国教育部．中小学幼儿园教师培训课程指导标准（义务教育语文学科教学）［OL］．［2017-11-30］.

四、对学生学习状态的关注

1. 能根据学生预习情况和学习状态，确定课堂教学的起点，必要时现场调整教案。

2. 能基于课文的理解和感受，对学生朗读、诵读进行即时评价，并从停连、重音、语气、节奏等方面进行针对性指导。

3. 能倾听学生发言，把握其对文本的理解和感受程度，做出相应指导。

4. 能有效组织小组讨论、班级交流，关注学生的参与度并适时介入，引导学生交流与分享阅读学习经验。

5. 能提炼、综合不同学生的观点，引领全体学生加深对文本的理解和感受。

6. 能根据学生的学习进程和学习表现，调整教学内容，调配教学时间，调节教学节奏。

（三）

初读曹勇军老师《〈最后的常春藤叶〉课堂实录》，心情颇为紧张。

对于这篇课文，我现场观摩过数位老师的教学。说实话，至少我曾听过的那几堂课都浮于表面，有的相当糟糕，甚至几乎没有一处是对的。不妨依一份“学案”照录一堂（方括号里是我当时的点评）。

一、课前活动

1. 通过图书馆或网络了解欧·亨利创作的时代背景及其小说的风格。[应放在课后拓展]

2. 通读课文。要求：第一遍——整理故事情节；第二遍——注意小说人物形象；第三遍——思考小说的思想内涵；最后，由学生通过三遍的阅读，思考小说的独特风格——初步了解语言和结尾的特点。[很奇怪的读法，世上有谁这样读三遍小说？]

3. 通过作者的其他短篇小说的比较阅读来加深对文章风格及其主旨的理解。[应放在课后拓展]

二、课后活动

以贝尔曼为讲述人，把小说改编成一个自述式的通俗故事。[很奇怪的角度，恰是贝尔曼不能充当这个故事的讲述人：他死了！]

三、课中活动

1. 导入。

通过“情景创设法”播放幻灯片：韦唯《爱的奉献》，“只要人人都献出一点爱，世界将变成美好的人间”正是心的呼唤、爱的奉献，正是“牺牲自我，成全他人”的人性光辉点亮了一个个即将消失的生命。[完全偏了。“牺牲自我，成全他人”是人性的光辉？这是夸夸其谈的“伪善”。]

《最后的常春藤叶》就为我们讲述了这样一个感人的故事，欲知详情，请大家快速阅读，用一句简短的话概括小说情节梗概。[故弄玄虚，课前“读三遍”干啥去了？为什么要用一句话概括？]

2. 反复朗读课文，品味欧·亨利小说的特点[下面就饶我不评说了，总之没有一处是对的。]

（1）分角色朗读，力求把握人物心理，读准人物说话的语气。进行评比，推荐出朗诵好的小组进行示范性朗诵，由老师读旁白。

（2）指导学生在反复朗读中品味“欧·亨利式语言”的特点。

明确：采用幽默、风趣、俏皮、夸张、讽刺、比喻等奇特语言艺术，渲染悲剧的喜剧色彩，让读者在俏皮的描写中醒悟内在庄严的思想感情，在生动活泼中给人启迪。

（3）指导学生在反复朗读中品味“欧·亨利式结尾”的特点。

明确：短篇小说大师在文章情节结尾时突然让人物的心理情境发生出人意料的变化，或使主人公的命运陡然逆转，出现意想不到的结果，但又在情理之中，符合生活实际，从而形成独特的艺术魅力。

3. 小组探究，在弄清文章情节和人物的基础上，进一步思考：

（1）本文最震撼人心的是哪一个情节？

明确：欧·亨利式结尾；苏联作家“艺术的打击力量要放到最后”即“卒章显志”。

（2）最后一片叶子与琼珊的关系如何，为什么它可以挽救她的生命？

明确：她把最后一片叶子作为自己生命的征兆，作为放弃生命的理由，生命将随着藤叶的飘零而流逝，而藤叶顽强依附在茎上，给人以绝处逢生的惊喜。（我真是一个坏姑娘……）

（3）贝尔曼是怎样的人？为什么说最后一片叶子是他的杰作？

明确：想象那夜他作画的情景。罗丹：“在做艺术家之前，先要做一个人。”在二十五年的画布上描绘了真善美的丹青：他给予了病人“生”的希望和信念，赞美了普通人之间的无私情意，看到了人间真善美的人性光辉；如果没有琼珊生病，如果没有对叶子的关注，没有最后的偶然，也许他真的就要成为一个可怜虫了。

有了这样的听课经历，一看到《最后的常春藤叶》(《最后一片叶子》)，我就心里发毛。因为上述课例的授课教师很努力，很有钻研精神，按通常的标准是相当优秀的，他们的教案或曰“学案”，一定参考了他们能找到的名师课例，其中或许就有曹勇军老师的。

据我的阅读体会，我以为《最后的常春藤叶》有四个关键点：

（1）温暖感。这篇小说讲述的其实是一个很悲惨的故事—— 一个年轻的女画家不幸患上当时几乎是不治之症的瘟疫而丧失了生的意愿，最后终于从死亡的边缘挽回，但代价却是老贝尔曼撒手人寰。然而，我们读这篇小说，似乎并没有凄惨的感觉，反而会萌生一种温暖感，正如曹老师在课例中所说“是一个美好的结局”。

（2）挽回琼珊生命的那最后一片叶子。当琼珊神秘地数着预示她生命终结的残存树叶时，我们同琼珊一样，陷入绝望；因为那最后一片叶子，注定是要败落的，在寒风呼呼、雨雪交加中。如小说中的苏艾，我们关切琼珊的命运，但却无可奈何，无可奈何而更关切琼珊的命运，于是，正如小说中的琼珊和苏艾，我们几乎自动地相信这是冥冥中的奇迹：“那片常春藤叶仍在墙上”。——小说这么大的一个“漏洞”（几乎是不可能的事），在第一遍阅读时（当还没有看到小说结尾时），我们竟然没有发觉，或许曾有一丝惊诧，但却依然相信了、相信着，正如小说中的琼珊和苏艾一样。读完全文，得知那最后一片叶子的来历，回头再读这一部分，我们又惊异于这里的故事以及这种讲故事法给我们带来的震撼。

（3）“欧·亨利式结尾”的多重意味。最后一段，不是故事（事件）的结尾，而是小说（情节）的结尾。

（4）由结尾联系到小说题目的含义，感悟小说的主题，或可延伸到欧·亨利小说的价值意义。

按照我的理论，文本的关键点是可以形成共识的。而文本的关键点，往往恰是学生的疑难处——学生自以为读懂了，其实没读到、读不出，甚至像上述那位老师的课例，读错了。文本的关键点和学生的疑难处重合，就是我说的“教学点”。换言之，不管是哪位老师教学，教学点（带领学生到课文中去的地方）应该是一致的；进而，教学内容——学生从理解不了、感受不到，到能理解、有较丰厚的感受，需要学习的内容，核心是如何阅读的语文知识——也应该趋同。这就是我们所倡导的“教学内容的确定性”。

但是，我们也看到一些名师以“有新意”为旨归的课，尽管出奇却每每未能制胜。若曹勇军老师，我信服的语文教学方面的专家教师，其锁定的教学点，与我的上述阅读体会及对学情的估量有较大出入，而凭借曹老师的学养和教学功力，又能奇兵忽降且令人信服，那就麻烦了，这不只是我的阅读力的问题，这将直接威胁到我上文提到的“阅读教学能力指标”能否成立。

研制阅读教学能力指标，集数十位研究者、教研员和一线优秀教师之功，每一条目都反复参照多个名师课例，但因限于“义务教育”，曹勇军老师等的高中教学课例当时没有被作为研习的重点。而我则坚定地认为，“义务教育”阶段成立的阅读教学能力指标，高中阅读教学也应该同样适用。但万一呢，如果……

所以，我挺紧张。有点像读欧·亨利小说的感觉，读曹老师的《〈最后的常春藤叶〉课堂实录》，一路提心吊胆：教学点落在哪儿？教师想干吗？学生会怎样？教学流程会流向哪儿？下一个教学点会是什么？点与点是怎么关联的？紧张兮兮的，依实录的文字读下来，一边读，一边猜想着课堂的场景。

我由疑惑到释然，由焦虑到拍案，读着读着，便心安了，文雅地说，还嫣然一笑。曹老师的这堂课，正面地回应了我对这篇课文教学点的认识；毋宁说，再一次印证了大家所研制的阅读教学能力指标，是着实靠谱的。

（四）

课前准备和课后任务，不用细说，堪称相应能力指标的教学标本。

这堂课的教学，依托课前布置的两个预习题展开。课后任务，正对应“欧·亨利式结尾”这一教学重点。

课文的教学点及其安排（教学环节），可应用我们开发的备课模板（也可作为评课的支架），填写在相应的位置（见图6）。

教学点3 ________________
　　步骤1：学习方式
　　步骤2：学习方式

教学点2 ________________
　　步骤1：学习方式
　　步骤2：学习方式
　　步骤3：学习方式
　　步骤4：学习方式

教学点1 ________________
　　步骤1：学习方式
　　步骤2：学习方式
　　步骤3：学习方式

图6　备课模板

教学点1：这堂课的切入口。借助于预习题1，画出（指出）描写常春藤叶的语句，用一个词概括琼珊的相应心情。三天里的变化，可看成三个教学步骤，教学时间加导入大约10分钟。

教学点 2：本课的重点，教学约占这堂课的三分之二的时间，30 分钟左右。

由“这片叶子是老艺术家、老画家贝尔曼一生的杰作”转入，大致可分出四个教学步骤。

步骤 1：留意细节，复述贝尔曼的肖像；男女生分角色朗读第 30—36 节，体会贝尔曼“善良、关心他人的特点”。

步骤 2：全班齐读，再重读这篇小说的结尾段，体会“苏艾在转述老贝尔曼的故事的时候发自内心的那种感动、发自灵魂的那种崇敬”。

步骤 3：由“一生的杰作”的含义理解，连接到交流预习题 2——依据课文，展开想象，写一段文字，描写贝尔曼那天夜里画常春藤的场景。

步骤 4：师生讨论“假如欧·亨利把我们想象的这个片段写到小说里，你们觉得好不好，为什么？”，聚焦于“欧·亨利式结尾”——“令人吃惊的结尾”。

教学点 3：连通结束语，布置课后任务，合计五六分钟。

步骤 1：两种翻译标题的比较。

步骤 2：介绍作者欧·亨利在小说中传递的精神力量——“他写的是一个美好的结局，写的是一个他理想中应该有的样子”“把艰难的底层生活中的美好加以放大”。

温暖感，是这篇小说总的教学点，由各教学点促成；或者说，其他各教学点都归拢于此。曹老师拿捏得很准，将此贯穿于这堂课的始终——从上课第一句“感人肺腑的故事”；到教学点 1“对生活又重新点燃了希望”；到教学点 2“在他这样的外表之下，包裹着的却是一颗高贵的灵魂”“苏艾在转述老贝尔曼的故事的时候发自内心的那种感动、发自灵魂的那种崇敬”“庄重”“圣洁”“抒情的意味”；到教学点 3“具象化”的标题解读，以及“把艰难的底层生活中的美好加以放大”的欧·亨利小说。

“欧·亨利式结尾”的多重意味、标题的含义及对小说主题的感悟，在这堂课中都有很好的落实，尤其是“欧·亨利式结尾”这一教学重点。有所忽略的，是挽回琼珊生命的那最后一片叶子。初读曹老师的这个课例，直觉是教学点 1 处理得有些潦草，反复研习课例，萌生一个“改进”的方案：如果教学点 2 在师生讨论“假如欧·亨利把我们想象的这个片段写到小说里，你们觉得好不好，为什么？”之前，先植入一个问题“我们想象的这个片段应放在小说中的哪个位置？”，那么情况可能要完满些。这样，引导学生再回头去读这两处：

第二天早晨，苏艾睡了一个小时醒来的时候，看到琼珊睁着无神的眼睛，凝视着放下来的绿窗帘。

“把窗帘拉上去，我要看。”她用微弱的声音命令着。

苏艾困倦地照着做了。

可是，看哪！经过了漫漫长夜的风吹雨打，仍旧有一片常春藤的叶子贴在墙上。它是藤上最后的一片了。靠近叶柄的颜色还是深绿的，但那锯齿形的边缘已染上了枯败的黄色，它傲然挂在离地面二十来英尺[1]的一根藤枝上面。（贝尔曼在天亮之前画上去的。）

“那是最后的一片叶子。”琼珊说，“……”

……

天色刚明的时候，狠心的琼珊又吩咐把窗帘拉上去。

那片常春藤叶仍在墙上。（贝尔曼死了。）

琼珊躺着对它看了很久。然后……

曹老师在课中一直强调“细节”是对的，细节是小说的生命细胞。然而，正如曹老师在讲到苏艾在转述老贝尔曼故事的时候所体认到的，《最后的常春藤叶》其实有很强的“抒情的意味”，透过苏艾的眼，出自苏艾的口。

“可是，看哪！”是苏艾以及透过苏艾的眼去看的我们——关切琼珊的命运却无可奈何，无可奈何但更关切琼珊的命运——雀跃的欢呼。

“那片常春藤叶仍在墙上。”一句话，就够了，足以使提心吊胆的苏艾以及我们，把提到嗓子眼的心安顿下来，以及确保贝尔曼的微笑长眠。

如果这样，再比照着读最后一段。这样，曹老师叮嘱学生注意的时间词（“这里有一个倒叙的悬念在里面”），学生能一一有着落，而曹老师期待的“贴到人物的内心里去”的朗读或许可水到渠成。因为，学生现在汇聚着四种阅读经验：①初读琼珊三天看树叶的感受；②贝尔曼画上最后一片常春藤叶的情景想象；③琼珊起死回生与贝尔曼罹病而亡并置的震撼；④苏艾转述贝尔曼经历的“庄重”“圣洁”“抒情的意味”。

当然，我这是事后诸葛亮。况且，这要花费许多教学时间。我能理解，这堂课教学点 1 的潦草，不是曹老师只能如此，而是一节课的教学时间只能允许如此。

设想一下：如果之前还有一节课，那么琼珊三天的心境变化肯定不会是“一个词概括”，相信会做得细致一点，会设计多种学习活动，从而使学生在体谅琼珊的心境的过程中，对人生乃至人性有一份新的体认。

[1] 1 英尺约等于 30.48 厘米。

设想一下：如果之后还有一节课，让学生交流其与莫泊桑《我的叔叔于勒》的相同和不同之处，较充分地分享各自课外选读的欧·亨利小说，那么学生对“欧·亨利式结尾”的丰富性和每每“令人吃惊”的小说结尾艺术，对欧·亨利小说的人性的温暖，乃至对小说和读小说，都会有更深刻的理解和体认。

可是，没有时间。在给定的一节课时间里，不容“设想”，“改进”的方案受时间制约，也未必可实施。教学是难的，语文教学尤其难。一节课的教学，很难完满，也无须完满。

（五）

说到时间，读学生交流“描写贝尔曼那天夜里画常春藤的场景”的这一段，真是着急，说捏一把汗也不为过。

这要花多少时间啊！10 分钟不够吧？15 分钟，也就是这堂课的三分之一的时间？

先是小组内交流，曹老师神情自若地“轻声询问每组情况”；然后各小组代表展示，一个读加点评之后，再来一个读加点评。点评呢，聚焦于场景描写、心理描写、细节描写，有枝有蔓。会不会是走岔道了？如一些硬扯“读写结合”的老师一样，搞混写作活动与写作学习活动，忘了出发的地方，也找不到回去的路。

接下来是第三个和第四个读加点评。渐渐地我看出一点门道来。尤其是第 3 组代表发言，场景的想象如丝入微，在分享中让大家（包括看这个课例的我）领略了怎样读小说的风采与经验，就那一句“突然，他站起身来，穿着他那件蓝色的衬衫走了出去”，这时间也花得值！

原来，曹老师意在让学生们对这一想象的场面有更深刻的感受。然后呢？接上了“我们现在假设一个问题——假如欧·亨利把我们想象的这个片段写到小说里，你们觉得好不好，为什么？”。读到这里，还以为是留恋风景的人绕回到了大马路。

然而，看啊！刚才的交流发了酵，关于“欧·亨利式结尾”，它的丰富性，它的多种功效，竟都是学生自行发现、发表的，超过了“教参”的水平，也超乎我原有的认知。这一段太精彩了。

生：如果他写进小说的话，那我们一开始就知道是贝尔曼，没有现在这样来得感人；小说中不写出来，让我们思考——为什么常春藤叶没有掉下来？为什么琼珊燃起希望？这里就埋下了一个伏笔。

师：对，有一种悬念感。

生：我也认为写上去不好，写进去就觉得感情变得直白，没有现在这样深刻，给人回味的余地。

师：不浅白，给人想象。（板书：想象丰富）

生：如果写进去的话，那么篇幅就大大增加，没有现在这样简洁。

师：很好，简洁。（板书：叙述简洁）

师：还有，如果他絮絮叨叨都写出来，人物在我们心目中鲜活的形象感会不会像现在这样强烈？

生：不会。

师：所以我们说，它还凸显了人物。这也是这篇小说结尾构思的一个特点，英文叫作“surprised ending”，就是令人吃惊的结尾。小说在这里留下一个空白，让我们去展开想象，于是我们的审美情感被调动了起来，受到感动和震撼。（板书：人物突出）

在前文中我说道，一篇课文的教学主要有四个要点。表 5 是这四个要点的关系。

表 5　课文教学的四个要点

教学点 文本关键点和学生疑难处的重合	**知识点** 帮助学生解决教学点问题或困难的语文知识
教学环节 教学点的合理分布，教学的先后次序	**学习活动** 学习和运用相应语文知识以解决教学点问题的学习活动

讨论阅读教学，我以为必须明了两个前提：

（1）课文高于学生的现有语文经验，包括生活经验和阅读能力。传递人文——思想、情感、知识的课文，学生凭借自己的生活经验和已有的阅读能力，自行阅读有困难或出问题。前文也讲过，困难或问题往往恰在文本的关键点，文本关键点与学生疑难处的重合，即教学点，即教学目标的所在。

（2）阅读教学的任务，就是使原本难以到达教学点的学生，通过学习而能够到达。而学习，必须有学习内容（教学内容），学习内容（教学内容）即语文知识——帮助学生解决教学点问题或困难的语文知识，或称知识点。帮助、指导学生学习和运用相应语文知识解决教学点问题或困难，这就是阅读教学。

以曹老师的这课为例。可以看出，学生的阅读是有问题的，曹老师在备课时一定预估到了学生在哪些关键点有困难或出问题，这堂课的教学就是针对这些预估的困难或问题，就是要帮助、指导学生解决这些困难或问题。就拿本课的教学重点——教学点 2 来说——

步骤 1：留意细节，复述贝尔曼的肖像；男女生分角色朗读第 30—36 节，体会贝尔曼“善良、关心他人的特点”。

复述贝尔曼的肖像，若学生有困难，曹老师采用的办法是逐点引导，一步一步搭建支架“帮”学生生成贝尔曼的形象认知。

男女生分角色朗读，学生有问题，没能“把人物的那种善良、关心他人的特点读出来”。曹老师采用的办法是示例，通过“我是怎么读的”示例，让学生明白（模仿）怎么读。这是“帮”中有“教”的办法。

步骤 2：全班齐读，再重读这篇小说的结尾段，体会“苏艾在转述老贝尔曼的故事的时候发自内心的那种感动、发自灵魂的那种崇敬”。

全班齐读最后一段，学生有大问题，曹老师说“给我的感觉是声音在字面上飘”。曹老师采用“教”的办法，以这堂课曹老师的最大段讲述（辅之以示例），讲述如何运用相应的语文知识（如语体、一组时间词的倒叙、抒情意味的转述等）“贴到人物的内心里去”。

步骤 3：由“一生的杰作”的含义理解，连接到交流预习题 2——依据课文，展开想象，写一段文字，描写贝尔曼那天夜里画常春藤的场景。

曹老师一定预估到学生的课前作业会有问题。所以在“交流”之前，“先一起温习一下课文中的一个很重要的段落——第 55 节”，又提出三个具体要求，即“第一，要依据课文；第二，要展开想象；第三，要注意运用好细节”——这其实是知识的“告知”。这样，“学生分组交流事先写好的片段”才有明确的指向，交流才不仅仅是分享，而成为一种有语文知识引导的同伴学习。

选出的四位代表，想必是各小组中写得较出色的；即便如此，前两位同学的展示，明显有问题：第一位同学的“电闪雷鸣”“一阵咳嗽声，他还在生病”，很不对头。第二位同学问题更大，师生点评均有指正。曹老师的点评，好在哪，不足在哪，也就是应该如何或不应该如何，如“要描写，不要告知”，还是知识的“告知”。

步骤 4：师生讨论“假如欧・亨利把我们想象的这个片段写到小说里，你们觉得好不好，为什么？”，聚焦于“欧・亨利式结尾”——“令人吃惊的结尾”。

出现意外状况：学生都没问题了（齐声说“不好”）。不但没出问题，而且如我前面所说——超过了“教参”的水平，也超乎我原有的认知。这是怎么发生的？仔细研读这一段课例，还发现一个奇怪的现象：与课例中的其他部分不同，在这一段中，语文知识（术语）是学生发出的（教师只是顺势补充或调整），也就是说，是学生主动地搜寻、归纳、提炼自己阅读的体验并用语文知识（术语）精准地表达。这是怎么发生的？

我猜想，与前面貌似费时的学生交流“描写贝尔曼那天夜里画常春藤的场景”，有直接关系。也就是说，之前的交流，其实是作为感受“欧·亨利式结尾”多重意味的前奏性学习活动。这一前奏性学习活动的充分展开，铺就了“欧·亨利式结尾”多重意味的洞悉之路。——否则，学生很可能就停留在“意料之外又在情理之中”的鹦鹉学舌，就像我在前面引述的另一个课例中的那位老师那样。

由学生交流“描写贝尔曼那天夜里画常春藤的场景”，推进到“假如欧·亨利把我们想象的这个片段写到小说里，你们觉得好不好，为什么？”，从而体认“欧·亨利式结尾”的多重意味，我把这样的学习过程概括为“学习和运用相应语文知识以解决教学点问题的学习活动”。

（六）

阅读教学，是帮助、指导学生学习和运用相应的语文知识解决教学点问题的过程。通过一篇课文的教学，学生应该有两方面相辅相成的收获：明了课文的关键点，获取课文所传递的人文——思想、情感、知识等，积淀人文素养；在明了课文关键点的过程中，学习和运用相应的语文知识，掌握阅读方法，学会如何阅读，发展阅读能力。前者是教学目标（学习目标），学生的课文阅读要达到的地方；后者是教学内容（学习内容），学生学习如何阅读，逐步形成能学会的本领。

教学内容指向教学目标，学生学习和运用相应的语文知识，是为了解决课文的教学点问题；或者这样表述，要解决课文的教学点问题，学生必须学习和运用相应的语文知识。解决课文的教学点问题，与学习和运用相应的语文知识，两者紧密联系。

但是，就因为是“两者”，所以有被分离的可能，乃至“教”与“学”的被分离。“课文”与“语文知识”、“教”与“学”的交织被分离，进而造成语文教学的种种问题。

解决语文教学的种种问题，关键是要破解这交织被分离。我们想了很多办法，从观念到技术。目前所取得的成效，以及仍需面对的问题，在曹老师的这堂课中都有较鲜明的表现。

从“教”与“学”的角度看，从这堂课的教学中，我们可以辨认出三种样式：

（1）“学习和运用相应语文知识以解决教学点问题的学习活动”。组织学生较充分地展开学习活动，在活动中或借助于活动，学生梳理、探究并获得与解决教学点问题相应的语文知识。

（2）侧重于“教”的活动。这里有几个路数，按“有效性”递减的程度排列：①“教”的办法。指导学生学习和运用语文知识，明白应该怎样和为什么要这样。往往辅之以示例。②“帮”中有“教”的办法。教师的示例，或蕴含语文知识，或显示教师是怎样运用语文知识解决教学点问题的。③“帮”的办法。逐点引导搭建支架（隐含语文知识），使本来上不去的同学攀着支架而行。④“告知”的办法。相应语文知识的告知。提要求，做评价，提醒或强调应如何、不要如何。

（3）侧重于“学”的活动。有两种：①有具体语文知识指向（要求）的同伴交流。如小组内交流，四位代表读后的学生点评。②学生的成果展示。四位小组代表“描写贝尔曼那天夜里画常春藤的场景”的展示。

与通行的观念不同，我以为，从学会如何阅读这个角度出发，侧重于“学”的活动，其学习效果可能较差，至少令人存疑。这从课例中也可以看出端倪：学生的同伴交流，即使是有具体语文知识指向（要求）的同伴交流，也往往带有评价的色彩，更关注对结果（作业）的评价（评比）。学生的成果，往往成色斑驳，就如第三位同学具有很高的水准的展示，或许对其他同学有启示，但很可能只轮到欣赏的份（鼓掌）。学生交流、学生成果展示，蕴含着学生的语文经验，即个人知识。但个人性的语文经验，只有经过理性反思——用语言或行为表达出“我是怎么读出来的”“我是怎么写作的”等，才能为其他同学所共享。

曹老师的这堂课，涉及许多语文知识，有“帮”的办法，有“帮”中有“教”的示例，有“告知”，有大段讲述的“教”。比如这堂课一以贯之强调的“细节”，比如曹老师细致讲述的“语体”（前面的话很调侃，但这里有种庄重的意味，而且越到后来越庄重、越圣洁，有一种抒情的意味），“一组时间词的倒叙”，“转述”的“抒情的意味”等。

假设一下，课后阅读欧·亨利的作品，学生会运用（借助于）这堂课的哪些语文知识，而使自己进阶到比上这堂课之前更好地理解和感受的水平？如果在课的一周之后、一月之后、一年之后呢，这堂课的哪些语文知识，更有可能变成学生自觉的阅读方法？

我的推测，应该是学生仿佛自发洞悉的“欧·亨利式结尾”的多重意味。

也就是说，“学习和运用相应语文知识以解决教学点问题的学习活动”，可能是阅读教学目前所知的最好办法。

曹老师的《最后的常春藤叶》课例是这种最好办法的教学范例之一，正如多年前他的《个人与集体》成为“用件”类型课文的教学典范一样。

在我的印象中，对语文教学，曹勇军老师似乎没有提出过具有个人标识性的口号，至少没有提响亮的口号。对一位享誉国内的语文名师，我以为这很难得，因为这意味着宽阔、容纳，所以不断有开拓、创新，在他潜心经营的“语文理想国”里。

［附：课例及课文］

《最后的常春藤叶》课堂实录[1]

授课时间：2008 年 11 月 27 日
授课地点：江苏省姜堰二中高一（21）班
班级人数：50 人

师：前后四天的时间，三个底层的穷艺术家，一段感人肺腑的故事。窗外寒风中，一片常春藤叶在抖动，窗内年轻女画家在死亡线上挣扎。顺着小说打开的审美窗口，我们看到了老贝尔曼冒着夜雨画的那永不褪色的常春藤叶……很高兴今天有机会和我们姜堰二中高一（21）班的同学一起来学习美国小说巨匠欧·亨利的小说《最后的常春藤叶》。（**板书：《最后的常春藤叶》欧·亨利**）

师：课前我给大家布置了两个预习题。第一个预习题要求画出小说第一、二、三天描写常春藤叶的语句，说说琼珊的心情发生了怎样的变化；再思考一下为什么会发生这样的变化。（**幻灯片展示预习题 1**）

生 1：一开始，琼珊是绝望的，因为她想摆脱一切，像藤叶一样往下飘。后来琼珊越来越灰心了，她将生命寄托在最后一片常春藤叶上，作为自己放弃生命的理由，但最后一片藤叶顽强地依附在茎上，琼珊因此感到惭愧，感觉自己的想法很邪恶。

师：可能是我刚才表达得不太清楚。我们的要求是这样的：圈出小说中第一天、第二天、第三天描述叶子的句子。你先告诉曹老师是哪一个句子，把它读一读，然后你说说琼珊此刻是什么心情，第一天是什么心情，第二天是什么心情，第三天是什么心情。

生 2：在第 18 节，“一株极老极老的常春藤”……“叶子差不多全吹落了”……“光秃秃的藤枝”……“依附在那堵松动残缺的砖墙上”。

师：说说第一天琼珊是什么样的心情。

生 2：琼珊认为当叶子脱落时她也要走了，她的生命快结束了。

师：我们用一个词来概括她的心情，哪一个比较合适？

---

[1] 原载《语文教学通讯（高中刊）》2018 年第 4 期。承曹勇军老师同意援用本课例。

生2：绝望。

师：如果第一天就绝望了，那么第二天用什么词来形容呢？

生2：第二天她就孤注一掷了。（师生齐笑）

师：这个时候用个什么词比较合适？

生3：很失望。

师：应该比失望要重。

生3：消沉。（板书：消沉）

师：还请刚才的那位同学来回答。第二天？

生2：第二天写叶子的语句在第40节，“仍旧有一片常春藤的叶子”……“靠近叶柄的颜色还是深绿的，但那锯齿形的边缘已染上了枯败的黄色”“它傲然挂在……”。

师：你觉得琼珊是什么样的一种心情？

生2：琼珊认为那最后的叶子是她生命的象征，当叶子掉落时，她的生命也会结束。

师：用什么词来概括一下？

生2：绝望。（板书：绝望）

师：再看第三天。

生2：在第46节，“那片常春藤叶仍在墙上”。

师：就一句话，很简洁。我们来看琼珊的心情。

生2：琼珊已经对自己放弃生命感到羞愧，而且对生活有了希望。

师：用一个词，大家一起来说，应该是哪个？

生：（齐）希望。

师：开始充满希望，振作起来。（板书：振作）

师：你怎么就看出她开始振作起来，变得乐观起来？

生2：第47节，她第一句话说“我真是一个坏姑娘”，而且她说“现在请你拿些汤来，再弄一点掺葡萄酒的牛奶……先拿一面小镜子给我，用枕头替我垫垫高，我想坐起来看你煮东西”。这说明她对生活产生了很大的兴趣，对生活又重新点燃了希望。

师：同学刚才的回答，尤其是最后的举例回答非常精彩。琼珊对苏艾说你给我拿些汤来，给我一面小镜子，把枕头给我垫垫高，我想坐起来看你煮东西，这四个细节之外还有一个细节，是——

生：（齐）有朝一日能去那不勒斯海湾写生。

师：这几个细节说明琼珊已经恢复对生活的信心了，她有勇气重新生活下去。那么琼珊由消沉到绝望，再到振作起来，原因是什么呢？

生 3：因为常春藤叶的作用。刚开始，叶子落得差不多了，琼珊也觉得自己的生命即将结束，但是当她看到了最后一片叶子在风雨中挣扎的时候，她感到惭愧，觉得自己不应该把生命寄托在叶子上，而应该勇敢地活下去。

师：琼珊是什么人？

生 3：画家。

师：画家有什么特点？

生 3：多愁善感。

师：现在她处在什么样的状态？

生 3：得了肺炎。

师：得了肺炎，在奄奄一息的时候，人特别脆弱，所以她把窗外的叶子和自己的生命建立起了一种在外人看来非常神秘的联系，她认为当叶子飘落时，自己的生命也将结束。可是这片叶子并没有落下，给了她信心、力量，让她勇敢地活下去。叶子给了琼珊活下去的勇气，可是这片叶子是老艺术家、老画家贝尔曼一生的杰作。我们下面一起来看一看，小说中、课文中哪几节写的是贝尔曼？

生：（齐）第 30、32、33、34 节。

师：其中第 30 节写的是贝尔曼的肖像。我们现在不看书，一起来复述贝尔曼的肖像。他的胡子是怎样的？脑袋是怎样的？身体是怎样的？他的眼睛又是怎样的？看看大家读过小说以后，贝尔曼在你的脑中有什么印象。

生 4：胡子长得非常长。

师：怎么知道的？

生 4：因为说它像摩西的胡子。

师：像摩西的胡子，而且看到一个词语了吧？它是“卷垂”下来的，说明什么？

生 4：长……

师：长才能垂，是不是很规则、很漂亮的长？

生 4：不是，是乱糟糟的长，邋遢的长。

师：脑袋呢？

生 4：“萨蒂尔似的脑袋”。

师：萨蒂尔是什么样的？

生 4：半人半兽。

师：半人半兽的神林之神，而且长着马耳马尾或羊角羊尾。怪怪的。再看身体？

生 4：“小鬼般的”。

师：什么叫小鬼般的？

生4：矮小的，很瘦小的。

师：贝尔曼其貌不扬，邋遢的胡子卷垂着，头怪怪的，身体瘦小。眼睛？刚才没讲眼睛。眼睛是怎么样的？

生：（齐）充血流泪的眼睛，迎风流泪的。

师：这幅肖像让我们感觉到贝尔曼是怎样的人物？身处社会底层，生活很艰难，仪表上很不怎么样的艺术家，是个脾气很暴躁的小老头。可是在他这样的外表之下，包裹着的却是一个高贵的灵魂。

师：下面我就请两位同学，一位男同学，一位女同学，分角色来读第33—35小节。（**男女生分角色朗读第33—35节**）

师：他读得怎么样？戏剧化、夸张的效果读出来了。可是有一点没有把握好。我们知道贝尔曼表面上是大喊大叫，吵吵嚷嚷，十分暴躁，可实际上，他是一种焦虑，是一种关心，是一种发自内心的同情。读的时候要把他这种善良、关心他人的特点读出来。具体说有哪些句子呢？比如说：第33节，"唉，可怜的琼珊小姐"，读的时候要轻缓一点，很难过，发自内心；第35节，"天哪！像琼珊小姐那样好的人实在不应该在这种地方害病。总有一天，我要画一幅杰作，那么我们都可以离开这里啦"，他很开心，实际上是一种幻想，是一个老天真，要把人物的那种善良、关心他人的特点读出来。（**男女生重新朗读**）

师：读得很好。贝尔曼就是这样一个人。课文中还有个描写贝尔曼的重点段落，我们全班齐读最后一小节。（**全班齐读**）

师：读得不错，但是，给我的感觉是声音在字面上飘，也就是说我们还没贴到人物的内心里去。大家比较一下，这一小节和前面我们读的三小节不大一样。前面的话很调侃，但这里有种庄重的意味，而且越到后来越庄重、越圣洁，有一种抒情的意味，读的时候，要低缓一点。

师：大家发现没有，这里有一组时间词，实际上是倒叙。"贝尔曼先生今天""他害肺炎，只病了两天""头天早上"，再往下面，"后来，他们找到了一盏还燃着的灯笼"，再往后面，"末了"，这里有一个倒叙的悬念在里面，读的时候注意一下。

师：最重要的是两个"亲爱的"。这两个"亲爱的"，真的是抒情，是苏艾在转述老贝尔曼的故事时发自内心的那种感动，发自灵魂的那种崇敬，所以应该是（**教师示范**）："看看窗外，亲爱的，看看墙上最后的一片叶子。你不是觉得纳闷，它为什么在风中不飘不动吗？啊，亲爱的，那是贝尔曼的

杰作。”再来读，把感情投入进去，体会人物的内心世界。（**全班重读**）

师：课文中说最后的常春藤叶，是贝尔曼一生的杰作，为什么叫作“一生的杰作”？我们可以想一想，那片叶子画得很漂亮吗？是一个绝世的艺术品吗？大概不是。“杰作”应该怎么理解？

生5：这幅画是出自一个平凡的、底层的艺术家之手，而且贝尔曼是用他一生的心血来完成的最后一幅画，它让琼珊小姐重新对生活充满了希望，振作起来，所以这是一幅“杰作”。

师：很好！所谓“杰作”不是说它在艺术上有多高的成就，而是说它凝聚了贝尔曼的心血，最后拯救了琼珊小姐的生命。这凝聚着心血的常春藤叶，实际上是贝尔曼那种关心他人、牺牲自我的伟大精神的燃烧，是他毕生心血的凝聚。（**幻灯片展示预习题2：依据课文，展开想象，写一段文字，描写贝尔曼那天夜里画常春藤的场景**）

师：我们先一起温习一下课文中的一个很重要的段落——第55节。当贝尔曼回到了自己的住宅时，作者没有说贝尔曼干什么去了，只是描写了这么一幅室内的情景图，说他的鞋子和衣服都湿透了，冰凉冰凉的。我请同学说一说，衣服和鞋子都“湿透了”“冰凉冰凉的”，说明什么？

生6：应该是出去了很长时间。

师：对，在雨中待了很久。再看，有一个“燃着的灯笼”，这说明什么？

生7：说明他是晚上出去的，而且打着灯笼，说明是很晚，趁着夜幕。

师：而且此时刚刚回来不久，是吧？很好。“一把从原来地方挪动过的梯子”呢？

生：（**齐**）爬到梯子上面去画。

师：他爬多高？

生：（**齐**）二十多英尺。

师：二十多英尺相当于多少米？

生：（**部分**）大概十几米吧……

师：三英尺多一点是一米，二十英尺，是六七米的样子。很高了啊，要知道他是小鬼一样的“小”贝尔曼。他要爬到六七米高的地方去画那片藤叶。还有呢？几支散落的画笔？能不能想象这个场景？

生8：说明他很疲惫，已经没有精力把笔放整齐了。

师：他是强撑着画完了绿叶，画完了以后，挣扎着回来。你可以想象那幅画面——回到家，他可能再也撑不住，一把画笔“叭”地散落在地上。

师：我们写这段场面描写的文字，第一要依据课文，第二要展开想象，第三要注意运用好细节。（**学生分组交流事先写好的片段，教师轻声询问每组的**

情况）

师：好，大家讨论得很投入。我们先请这组同学代表来讲，大家认真听。我们听别人讲，对比一下自己写的，加以修改，可以更好地进步。

生9：狂风肆虐着，暴雨咆哮着，伴随着电闪雷鸣，像是要把一切击倒。贝尔曼带着画具，颤抖着爬上梯子，一阵咳嗽声，他还在生病，但他还是坚持爬上最顶端，开始画起来。雨点不住地打在他的身上，全身淋湿，他真想回到屋里换身干的衣服，但他不能。“琼珊是可怜的小女孩，她不应该就这样死去”，这个信念支撑着他。终于画完了。又是一阵咳嗽。贝尔曼表情很痛苦，脸扭曲着，但是看了一眼他的杰作，又笑了，像是秋日里盛开的菊花，很亲切，很温暖。

师：我们请这一组同学派一个代表点评一下。

生10：她是先写环境的恶劣，展示贝尔曼遭受的痛苦；然后再写贝尔曼对琼珊的关心，表现了他的善良。这段描写中细节写得很精彩，尤其是环境的恶劣写得好，很好地烘托出贝尔曼对这个女孩的关心。

师：你点评得也很好（**生齐笑**）。优点是心情表达细腻，很感人；不足是场面感还不够强烈，有风有雨，但描写还不够强烈和鲜明。（**请另一组代表发言**）

生11：（**激昂地**）寒风呼啸着！这寒冷的风吹在身上如针刺似的！贝尔曼不得不停下手中的画笔，哆嗦着双手，又继续画着。刚下的雨打湿了他的鞋，脚下滑着，手却不停地画着。他将四十多年来创作的手法积累在此一刻展现出来。他那笔下渐渐出现了一片绿色的叶子，多么鲜艳的绿色！无限生机涌现出来！“一定要为琼珊小姐做点什么”，贝尔曼说着离开了。

师：这组哪位同学点评一下？

生12：他重点写的是贝尔曼如何画这一片叶子，但是真实感不够，因为贝尔曼作为一个底层的画家，不可能用上好的颜料，所以叶子也不可能多鲜艳（**全班笑**），而且他四十多年来都没有画出一幅杰作，所以他画画的技巧也不会有多高（**全班笑**）。

师：（**笑**）我觉得写得还是不错的。通过一些心理描写，写出了一些想象的东西。不足呢，是文段中有好几句抒情的话。抒情的话不是不可以用，但是我们看这篇小说，发现最有力量的是什么东西啊？

生：（**齐**）是细节。

师：就是说通过语言的、动作的、心理的这样细节的东西来感染读者，这也是欧·亨利小说教给我们的。我们应该学这个，而不是“啊，老贝尔曼，

四十多年了，你终于画出了一片绿叶”这样抒情式的独白。要描写，不要告知，不然效果要欠缺一些。（**请第三组代表发言**）

生13：窗外，凄风苦雨。贝尔曼的脑中却不断地想着白天所发生的事，一种想法在不断地冲击着他。老贝尔曼的眼睛充着血，在迎风流泪。他静坐在长夜里，想着什么。突然，他站起身来，穿着他那件蓝色的衬衫走了出去。他看到了那最后的一片常春藤叶，叹了一口气，于是找出了画笔和调色板，又搬来了个梯子，缓缓地走到树下，将梯子架在墙上，然后他又抬头，看到那最后的常春藤叶子在风中，颤抖着，似乎就要落下。蓝色的旧衬衫已被打湿，可他将头侧过，浑然不知，默默地爬上梯子，到了顶端。他离最后的那片常春藤叶更近了，清楚地看到那叶子的茎柄处仍然是深绿色的，但锯齿形的边缘已染上了枯败的黄，傲然地挂在枝上。于是，他拿起了那跟了他四十年的调色板，用绿黄两色颜料在墙上画起来，那茎柄深绿而边缘泛黄的最后的叶子。此时藤枝上那片叶子缓缓飘落下来。贝尔曼带着淡淡的微笑，缓缓地下了梯子，走到屋前，露出痛苦的表情，再向前走了几步，最后，他缓慢地倒下了。鞋子早已湿透，那深蓝色的旧衬衫上的水在慢慢地滴下来。（**师生一起鼓掌**）

师：对课文揣摩得很透、很细，所以写到蓝色旧衬衫，这是小说里有的，他借鉴过来。这组同学来点评一下。

生14：他注重用细节描写，尤其在写他画叶子的时候那蓝色的旧衬衫，细腻的描写表达了贝尔曼对琼珊的关心，也显示了他善良的心地。

师：点评得很好！（**请最后一组代表发言**）

生15：北风怒号，雨接连不断地砸下来。贝尔曼打着一只灯笼，艰难地将梯子移到那堵松动了的、残缺的砖墙上。肆虐的狂风早已将叶子脱落干净，光秃秃的藤枝在狂风中不断抖动，早已淋湿的贝尔曼艰难地爬上梯子。他握着画笔在墙上画藤叶，狂风中他不住地打着寒战，拿着画笔的手也有些颤动，但他仍然坚持着将最后一笔画完。画笔掉落在地上。此时，贝尔曼早已冻得浑身冰凉，再也顾不上拾起画笔，极其痛苦地在暴风中哆嗦着挪回了房间。（**请该组同学点评**）

生16：刚才描写了贝尔曼在狂风中画这片叶子的情景，很形象地描写了在这种恶劣的环境中贝尔曼为了琼珊小姐而付出的努力。

师：（**微笑点头**）有环境气氛，有细节刻画，融为一体。好。刚才我们请四位同学展示、交流了所写的画叶子的场景。通过这样的交流，我相信大家对这一想象的场面有了更深刻的感受。

师：我们现在假设一个问题——假如欧·亨利把我们想象的这个片段写到小说里，你们觉得好不好，为什么？

生：（齐）不好。

生17：如果他写进小说的话，那我们一开始就知道是贝尔曼，没有现在这样来得感人；小说中不写出来，让我们思考——为什么常春藤叶没有掉下来？为什么琼珊燃起希望？这里就埋下了一个伏笔。

师：对，有一种悬念感。

生18：我也认为写上去不好，写进去就觉得感情变得直白，没有现在这样深刻，给人回味的余地。

师：不浅白，给人想象。（**板书：想象丰富**）

生19：如果写进去的话，那么篇幅就大大增加，没有现在这样简洁。

师：很好，简洁。（**板书：叙述简洁**）

师：还有，如果他絮絮叨叨都写出来，人物在我们心目中鲜活的形象感会不会像现在这样强烈？

生：不会。

师：所以我们说，它还凸显了人物。这也是这篇小说结尾构思的一个特点，英文叫作“surprised ending”，就是令人吃惊的结尾。小说在这里留下一个空白，让我们去展开想象，于是我们的审美情感被调动了起来，受到感动和震撼。（**板书：人物突出**）

师：有没有哪一位同学知道，这篇小说的英文名叫什么？

生：（纷纷）The last leaf。

师：在中文里，标题“The last leaf”通行的有两种翻译，一种翻译成《最后一片叶子》，另一种翻译成《最后的常春藤叶》，你觉得哪一种更好些？

生：（纷纷）后一个。

师：为什么呢？

生20：“常春”，给人活力，给人力量。

生21：常春藤叶很具象化，具体体现了贝尔曼的一种精神。

师：我也认为第二种译法更好。它很具象化，好像看到这个常春藤叶，就会想到贝尔曼，再进一步想，我们想到的是贝尔曼的一种精神，体现他的爱心、奉献、无私的情谊、人性的光辉。

师：我们都知道，一个人生病，最后靠着一片绿叶给人希望，最后能够超越生死，这不是生活的常态。欧·亨利长期生活在社会的底层，他看到了很多底层小人物的辛酸，可是他没有把这样的辛酸写出来，他写的是一个美好的结局，写的是一个他理想中应该有的样子——一片叶子可以挽救一个人的生命，只要坚持就有希望，人生就是这样。他把艰难的底层生活中的美好加以放大，写出了《最后的常春藤叶》，实际上这是一种“含泪的微笑”（**板书：含泪的微笑**），他用自己的人格理想为我们架设了一个生命的支点（**板书：人格理想**）。

师：很高兴这堂课和我们姜堰二中高一（21）班的同学一起学习这篇课文。最后，曹老师留两个作业。第一个，我们在初中学过《我的叔叔于勒》，它的构思是不是跟这篇课文有相似之处？请你比较一下它们结尾构思的相同与不同。第二个是课外阅读欧·亨利的小说，再选一篇有“欧·亨利式结尾”的小说，介绍给你的同学。

师：曹老师给大家带来了一本《欧·亨利短篇小说选》，是王永年先生的译本。本想送给我们班课堂上表现得最突出的同学。现在我改变主意了，我觉得这堂课我们班同学表现得都很优秀，所以，我把这本书送给高一（21）班的所有同学，祝大家学习进步！（**听课师生鼓掌**）

课堂板书

最后的常春藤叶

欧·亨利

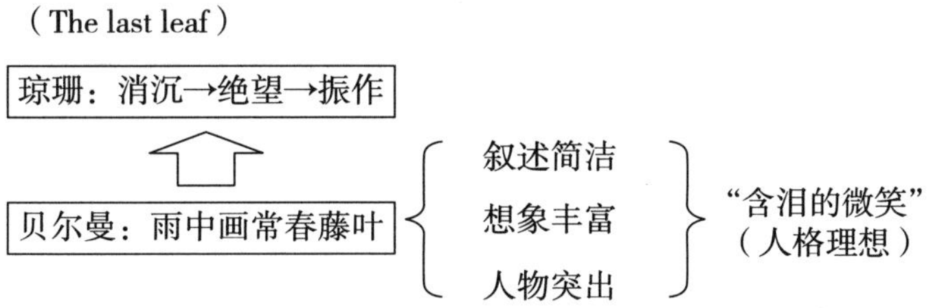

课前准备

1．画出小说第一、二、三天描写常春藤叶的语句，说说琼珊的心情发生了怎样的变化，为什么会有这样的变化。

2．依据课文，展开想象，写一段文字，描写贝尔曼那天夜里画常春藤叶的场景。

3．在小说阅读中，你还有哪些不理解处或者疑难处，请写下来。

课后任务

1．比较这篇小说结尾构思与莫泊桑《我的叔叔于勒》的相同和不同之处。

2．课外选读欧·亨利的小说，再选一篇有“欧·亨利式结尾”的小说，并将其介绍给同学。

最后的常春藤叶

欧·亨利

华盛顿广场西面的一个小区里，街道仿佛发了狂似的，分成了许多叫作“巷子”的小胡同。这些“巷子”形成许多奇特的角度和曲线。一条街本身往往交叉一两回。有一次，一个艺术家发现这条街有它可贵之处。如果一个商人去收颜料、纸张和画布的账款，在这条街上转弯抹角、大兜圈子的时候，突然碰上一文钱也没收到、空手而回的他自己，那才有意思呢！

因此，搞艺术的人不久都到这个古色天香的格林威治村来了。他们逛来逛去，寻找朝北的窗户、18 世纪的三角墙、荷兰式的阁楼，以及低廉的房租。接着，他们又从六马路买来了一些锡蜡杯子和一两只烘锅，组成了一个“艺术区”。

苏艾和琼珊在一座矮墩墩的三层砖屋的顶楼设立了她们的画室。“琼珊”是琼娜的昵称。两人一个是从缅因州来的；另一个的家乡是加利福尼亚州。她们是在八马路上一家“德尔蒙尼戈饭馆”里吃客饭时碰到的，彼此一谈，发现她们对于艺术、饮食、衣着的口味十分相投，结果便联合租下那间画室。

那是五月间的事。到了十一月，一个冷酷无情、肉眼看不见、医生管他叫“肺炎”的不速之客，在艺术区里潜蹑着，用他的冰冷的手指这儿碰碰那儿摸摸。在广场的东面，这个坏家伙明目张胆地走动着，每闯一次祸，受害的人总有几十个。但是，在这错综复杂、狭窄而苔藓遍地的“巷子”里，他的脚步却放慢了。

“肺炎先生”并不是你们所谓的扶弱济困的老绅士。一个弱小的女人，已经被加利福尼亚的西风吹得没有什么血色了，本来不应该是这个有着红拳头的、呼吸急促的老家伙打击的对象。但他竟然打击了琼珊；她躺在那张漆过的铁床上，一动也不动，望着荷兰式小窗外对面砖屋的墙壁。

一天早晨，那位忙碌的医生扬扬他那蓬松的灰眉毛，招呼苏艾到过道上去。

“依我看，她的病只有一成希望。”他说，一面把体温表里的水银甩下去。“那一成希望在于她自己要不要活下去。人们不想活，情愿照顾殡仪馆的生意，这种精神状态使医药一筹莫展。你的这位小姐满肚子以为自己不会好了。她有什么心事吗？”

“她——她希望有一天能去画那不勒斯海湾。”苏艾说。

“绘画？——别扯淡了！她心里有没有值得想两次的事情——比如说，男人？”

“男人？”苏艾像吹小口琴似的哼了一声说，“难道男人值得——别说啦，不，大夫，根本没有那种事。”

“那么，一定是身体虚弱的关系。”医生说，“我一定尽我所知，用科学所能达到的一切方法来治疗她。可是每逢我的病人开始盘算有多少辆马车送他出殡的时候，我就得把医药的治疗力量减去百分之五十。要是你能使她对冬季大衣的袖子式样发生兴趣，提出一个问题，我就可以保证，她恢复的机会准能从十分之一提高到五分之一。”

医生离去之后，苏艾到工作室里哭了一声，把一张日本纸餐巾擦得一团糟。然后，她拿起画板，吹着拉格泰姆音乐调子，昂首阔步地走进琼珊的房间。

琼珊躺在被窝里，脸朝着窗口，一点儿动静也没有。苏艾以为她睡着了，赶紧停止吹口哨。

她架起画板，开始替杂志画一幅短篇小说的钢笔画插图。青年画家不得不以杂志小说的插图来铺平通向艺术的道路，而这些小说则是青年作家为了铺平文学道路而创作的。

苏艾正为小说里的主角，一个爱达荷州的牧人，画上一条在马匹展览会里穿的漂亮的马裤和一片单眼镜，忽然听到一个微弱的声音重复了几遍。她赶紧走到床边。

琼珊的眼睛睁得大大的。她望着窗外，在计数——倒数上来。

“十二，”她说，过了一会儿，又说“十一”；接着是“十”“九”；再接着是几乎连在一起的“八”和“七”。

苏艾关切地向窗外望去。有什么可数的呢？外面见到的只是一个空荡荡、阴沉沉的院子，和二十英尺外的一幢砖屋的墙壁。一株极老极老的常春藤，纠结的根已经枯萎，攀在半墙上。秋季的寒风把藤上的叶子差不多全吹落了，只剩下几根几乎是光秃秃的藤枝依附在那堵松动残缺的砖墙上。

“怎么回事，亲爱的？”苏艾问道。

“六。”琼珊说，声音低得像是耳语，“它们现在掉得快些了。三天前差不多有一百片。数得我头昏眼花。现在可容易了。喏，又掉了一片。只剩下五片了。”

“五片什么，亲爱的？告诉你的苏艾。”

“叶子，常春藤上的叶子。等最后一片掉落下来，我也得去了。三天前我就知道了。难道大夫没有告诉你吗？”

“哟，我从没听到这样荒唐的话。”苏艾装出满不在乎的样子数落地说，“老藤叶同你的病有什么相干？你一向很喜欢那株常春藤，得啦，你这淘气的姑娘。别发傻啦。我倒忘了，大夫今天早晨告诉你，你很快康复的机会是——让我想想，他是怎么说的——他说你好的希望是十比一！哟，那几乎跟我们在纽约搭街车或者走过一幢新房子的工地一样，碰到意外的时候很少。现在喝一点儿汤吧。让苏艾继续画图，好卖给编辑先生，换了钱给她的病孩子买点儿红葡萄酒，也买些猪排填填她自己的馋嘴。”

“你不用再买什么酒啦。”琼珊说，仍然凝视着窗外，“又掉了一片。不，我不要喝汤。只剩四片了。我希望在天黑之前看到最后的藤叶飘下来。那时候我也该去了。”

“琼珊，亲爱的，”苏艾弯着身子对她说，“你能不能答应我，在我画完之前，别睁开眼睛，别瞧窗外？那些图画我明天得交。我需要光线，不然我早就把窗帘拉下来了。”

“你不能到另一间屋子里去画吗？”琼珊冷冷地问道。

“我要待在这儿，跟你在一起。”苏艾说，“而且我不喜欢你老盯着那些莫名其妙的藤叶。”

“你一画完就告诉我。”琼珊闭上眼睛说，她脸色惨白，静静地躺着，活像一尊倒塌下来的塑像，“因为我要看那最后的藤叶掉下来。我等得不耐烦了，也想得不耐烦了。我想摆脱一切，像一片可怜的、厌倦的藤叶，悠悠地往下飘，往下飘。”

“你争取睡一会儿。”苏艾说，“我要去叫贝尔曼上来，替我做那个隐居的老矿工的模特儿。我去不了一分钟。在我回来之前，千万别动。”

老贝尔曼是住在楼下底层的一个画家。他年纪六十开外，有一把像米开朗基罗的摩西雕像上的胡子，从萨蒂尔似的脑袋上顺着小鬼般的身体卷垂下来。贝尔曼在艺术界是个失意的人。他耍了四十年的画笔，还是同艺术女神隔有相当距离，连她的长袍的边缘都没有摸到。他老是说就要画一幅杰作，可是始终没有动手。除了偶尔涂抹了一些商业画或广告画之外，几年没有画过什么。他替“艺术区”里那些雇不起职业模特儿的青年艺术家充当模特儿，挣几个小钱，他喝杜松子酒总是过量，老是唠唠叨叨地谈着他未来的杰作。此外，他还是个暴躁的小老头儿，极端瞧不起别人的温情，却认为自己是保护楼上两个青年艺术家的看家区狗。

苏艾在楼下那间灯光黯淡的小屋子里找到了酒气扑人的贝尔曼。角落里的画架上绷着一幅空白的画布，它在那儿静候杰作的落笔，已经有了二十五年。她把琼珊的想法告诉了他，又说她多么担心，唯恐那个虚弱得像枯叶一般的琼珊抓不住她同世界的微弱牵连，真会撒手去世。

老贝尔曼的充血的眼睛老是迎风流泪，他对这种白痴般的想法大不以为然，连讽带刺地咆哮了一阵子。

“什么话！”他嚷道，“难道世界上竟有这种傻子，因为可恶的藤叶落掉而想死？我活了一辈子也没有听到过这种怪事。不，我没有心思替你当那无聊的隐士模特儿。你怎么能让她脑袋里有这种傻念头呢？唉，可怜的琼珊小姐。”

“她病得很厉害，很虚弱，”苏艾说，“高烧烧得她疑神疑鬼，满脑袋都是稀奇古怪的念头。好吧，贝尔曼先生，既然你不愿意替我当模特儿，我也不勉强了。我认得你这个可恶的老——老啰唆鬼。”

“你真女人气！”贝尔曼嚷道，“谁说我不愿意？走吧。我跟你一起去。我已经说了半天，愿意替你效劳。天哪！像琼珊小姐那样好的人实在不应该在这种地方害病。总有一天，我要画一幅杰作，那么我们都可以离开这里啦。天哪！是啊。”

他们上楼时，琼珊已经睡着了。苏艾把窗帘拉到窗槛上，做手势让贝尔曼到另一间屋子里去。他们在那儿担心地瞥着窗外的常春藤。接着，他们默默无言地对瞅了一会儿。寒雨夹着雪花下个不停。贝尔曼穿着一件蓝色的旧衬衫，坐在一把翻过来充当岩石的铁壶上，扮作隐居的矿工。

第二天早晨，苏艾睡了一个小时醒来的时候，看到琼珊睁着无神的眼睛，凝视着放下来的绿窗帘。

“把窗帘拉上去，我要看。”她用微弱的声音命令着。

苏艾困倦地照着做了。

可是，看哪！经过了漫漫长夜的风吹雨打，仍旧有一片常春藤的叶子贴在墙上。它是藤上最后的一片了。靠近叶柄的颜色还是深绿的，但那锯齿形的边缘已染上了枯败的黄色，它傲然挂在离地面二十来英尺的一根藤枝上面。

“那是最后的一片叶子。”琼珊说，“我以为昨夜它一定会掉落的。我听到刮风的声音。它今天会脱落的，同时我也要死了。”

“哎呀，哎呀！”苏艾把她困倦的脸凑到枕边说，“如果你不为自己着想，也得替我想想呀。我可怎么办呢？”

但是琼珊没有回答。一个准备走上神秘遥远的死亡道路的心灵，是全世界最寂寞、最悲哀的了。当她与尘世和友情之间的联系一片片地脱离时，那个玄想似乎更有力地掌握了她。

那一天总算熬了过去。黄昏时，她们看到墙上那片孤零零的藤叶仍旧依附在茎上。随夜晚同来的是北风的怒号，雨点不住地打在窗上，从荷兰式的低屋檐上倾泻下来。

天色刚明的时候，狠心的琼珊又吩咐把窗帘拉上去。

那片常春藤叶仍在墙上。

琼珊躺着对它看了很久。然后她喊苏艾，苏艾正在煤炉上搅动给琼珊喝的鸡汤。

“我真是一个坏姑娘，苏艾，”琼珊说，“冥冥中有什么使那最后的一片叶子不掉下来，启示了我过去是多么邪恶。不想活下去是个罪恶。现在请你拿些汤来，再弄一点掺葡萄酒的牛奶，再——等一下；先拿一面小镜子给我，用枕头替我垫垫高，我想坐起来看你煮东西。”

一小时后，她说：

“苏艾，我希望有朝一日能去那不勒斯海湾写生。”

下午，医生来，他离去时，苏艾找了个借口，跑到过道上。

“好的希望有了五成。”医生抓住苏艾瘦小的、颤抖的手说，“只要好好护理，你会胜利。现在我得去楼下看看另一个病人。他姓贝尔曼——据我所知，也是搞艺术的。也是肺炎。他上了年纪，身体虚弱，病势来得很猛。他可没有希望了，不过今天还是要把他送进医院，让他舒服些。”

那天下午，苏艾跑到床边，琼珊靠在那儿，心满意足地在织一条毫无用处的深蓝色户巾，苏艾连枕头把她一把抱住。

“我有些话要告诉你，小东西。”她说，“贝尔曼先生今天在医院里去世了。他害肺炎，只病了两天。头天早上，看门人在楼下的房间里发现他痉得要命。他的鞋子和衣服都湿透了，冰凉冰凉的。他们想不出，在那种凄风苦雨的夜里，他究竟是到什么地方去了。后来，他们找到了一盏还燃着的灯笼，一把从原来地方挪动过的梯子，还有几支散落的画笔，一块调色板，上面和了绿色和黄色的颜料，末了——看看窗外，亲爱的，看看墙上最后的一片叶子。你不是觉得纳闷，它为什么在风中不飘不动吗？啊，亲爱的，那是贝尔曼的杰作——那晚最后的一片叶子掉落时，他画在墙上的。”

名课研讨

七、引子、主题及文章体式

——窦桂梅老师《晏子使楚》研讨

观课评教的角度，因各种不同的目的而有所不同。对窦桂梅老师执教的《晏子使楚》[1]，本节拟从语文课程论的角度就以下三个方面展开评论：关于选文的定位；关于教学内容的选择与呈现；关于文章体式及其阅读方式。

（一）课例阐释：关于选文的定位

文选型的语文教材，使语文课程与教学问题的讨论，在很大程度上成为对选文及其如何处理的讨论。

通过中外语文教材的比较研究，我曾鉴别出语文教材选文的四种类型，或者说选文的四种功能，即“定篇”“样本”“例文”“用件”。就教学目的和教学内容来说：“定篇”是使学生透彻地领会选文本身，理解和欣赏经典名篇的思想和艺术；“样本”是解决学生在阅读这类文本时所产生的困难或问题，在对选文的感受和理解过程中使学生体验到应该怎样阅读、怎样写作；“例文”是以选文的某个点或某个侧面为例，使学生透彻地学习语文知识，包括诗和文以及如何读写的事实、原理、技能、方法、策略、态度等，语文知识的学习形成或加深对选文这些点或侧面的理解感受；“用件”是利用选文所讲的东西或者由选文所讲的某一点触发，使学生从事与该选文或多或少相关的听说读写的活动。在语文课程内容严重缺失、语文教材编撰策略尚无大改善的今天，针对四种类型的选文有区别地组织教学，可能是改善语文教学的一种可靠选择。[2]

选文的四种功能区分，目前已被语文教育界较广泛地接受，有些学校还开展了选文分类实施教学的试验。然而研究应该推进：语文教材中的选文还有哪些类型和功能，尚需要继续鉴别；主要基于中学研究的上述四种功能是不是同样适用于小学的语文教材和教学，也有待于考证。于是我便关注起近年出现的把语文教材选文当作“引子”的说法和做法。

---

1 窦桂梅.《晏子使楚》教学实录［N］. 人民教育，2006（2）.

2 王荣生. 语文科课程论基础［M］. 北京：教育科学出版社，2014：351.

“引子”在《辞海》里列有“宋元各种说唱艺术的第一个曲子的泛称”等 5 个义项，语文教材是“引子”的说法，可能主要受“药引子”的启发，但在含义的界定上目前还较为随意，有单强调先后的，有更强调主次的，有把它动词化因此只强调“引起”而不顾“什么”引起“什么”的。[1] 窦桂梅老师是倾向于把语文教材当作“引子”的，而且在“什么”引起“什么”上，有比较清晰的认识和自觉的追求——至少有两次，窦老师直接点出“引子”：一次是在与王尚文先生的商榷文章中，“这就好像每一个戏剧的引子”[2]；另一次是这样说的，“对于那些需要‘美容’的或‘整容’的教材，教师的任务是把教材当引子，科学增删裁剪，组合成一个个精神大餐”[3]。

综合窦老师的有关论述以及一系列课例，她对选文的定位大致可以归纳为以下三点：

（1）对“语文”的认识，涉及主与次的问题。窦老师认为：我们应该“用超学科的观点”来看待当今的语文，应该从“学生的学习本位”来思考“语文”的定位。语文教学的最终落脚点，是“语文当为心灵奠基”“我们最终的语文价值取向是从精神文化层面关注、促进学生的学习与发展，而不是就语文而学习语文”。也就是说，为主、为正的，不是选文，而是“文字后面的东西”，我们不应该停留在“写了什么”“怎么写的”“为什么写”“这样写的好处”上，而要紧紧抓住那些“精神成长的养料”。[4]

（2）对“语文教学”的认识，涉及先与后的问题。窦老师认为：学习文章首先吸引你的是文字中的精神滋养而不是那些语言表达形式，语文教学“应从内容或‘人文’着手带动对形式的领悟”，其操作基本框架是“话题切入——探究文本——比较拓展——链接生活——升华自我”[5]。“在学生入情入境的情况下，再来进行语言的学习、推敲，同时是情感的深化、思想的磨砺。这就好像每一个戏剧的引子，每一个风景点的引道一样，先把我们的孩子从声光色的世界里引进语言的殿堂，他们对于母语魅力的感悟一定会深刻、细腻得多，然后我们仍旧借助于主题给学生指出一个个路径，让学生有可能走进更多的作家、更多的文本，进行更丰富的语文实践，他们的收获也会大得多。”[6]

---

[1] 李冲锋．语文教材是例子更是引子［J］．语文教学之友，2004（4）：8.

[2] 窦桂梅．梳理课堂——窦桂梅“课堂捉虫”手记［M］．南宁：广西教育出版社，2004：175.

[3] 窦桂梅．梳理课堂——窦桂梅“课堂捉虫”手记［M］．南宁：广西教育出版社，2004：74.

[4] 窦桂梅．梳理课堂——窦桂梅“课堂捉虫”手记［M］．南宁：广西教育出版社，2004：174-175.

[5] 窦桂梅．梳理课堂——窦桂梅“课堂捉虫”手记［M］．南宁：广西教育出版社，2004：113.

[6] 窦桂梅．梳理课堂——窦桂梅“课堂捉虫”手记［M］．南宁：广西教育出版社，2004：175.

（3）对“语文教学内容”的认识，涉及“什么”引起“什么”的问题。窦老师认为，语文教学的核心内容就是“引领学生在情感和文字里走个来回”，而最终落脚在“情感的深化、思想的磨砺”。[1]具体可分两种情况：①“对于‘文质兼美’的课文，高明的教师会带领学生怀着虔诚的心情走进文本，细细揣摩文字的魅力，既跟着作者的情感世界走了一趟，也能在经典的语言文字营造的意境中得到陶冶和升华，从而构建学生精神成长的摇篮，而不仅仅是学会语言文字。”②“对于有点缺陷的课文，高明的教师也会‘变废为宝’，要善于经营文本，用补充或修改等手段‘美容’教材，既而丰满文字的形式美和流动美。”[2]

《晏子使楚》在窦老师看来，显然属于“文质兼美”的选文；学习《晏子使楚》在窦老师看来，当然应该“从精神文化层面关注”；《晏子使楚》的教学在窦老师看来，必须“从内容或‘人文’着手带动对形式的领悟”，进而把握“文字后面的东西”。只有理解和接纳窦老师的上述三点认识，我们才可能理解和接纳她对《晏子使楚》教学内容的定位：“对晏子的尊重，走向对人的‘尊重’的思考；对人的尊重，导向对国家的‘尊重’的思考；对国家的尊重，引向首要是自我尊重的思考。”

（二）课例阐释：关于教学内容的选择与呈现

“文字后面的东西”，窦老师叫“主题”；相应地，《晏子使楚》“走向”“导向”“引向”式的教学，就叫作“主题教学”。关于“主题”和“主题教学”，窦老师有稍显抽象的介绍：“‘主题’具有特定的内涵，小而言之指一篇文章或一堂课的中心主旨”“如‘诚信’‘家乡’‘邮票’，以及对自然的关爱，对弱小的同情，对未来的希冀，对黑暗的恐惧等，就是一个个主题”。[3]“主题教学是要从生命的层次，用动态生成的观念，重新全面认识课堂教学，整体构建课堂教学。简单地说，它围绕一定的主题，充分重视个体经验，通过与多个文本的碰撞交融，在重过程的生成理解中，实现课程主题意义建构的一种开放性教学。”[4]

对“主题教学”，窦老师认为“关键是怎样进行主题教学”[5]；而我则以为，认识这些“主题”是什么样的主题及其在呈现方式上有何种讲究，也许更为关键。教

[1] 窦桂梅．梳理课堂——窦桂梅“课堂捉虫”手记［M］．南宁：广西教育出版社，2004：63.

[2] 窦桂梅．梳理课堂——窦桂梅“课堂捉虫”手记［M］．南宁：广西教育出版社，2004：172.

[3] 窦桂梅．梳理课堂——窦桂梅“课堂捉虫”手记［M］．南宁：广西教育出版社，2004：91，113.

[4] 窦桂梅．梳理课堂——窦桂梅“课堂捉虫”手记［M］．南宁：广西教育出版社，2004：113.

[5] 窦桂梅．梳理课堂——窦桂梅“课堂捉虫”手记［M］．南宁：广西教育出版社，2004：171.

学方法其实就是教学内容的呈现，认识、评价乃至学习一堂课，关键不在于“怎么教”的方法，而在于“教什么”的选择。

对“主题”，窦老师有自己的体认。规规板板地使用主题单元的教材，未必就是“主题教学”；教《秋天的怀念》凸显“母爱”，也未必就是窦老师所心往的“主题”。窦老师说，她上课追求的不是“生动”，而是努力让学生“心动”，唤起那种内在的、心灵深处的涌动，甚至是心灵的震撼。[1]从这个意义上讲，“主题”也就是“连接着孩子精神世界、现实生活或者与历史典故、风土人情等有关的‘触发点’‘共振点’‘兴奋点’”[2]。

那么，足以让学生“心动”的种种“点”有什么特征呢？它们从何而来，又如何在课堂教学中有效地加以呈现？

翻阅窦老师写的文章，频频跳跃的是这样一些词汇——“感受”“感悟”“感受到”“领悟到”；有意思的是，窦老师把“悟”解释为“思考”——“我的思考，思考的我”[3]。按照我的理解，“主题教学”之“主题”，其最主要的特征就是要有“真正感人的力量”[4]，要有能让学生“真正用心领会”的生命的激情[5]，要能激发起学生切己的“思考”。

在编选《新课标语文学本·小学卷》的时候，对实用文我们定了一个选文的内容标准，叫“贴近小学生的生活”——第一是小学生实际所从事的活动，包括语文活动；第二是小学生实际或可能面临的困惑；第三是编撰者、教师认为小学生也需要面对或思考的话题。对“思考和练习”的总指向，我们也定了个原则，叫“指向切身理解”——促使学生对自己生活的思考，包括自己的日常生活和学习生活。[6]我想，“贴近小学生的生活”加上“指向切身理解”，与窦老师所说的“主题”在精神上是一致的。于是，教叶圣陶《荷花》，窦老师就不愿停留在自然美景的描绘上，而引领学生“能够诗意地欣赏我们周遭的一切”[7]；教史铁生《秋天的怀念》，窦老师就不愿停留在泛泛地谈论“怀念”或“母爱”上，而将母爱聚焦于母亲“好好

---

[1] 窦桂梅．梳理课堂——窦桂梅“课堂捉虫”手记［M］．南宁：广西教育出版社，2004：2.

[2] 窦桂梅．梳理课堂——窦桂梅“课堂捉虫”手记［M］．南宁：广西教育出版社，2004：113.

[3] 窦桂梅．梳理课堂——窦桂梅“课堂捉虫”手记［M］．南宁：广西教育出版社，2004：17.

[4] 窦桂梅．梳理课堂——窦桂梅“课堂捉虫”手记［M］．南宁：广西教育出版社，2004：47.

[5] 窦桂梅．梳理课堂——窦桂梅“课堂捉虫”手记［M］．南宁：广西教育出版社，2004：91.

[6] 王荣生．撑起另一方天——小学语文的实用文阅读［J］．语文教学通讯：小学刊，2005：2.

[7] 窦桂梅．梳理课堂——窦桂梅“课堂捉虫”手记［M］．南宁：广西教育出版社，2004：114.

儿活”的叮嘱[1]；同样，教《晏子使楚》，窦老师也不愿停留在说教味的“爱国”上，而创设了“尊重”这一“主题”。

“主题”要贴近小学生的生活，要指向切身的理解。《新课标语文学本·小学卷》选编了《敬畏生命》《欢乐的笑》《沉默的学生》《撒谎的技巧》《对公布分数说“不”》等一系列“贴近小学生生活”的文章。学习《敬畏生命》，我们让学生“思考”：“有人说，野生动物需要保护，但保护野生动物只是为了‘不破坏人的生存环境’。对此，你有什么评论？你认为动物的生命本身不值得我们人类尊重吗？”学习《对公布分数说“不”》，我们甚至让学生做这样的“练习”：“问问你的老师：你凭什么可以公布我们的考试分数？你为什么要公布我们的考试成绩？如果他说得‘理直气壮’（比如为了促进学生的学习），推荐这篇文章给他看。你还可以告诉他，有一本书叫《儿童的秘密》，专家说，做老师的都应该读一读。”[2]

一线教师或许很少能有这么大的自由度。小学语文课本中当然有贴近小学生生活的文章，所设计的教学内容当然也有指向切身理解的，但这种情况在现有的小学语文课本中恐怕不太普遍。较为普遍的情况，可能是“文质皆美”，但“主题”需要“建构”，甚至还有些“干瘪”文章，需要根据“主题”来“增删裁剪”。用窦老师的话说，就是“围绕一定的主题重组课文，进行对文本的建构和开发”[3]。也就是说，类似于“诗意地欣赏我们周遭的一切”“好好儿活”“自尊”这样的“主题”，来自任课教师对特定“主题”及其连接着的“孩子精神世界、现实生活”的真切体认，来自任课教师对选文的创造性解读。

这样便可能产生一些问题。因为教师对选文的创造性解读、对特定“主题”的个人化体认，往往有别于学生，也高于学生。换句话说，学生在自主阅读《晏子使楚》时，一般较难自然地生发对“自尊”主题的理解和感受，甚至文本也并没有指向这一“主题”的明显迹象；而指导文本阅读的“思考和练习”，要么没有意识到这一“主题”，因而偏向另一主题，要么涉及了这一“主题”但贴切度不够，因而不足以“指向切身理解”。于是就需要“建构和开发”，就需要教师的“引导”，使学生“走向”，把学生“导向”“引向”，于是就需要“在重过程的生成理解中”[4]，让学生“感受”“感悟”“感受到”“领悟到”。

---

[1] 窦桂梅，等. 我们都“好好儿活”——《秋天的怀念》课堂实录及点评［J］. 小学青年教师，2005（8）：17.

[2] 王荣生，等. 新课标语文学本·小学卷［M］. 上海：华东师范大学出版社，2005.

[3] 窦桂梅. 梳理课堂——窦桂梅“课堂捉虫”手记［M］. 南宁：广西教育出版社，2004：91.

[4] 窦桂梅. 梳理课堂——窦桂梅“课堂捉虫”手记［M］. 南宁：广西教育出版社，2004：113.

“主题”高于学生的阅读感受，“主题教学”的要义又是要让学生“感受到”。也许正是身处这样的境地，窦老师才说“关键是怎样进行主题教学”，从而把注意力从教学内容的选择转移到了教学内容的呈现。

那么怎样进行“主题教学”呢？窦老师归纳了两条原则，并用她的一系列课做例证：①对于有点缺陷的课文，用补充或修改等手段“美容”教材。例如《一夜的工作》《荷花》《邓稼先》《詹天佑》等。②对于“文质兼美”的课文，则“细细揣摩文字的魅力”。《荷花》的“冒”，《秋天的怀念》的“好好儿活”，以及《晏子使楚》的“不得不”“看了看”“笑了笑”等，都称得上是“主题教学”中“细细揣摩文字的魅力”的范本。

但是，原则的指导和课例的示范，似乎都不足以解决“怎样进行主题教学”的问题，如果有普通教师想从事“主题教学”的话。因为上述课例是由“高明的教师”执教的，因为“主题”需要“灵活地规划、实施教学”，因为“主题教学”的课堂“以一种开放的形式展现流动的美”。

真实的逻辑可能是这样的，当一个教师能够开掘“贴近小学生的生活”而又“指向切身理解”的“主题”的时候，他便会创造出“怎样进行主题教学”的种种方法。也就是说，如果仅仅赞赏窦老师《晏子使楚》教学“流动的美”，而不能自觉地体认类似于“冒”“好好儿活”“不得不”“看了看”等处那“文字后面的东西”；如果教师不能把备课的心思聚焦于“师生生命意义增殖的所在”[1]；如果教师不能把课堂教学落脚于“真正感人的力量和对学生美的熏陶”[2]；那么，即使跟着窦老师手把手地学多少种“方法”，恐怕也不会抵用。

（三）问题探讨：关于文章体式及其阅读方式

“主题教学”的备课，在很大程度上承担的是教材编撰（重构）的任务，而且是在现有原料的制约下编撰出好教材的任务。因此对《晏子使楚》课例的讨论，不妨从选文开始。

根据对选文四种功能的研究，我曾提出语文教材的选文标准：“定篇”的要求，是经典，是世界和民族文化、文学优秀的经典作品。“例文”的要求，是足以例证知识，而且能避免篇章中其他部分所可能引起的注意导致精力的涣散而干扰了所“例”的主题。“样本”的要求，是典型，它必须是从学生现在在读或将来要读的现

---

[1] 窦桂梅．梳理课堂——窦桂梅“课堂捉虫”手记［M］．南宁：广西教育出版社，2004：74.

[2] 窦桂梅．梳理课堂——窦桂梅“课堂捉虫”手记［M］．南宁：广西教育出版社，2004：47.

实情境中的真实取样。“用件”的要求，是适用，对我们的语文教材来说，尤其是要为“探究”提供足够的材料。我认为，长期以来我们对选文只泛泛地提“文质兼美”，恐怕是不对的。[1]

然而正如在前面所交代的，上述结论是基于中学语文教材和教学的研究。目前的小学语文课本，经典作品的大举进入还不太现实，那么有一些称不上经典但对小学生来说也需要“透彻领会”的选文，也就是窦老师所说的“能在经典的语言文字营造的意境中得到陶冶和升华”的“文质兼美”的课文，看来需要有一个合适的定位。

据初步分析，值得透彻地领会选文本身的，大部分是文学作品。文学作品的阅读与欣赏，品其言才能会其意。也就是说，文学作品的思想情感就在文字的里面，而不是在文字的“后面”；所以要“悟文品字”，所以要“细细揣摩文字的魅力”。这部分选文，我想可以合并在“定篇”里，至多给一个“准定篇”的名义。把这样的选文当成“引子”，尤其是窦桂梅老师所理解的引向“文字后面的东西”那个含义的“引子”，在理论上可能是不成立的。所谓“悟文品字”，其实就是对“写了什么”“怎么写的”“为什么写”“这样写的好处”的感受，思想情感的熏陶也就在这样的感受之中，比如窦老师执教的《荷花》《秋天的怀念》。

还有一些是所谓的“杂文学”，主要是广义的散文，比如《晏子使楚》。“杂文学”具有两重性：当我们把《晏子使楚》当作历史故事的时候，把它看成“文质兼美”的故事，它便具有了与纯文学作品相似的品格，那么思想情感也就在文字的里面。但当我们把它看成历史故事的时候，把它当作讲述历史人物的“普通文章”，那么它便具有了我统称为“实用文”的品格。实用文的阅读与理解，得其意可以忘其言。阅读《沉默的学生》《撒谎的技巧》《对公布分数说“不”》等实用文，当然要通过文字理解文章说了什么，当然要感受和理解由文字所承载的作者观点、思想、情感；但阅读的最终落点，绝不应该是对“写了什么”“怎么写的”“为什么写”“这样写的好处”的揣摩，也不仅仅是感受和理解作者的观点、思想、情感，而应该指向文字的外面，形成自己对所涉及主题（事物、现象等）的认识，用窦老师对“悟”的定义，也就是“我的思考，思考的我”。

在阅读教学中，实用文的功能定位应该是这样的：①当作“样本”或“例文”，帮助学生阅读，或者指导学生学会怎样阅读。在学生理解文章说了什么的基础上，帮助或指导学生形成对所涉及主题（事物、现象等）的认识。②如果学生能够理解文章，或者即使有些地方不甚理解但老师认为关系不大，那么当作“用件”，指导

[1] 王荣生．语文科课程论基础［M］．北京：教育科学出版社，2014：277．

学生进行相关的听说读写活动，使学生在听说读写的活动中对所涉及的主题（事物、现象等）形成自己的认识。

窦老师明说或没有明说的“干瘪”文章，有一些属于实用文，比如《一夜的工作》《邓稼先》《詹天佑》等。《一夜的工作》主题是周总理，学习这篇文章当然要通过对“写了什么”“怎么写的”“为什么写”“这样写的好处”的解读来理会文章，但是阅读和教学的终点，显然不是去揣摩那些文字，而是通过这篇文章切身地感受和了解周总理这个人—— 一个伟大的人。如果学生能读懂文章说了什么，但文章却达不到所期望的效用，那么这篇不那么适用的选文就可以被处理成“用件”，由这篇文章或者文章中的某些点触发，组织相关的听说读写活动以实现所期望的目的。窦老师对《一夜的工作》《邓稼先》《詹天佑》的教学设计或建议大概就是这样处理的，我以为也是合适的。如果有什么建议的话，那就是在语文教学中教师对围绕主题的活动要从怎样听说读写的方面加以必要的指点，比如围绕一个主题收集多种材料来“参读”，就是实用文阅读的一种很重要的方法。

也就是说，贴近小学生的生活而又指向切身理解的“主题”，在文学作品教学，是通过“悟文品字”；在实用文教学，是通过文章的指引或启示，有些时候也可以借助于相关的听说读写活动。文学作品把学生（读者）引向作品所营造的世界，实用文带领学生（读者）走向文章所指引的世界；这是文学和文章自身所起的作用，而不是阅读教学中对选文的一种处理方式。语文教材中的选文，似乎不独立存在“引子”这样一种类型或功能。

麻烦的是“杂文学”。如果在教学中既要“悟文品字”，又希望学生对所涉及主题（事物、现象等）形成自己的认识，处理不当的话，就可能导致一些紊乱。窦桂梅老师执教的《晏子使楚》在这方面就有值得斟酌的地方。

如果把《晏子使楚》看成历史故事，那么阅读和教学就是通过对这一文本的“悟文品字”，来理解和感受由文字所体现或隐含的“主题”；如果把它当作历史故事而涉及对晏子所做所言的评价，那么评价的依据似乎就不应该是《晏子使楚》这篇文章的文字表达，我们应该把这一历史事实放置在当代的视野中来观照。晏子的妙答谈得上是真正意义上的智慧吗？晏子使楚的外交胜利与国家真正的尊严无关吗？这样的问题，答案似乎不能从《晏子使楚》这篇文章里去找——历史学家和外交家并不是针对《晏子使楚》这篇文章提出上述问题的，《晏子使楚》的作者也并没有在这篇文章中试图回答这样的问题。

那么，窦老师在《晏子使楚》的教学中为什么要引进这样的问题呢？当然是为了“尊重”主题的有效实现，要借助于那两段引文的外力刺激，激起学生对这篇“文质皆美”的选文“悟文品字”。这就造成了尴尬的局面：提出一个指向文本之外的问题，却要在作品的文字表达中寻找这个问题的答案；或者这样表述，按文章阅读的方式提出了一个问题，却用文学阅读的方式来寻找这个问题的答案。作为一种教学的策略，作为一种引导学生透彻领会选文的手段，这似乎也没有什么不可以。然而，从阅读的角度，在阅读教学的意义上，这种方式是合适而正当的吗？

我是主张从教学内容角度观课评教的，为此开发了从教学内容角度观课评教的 9 级累进标准，其中有一条就是“教学内容与听说读写的常态一致”，就阅读教学而言，就是在课堂里所进行的阅读方式，要与人们阅读这个文本的通常方式相一致。[1]我认为，我国阅读教学的最大问题，就是阅读方式的变形乃至变态——除了语文教师的备课，除了语文课堂教学，除了语文考试，几乎没有人按那种方式阅读。比如《晏子使楚》，通常的情况，要么是按照文学故事的方式来阅读，要么是按照历史文本的方式来阅读，恐怕很少有人会按窦老师备课的那个方式阅读。在我看来，先提出一个指向文本之外的问题，然后在作品的文字表达中“悟文品字”，是一种很奇怪的阅读方式。窦老师反对“主题先行”，理由是“没有人理解文章时会按这种思路来感悟”[2]。那么对《晏子使楚》的阅读方式，有没有值得反思的地方呢？这会不会导致另一种形式的“主题先行”呢？

按文章阅读的方式提出问题，却用文学阅读的方式回答问题，先提出一个指向文本之外的问题，然后在作品的文字表达中“悟文品字”，这种阅读方式在中小学阅读教学中，尤其在广义散文的阅读教学中好像颇为流行。或者，语文教学需要这样的阅读方式？或者，语文教材有一类选文应该发挥这样的功能？我也借此向行家、向窦老师、向用这种方式来阅读和教学的语文教师们请教。

［附：课例及课文］

《晏子使楚》教学实录[3]

主题：尊重

步骤：对晏子的尊重，走向对人的“尊重”的思考；
对人的尊重，导向对国家的“尊重”的思考；
对国家的尊重，引向首要是自我尊重的思考。

---

[1] 王荣生．从教学内容角度观课评教（上）［J］．语文学习，2005（2）．

[2] 窦桂梅．梳理课堂——窦桂梅“课堂捉虫”手记［M］．南宁：广西教育出版社，2004：92-93．

[3] 原载《人民教育》2006 年第 2 期。承窦桂梅老师同意援用本课例。

第一课时

一、抓课题，隐含主题

生：背古诗。最后背《墨梅》。

师："不要人夸好颜色，只留清气满乾坤。"看你们，坐得大大方方、规规矩矩，说得更是字正腔圆。我呢，也是这样精精神神、大大方方地站在同学们面前。这样吧，彼此之间鼓励一下自己，我们送给自己牌匾上的一句话。（**出示：规圆矩方。学生齐读。**）

师：注意观察"矩"字，它和你平时写的有什么不同？

生："矩"的笔画都是横平竖直的。右边的"巨"里多了一点。

师：想象一下，为什么要在"矩"里多加一点？

生：是不是要强调自己规矩多一点？

生：是要告诉自己一定严格要求吧。

师：古人讲求"外圆内方"。这个"点"还特别强调自己要有真才实学，才能在这个世界上站得住脚。对外呢，要圆融，讲规矩，懂礼节。比如对这个人（晏子）——本来他叫晏婴，为什么称"晏子"？

生：古代对有贡献的人的尊称。

师：我是女性，假如窦老师是古代的值得尊重的人，那就叫我"窦子"？（**笑**）

生：啊，我明白了，是指古代对有贡献的男人的尊称。（**掌声**）

师：晏子的故事很多。

生：我知道《二桃杀三士》《越石父》。

师：还有《金壶箴言》等。同学们可以读读《晏子春秋》，你们会知道得更多。今天，我们就走进晏子的一个故事——"晏子使楚"。

师："使"是——（**生答"出使"**）；"楚"指——（**生答"楚国"**）。晏子作为使节出使楚国，双方一定要做到规圆矩方，比如晏子应该受到礼遇。然而，他得到尊重了吗？（**学生答"没有"**）

生：第一次，楚王让晏子钻狗洞；第二次，楚王冷笑齐国没人了；第三次，楚王讽刺齐国人在楚国偷盗。

师：但，不管怎么样，最后的结果呢？

生："楚王不敢不尊重晏子了。"（**板书该句话**）

师：尊重的意思就是——（**生依次说出"敬重""佩服"之意**）

师：那"不尊重"呢？

生：尊重！（**同学们"啊"了一声，该生一下子明白了**）是"瞧不起"的意思。

生：侮辱，蔑视。

师："不敢不尊重"呢？

生：尊重晏子了。

师：那就直接写了呗，为什么还要用上"不敢不"？

生：不能不尊重。（**教师让学生把"不能不"送进句子中变成"楚王不能不尊重晏子了"**）

生：楚王只好尊重晏子了。

生：楚王必须尊重晏子了。

师：那楚王佩服晏子什么呢？

生：读了这篇课文，我认为楚王是不得不尊重晏子的才华。

师：晏子的才华表现在哪儿？

生：表现在晏子说的那些话，也就是说楚王不得不尊重晏子能言善辩的口才。

二、抓文字，铺垫主题

师：那好，从三个故事中，任选一个，找出晏子的话，给大家读读，看看晏子的话给你什么印象。（**学生自由读，而后发言**）

生：我说说第二个故事中晏子的这句话——"这是什么话？我国首都临淄住满了人。大伙儿把袖子举起来，就是一片云；大伙儿甩一把汗，就是一阵雨；街上的行人肩膀擦着肩膀，脚尖碰着脚跟。大王怎么说齐国没有人呢？"甩一把汗，真的就下一阵雨？袖子举起来，真的就是一片云？用夸张手法啊。楚王不是说我们国家没人嘛，这样一来，楚王没话说了。

师：晏子的语文修辞手法用得真好。（笑）这是古文中晏子的话——"齐之临淄三百闾，张袂成阴，挥汗成雨，比肩继踵而在，何为无人？"后人从中概括了三个成语，结合课文，看看是哪三个。

生：有"张袂成阴"，意思是"大伙儿把袖子举起来，就是一片云"。有"挥汗成雨"，意思是"大伙儿甩一把汗，就是一阵雨"。

师：快把这两个成语写在课文相应的意思下面。一边写，一边记在心里。还有呢？谁再说？

生："街上的行人肩膀擦着肩膀，脚尖碰着脚跟"这句话就是"摩肩接踵"。（**另一个学生脱口而出：还可以说成"比肩继踵"**）

师：你怎么知道的？

生：我读别的书读到的，我平时看书看得多。

师：哎哟，你真用心。谢谢你给同学们提的醒儿，要多看书，注意积累。同学们赶快把这同一意思的两个成语写下来。也要工工整整地写，一边写，就一边记在心里啊。

生：在第二个故事中，晏子还说了这句话——"敝国有个规矩：访问上等的国家，就派上等人去；访问下等的国家，就派下等人去。我最不中用，所以派到这儿来了。”晏子的理由真充分，你想啊，先说我们国家的规矩，然后说我最不中用，最后呢，就得出结论——“楚国是最下等的国家”，所以只好我就来了。

师：晏子的话里有“所以”，既然有“所以”，那就必然有——

生：“因为”。

师：用上“因为”，说说这句话。

生：“因为敝国有个规矩：访问上等的国家，就派上等人去；访问下等的国家，就派下等人去。我最不中用，所以派到这儿来了。”

师：这个“因为”还可以放在哪里说？

生：“敝国有个规矩：访问上等的国家，就派上等人去；访问下等的国家，就派下等人去。因为我最不中用，所以派到这儿来了。”

生：晏子说话真有艺术，避免了“因为”的重复使用，语言不啰唆，还有道理。

生：我说第一个故事中晏子说的话——“这是个狗洞，不是城门。只有访问‘狗国’，才从狗洞进去。我在这儿等一会儿。你们先去问个明白，楚国到底是个什么样的国家？”晏子绵里藏针，他的言外之意是既然给我开了一个小门，像狗洞一样，那我就将计就计，把它说成狗洞，推理出楚国是狗国。

师：那就请你给同学们推理一下（**课件打出**）——“访问正常国家开城门，访问狗国钻（**狗洞**），楚国让我钻狗洞。所以楚国是（**狗国**）。”（**学生填出，大笑**）

生：我说第三个故事中晏子的话——“大王怎么不知道哇？淮南的柑橘，又大又甜。可是橘树一种到淮北，就只能结又小又苦的枳，还不是因为水土不同吗？同样的道理，齐国人在齐国能安居乐业，好好地劳动，一到楚国，就做起盗贼来了，也许是两国的水土不同吧。”晏子用生活中的现象说明环境水土不同，植物生长就不同的道理，人呢，也是这个道理。我觉得晏子的知识真丰富，拿这个比喻反驳楚王，挺好。

生：晏子的意思是楚国的风气不好，才使人变成盗贼。他没明着说，而是做了个比较，不能说是比喻。

师：这叫类比推理。后人把晏子的话当作典故。老师给同学们配的补充材料中就有这句话。

生：我知道了，是“橘生淮南则为橘，生于淮北则为枳”。（**教师让学生把这句话背下来，提示今后可以适当使用**）

师：请总评晏子的语言。

生：晏子口才非常厉害，口齿伶俐，能说会道。

生：晏子运用夸张、类比、打比方、推理等方法，让自己的语言有理有据。

生：晏子验证了一句话——“一人之辩，重于九鼎之宝；三寸之舌，强于百万之师。”

师：你可真会运用语言，读到补充材料上的这句话，在这里评价晏子，就不仅仅是积累这句话了，而是运用语言，表达你的观点。（**学生回过头来读“楚王不敢不尊重晏子了”时，语气很坚定**）

三、研文学，深化主题

师：然而，今天的一位外交官却这样认为（**课件打出**）：

　　晏子的语言，虽给人的感觉是有理有据，但感觉是在做语言游戏。逞口舌之能进行外交对话，谈不上真正意义上的智慧，也获得不了真正的尊重。——一位外交官

师：对此，你怎么看？请自己默读，静静地思考一下，发表如下观点。（**板书——赞成/不赞成/说不准**）

生：我说不清。这位外交官考虑外交的含义，晏子如果得罪了楚王，楚国和齐国之间就会有矛盾，所以，晏子必须说“绕口令”。不过外交官的话也有道理，晏子有点逞口舌之能。

生：我怀疑这位外交官有些忌妒晏子的才能。（**众笑**）

师：有意思，我相信，你理解的忌妒是说晏子在你的心中——

生：神圣不可侵犯。

师：人家有不同的意见，你就说是忌妒，是吗？（**教师的表情中带有不同意该生意见的意思**）

生：……是。（**学生挠头，不好意思了**）

师：我尊重你的意见，但，我更相信你的观点不一定代表最后的观点。

生：我觉得每个人说话是通过大脑来思考的。在那种情况下，他有智慧，才能说出一番话，我认为晏子的口才也是智慧。晏子能随机应变，把楚王说得哑口无言，最后不得不佩服晏子。

生：我赞成。晏子有做语言游戏的感觉，你想啊，真正的外交对话能那样吗？就是楚王逼的，要是我的话，我就保持沉默。

生：我不赞成。晏子不是在耍嘴皮子，他既为自己的祖国赢得尊严，又不伤害对楚王的尊重，他的做法令我佩服。要是我的话，我说不出来。那位外交官怎么能这样说呢？

生：我说不清楚。晏子说的的确是有依据的，显示出了自己的智慧，但外交官

说晏子“是在做语言游戏。……谈不上真正意义上的智慧”，什么是“真正的智慧”？也许外交官说的是对的，所以我说不清楚。

师：每个人都有发表自己见解的权利。我尊重你们的意见。有的同学不赞成，有的赞成，有的说不清。我们的确要思考：越说不清，就越需要我们说说看。如果说晏子的话感觉是语言游戏，那么，晏子的智慧肯定不仅仅停留在语言的技巧上，那么，晏子的真正智慧在哪儿？

师：好，让我们回过头来，再看看晏子说的这些话。我们先看这句话——“这是个狗洞……楚国到底是个什么样的国家？”晏子是怎么说那番话的？

（学生说，教师加上“晏子看了看，说”）

师：注意这个“看了看”，为什么不说晏子“想了想”，而是用了“看了看”？

生：这能表现晏子思维敏捷，随机应变能力强，压根儿就不用太长的时间想招儿。

生：不用想了想，只是看一下，眉头一皱，计上心来。

师：这“看了看”真的不一样哟，同学们再拿出《胯下受辱》。当无赖叉开双腿，让韩信从他裤裆下钻过去的时候，也是——

生：韩信也是“看了看”。

师：那么，晏子的“看了看”和韩信的“看了看”究竟有什么不同？

生：晏子“看了看”是想办法，韩信“看了看”也是考虑钻过去还是不钻过去。这受辱对晏子和韩信都是一种考验。不过，韩信看到的是无赖欺负他一个人，而晏子不仅看到楚王侮辱自己，还看到了楚王侮辱他的齐国。

师：你有多高？

生：一米四。

师：看课文，课文写晏子身高五尺。古代的一尺相当于现在的八寸。估算一下晏子多高？

生：一米四几左右。

师：“左右”用得好。晏子一米五不到，**（和该生的个头比较一下）**也就这么高。

生：晏子是矮了一点。**（笑）**

生：矮是爹妈给的，模样不好是天生的。你说我没学问，我可以学，但这样侮辱我，还借着我的个头侮辱我的国家，要是我，我会很愤怒。

师：可课文却是“晏子看了看”，没写出晏子的愤怒。

生：韩信虽然看了看，但他没像晏子那样反驳。因为韩信是一个忍辱负重、大智若愚，有非凡气度的人，他可能是把这件事当作给自己的一个锻炼。所以韩信能成为一个将领。**（教师顺势和学生读《胯下受辱》最后一段话）**

生：就是无赖在他的心里，根本不算回事。因为韩信有自己的志向，无赖只是针对韩信个人，所以凭韩信的性格，韩信忍受了侮辱。晏子呢，如果楚王的侮辱是针对晏子个人的话，说不定晏子也会像韩信一样做，可是，晏子清楚自己的身份是使节，所以，晏子不能像韩信那样忍气吞声，他选择了马上反驳。

师：好啊，从晏子的"看了看"，你看到了晏子的什么呢？

生：晏子真了不起，太有智慧了！

生：我觉得晏子的智慧是很冷静，而且勇敢。你看，他受到楚王侮辱后，镇定自若，看了看，就想出这么好的办法。

师：是啊，沉着是睿智的保证，勇敢是赢得尊重的前提。看似简单的"看了看"，让我们看到了小个子晏子的大智慧。也就是这"看了看"，才使晏子的话有了底气，这是超越了晏子脾气和性格的勇气！回过头来读这句话。（"**楚王不敢不尊重晏子了**"）

师：下面的两个故事中，晏子的语言背后，体现的智慧究竟在哪儿？请同学们自由选择，联系上下文读读晏子的话，看看这语言的背后究竟藏着什么力量。

第二课时

师：请同学们交流。大家注意倾听，看看他的见解与你有哪些相同和不同，可以补充，可以升华。

生：我说第二个故事。你看，楚王嘲笑齐国没人，就是说齐国没有人才，怎么派你这么个拿不出手的人来了呢。晏子是"拱了拱手"说，既是礼貌，又是不卑不亢。也许晏子"拱了拱手"时，正在低头想对策，但不让楚王发现。

生：还有，晏子是"装着很为难的样子"回答楚王的。这是故意的，让你楚王先得意，一会儿就让你哑口无言。同时，还是给楚王足够的面子。

生：再有，不但如此，晏子还说"敝国有个规矩"，不但把自己的国家放在低处，还要说，不但我讲规矩，我们国家也懂规矩，不像你，作为一个国王，竟然这样不懂规矩。

师：那意思就是晏子和齐国做到了"规圆矩方"了。很好。再读读晏子说这句话的前后表现，看你还发现了什么。

生：我发现了，晏子说这句话的时候是"故意笑了笑"。我认为晏子故意笑了笑，是晏子笑楚王太狂妄了。但只是笑，不是发脾气。这就不是正面讽刺楚王，他是拐弯抹角地讥笑楚王。

生：“故意”是说我们有目的地做给别人看的事，所以，刚才晏子是“看了看”，现在是“笑了笑”，说明他缓解紧张的气氛，笑得非常轻松。

生：晏子的笑也是自嘲呢。晏子承认自己个子矮，不中用，因为不中用的人才会派到下等的国家，所以说楚国是一个下等的国家。

师：而我们的国家人才多啦！用刚才学的成语，那叫——

生：张袂成阴，挥汗成雨，比肩继踵。

师：我们看了多少广告，你看那些形象代言人，什么飘柔洗发广告的靓女啊，什么雅戈尔西服广告的酷男啊，总之一句话，要做广告代言人，那得——

生：帅。而且要是国家外交官，更是风度翩翩。可晏子的个子就这么高，要形象，没形象，要个头，没个头。

师：楚王啊楚王，你笑吧，你冷笑，嘲笑吧，你不是说我不中用吗？这是敝国的规矩，就让我这不中用的人——

生：访问你这样的国家。（**大笑**）

师：我就笑着和你说，一点都不生气。（**笑**）大胆想象，当时晏子的表情会是什么样？

生：晏子一脸得意。

师：但没有忘形。那就请你得意地说。（**该生读“敝国有个规矩……”**）

师：表情没跟上去。注意，要通过声音让我们感受到晏子的得意，当然要有表情更好，这有促进思考的作用。（**该生真的得意扬扬地读起来。掌声热烈**）

生：幽默地笑。

师：我们可要听听你的幽默啊！（**生幽默地读起“敝国有个规矩……”，还加了笑声。掌声热烈**）

师：你的幽默富有创造，听你的声音，我们感受到胸藏大智慧的矮个晏子的笑声，真是一笑解千愁。

生：晏子是笑里藏刀。（**笑**）

师：这个词，我们要好好斟酌。你先想想，究竟笑里藏着什么。

生：我觉得晏子有点故意傻笑，他是装出来的。（**该生表演朗读**）

生：我觉得可能是冷笑，因为楚王你冷笑我，我的笑是反攻、回敬。

师：那就是说，这“冷笑”中是一脸严肃，请读。（**该生的朗读很有特色**）

师：就是这笑了笑，笑得那么轻松，那么潇洒，那么自信。谈笑间——

生：樯橹灰飞烟灭。

师：用今天的时髦词，那叫笑傲——

生：江湖！（**笑声**）

师：就是这笑了笑，我们感到，小个子的晏子也是潇洒倜傥，风度——

生：翩翩，气质非凡。（**掌声**）

生：晏子哟，才一米四左右，我很丑——但我很温柔，我魅力无穷。（**众大笑**）

师：刚才你说晏子笑里藏的是刀（**对着刚才说“笑里藏刀”的学生说**），晏子笑里藏着的究竟是什么？（**老师做了一个思考的表情**）

生：是晏子的智慧。

师：所以，晏子的话透着他的骨气！

生：我想谈第三个故事。楚王故意叫武士押着齐国的囚犯从晏子面前走过，想让晏子难为情。哪知晏子面不改色，非常冷静，而且用举例的方法反驳楚王，楚王又失败了。

师：好，晏子是“面不改色”说这些话的。你发现得好。晏子不改的是什么？

生：不改的依然是那份沉着和从容。（**让学生用沉着的语气说晏子的那句典故“橘生淮南……”**）

生：晏子一次次面对楚王的侮辱毫不胆怯，一次次维护自己国家的尊严。

生：不改的是他对国家那种热爱的情怀。当楚王这样侮辱齐国的时候，他面不改色地和楚王对话，可以说做到了有礼有节。

师：那就是说晏子由勇气，到骨气，上升到民族气节。

生：因此，我认为不改的是他作为使节的这一重大责任。

师：谢谢同学们给我的启发，我明白了。晏子还是原原本本的晏子，他什么都没有改变；是晏子的智慧和自重，赢得了尊严。晏子一次次受到侮辱，面不改色，谁改了？（**采取引读的方式**）第一次，楚王让晏子钻狗洞，结果只好——

生：吩咐打开城门，迎接晏子。

生：第二次，楚王冷笑说齐国没人了，怎么让晏子来。结果在晏子精彩的反击中，楚王只好陪着笑。

生：楚王说齐国人在楚国偷盗，晏子用类比推理，结果楚王只好赔不是。

师：相同一个“只好”，不同的是楚王越是侮辱晏子，就越一次次没面子，最后只好——

生：赔不是。

师：（**课件**）“我原来想取笑大夫，没想到反让大夫取笑了。”想象一下，楚王会怎么赔不是？

生：楚王苦笑着说——“我原来想取笑……”（**生苦笑着读**）

生：楚王叹了一口气说——“我原来……”（**生读略**）

生：楚王后悔地说——“我原来……”（**生读得很有味道**）

生：楚王惭愧地低下头说——“我原来……”（**生读略**）

师：堂堂一国之君，你为什么说人家惭愧地低下头说？

生：楚王能在大庭广众前承认自己的错误，说实话，楚王毕竟是一国之君呀！

师：好可爱的楚王，好难得的一国之君啊！（师用不同的语气范读，掌声热烈）

生：说不定楚王会说，我再也不狂妄自大啦，你真聪明，我认输啦！（一片掌声）

生：这是因为晏子真正做到了有理有据、有礼有节，才引发这个结果，不然楚王不会这么受教育的。

师：世上没有一边倒的真理，强者不可以恃强，弱者也不可以示弱。弱者赢得尊重，不是靠施舍，不是靠等待，需要靠个人的实力争取。正是晏子一点、一点地做到了规圆矩方呢。

师：我们感到，一个人（板书）要获得尊重，不仅要讲外在的道德智慧，更要有内在的实力。（回扣这句："楚王不敢不尊重晏子了。"教师把这句话的句号变成叹号。引导学生读出自己的味道。有的强调"尊重"，有的强调楚王的态度……）

师：晏子的使命最终胜利完成。虽然一波三折，但我们从中深深感受到，作为个人的他，赢得了历史的尊重，所以，参考书这样评价晏子使楚的意义——（课件）"晏子在这次外交活动中表现出的智慧，给齐国赢得了尊重。"

四、理文化，解构主题

师：然而，今天，一位历史学家对晏子使楚这样评价——

一个人的智慧不能代表国家的智慧；一次外交胜利并不能获得国家永久的尊重。"晏子使楚"与国家真正的尊严无关。——一位历史学家

师：这些观点你赞成吗？不赞成，还是说不清？请小组讨论，各抒己见。

生：这个历史学家说得对，只凭一个人的智慧怎么能挽救一个国家呢？人们应该享有和平，众志成城，合力对外。

生：只凭一个人的智慧远远不够，我觉得应该让晏子当老师，教齐国的人，让齐国人都聪明，这样齐国就会胜利。（众大笑后一片掌声）

生：晏子像编《孙子兵法》一样编一本书，把所有的语言记录下来，以便自己国家的人观阅、学习，让大家的语言都充满智慧。

生：我认为晏子很有智慧，并不代表齐国的每一个人都能像晏子这样有智慧，我尊重晏子而不尊重齐国。

生：晏子作为一个外交家，在外交方面他理应为自己的国家赢得尊严，但这是不够的。在外交领域，晏子做得很出色，这不能完全否定晏子的功劳，所以晏子赢得了这次国家的尊重是事实，不能说和国家尊严没有关系。

生：历史学家说的那句话，有的赞成，有的不赞成。前面我同意，比如说最后，可能历史学家从历史的长河来看，说没有“真正”地获得尊严，但是，不能苛求晏子，晏子做了他应该做的。

生：你想啊，历史会拐弯的。国王会变的，他的想法也得变，这个国家的情况就变了，这就和晏子没有关系了。但，想想历史学家的话有道理，但我也说不准。

师：各位从语文的角度、从思辨的角度等，多角度发表看法太了不起了。你们用智慧的大脑去分析、判断。让我们继续深入讨论，请同学们拿出《狼和小羊》。

师：这是我们早在二年级就学过的一篇寓言故事，今天重温，我想作为高年级的同学应该知道寓言所表达的含义。如果狼和小羊代表不同的国家或者个人——

师：“狼”指谁？

生：楚王。

师：小羊？

生：晏子。

生：是呀，小羊也像晏子一样有理有据、有礼有节地讲理啊！小羊也很有智慧。结果还是被吃掉了。这是为什么？无论小羊代表个人，还是国家，被吃的原因就是没有和狼对抗的实力，所以这时的智慧一点儿用都没有。

师：太好了，那晏子怎么就在这次外交上胜利了呢？快回过头来，读课文的第一句话——“春秋末期，齐国和楚国都是大国。”无论“春秋五霸”，还是“战国七雄”，齐国都是大国之一啊！结合《狼和小羊》，读了课文中的这句话，你发现了什么？

生：如果说齐国的这次外交赢得了尊重，那也有国家的力量在后面做支撑。所以，参考书上说赢得国家尊重，绝不能说是晏子一个人的功劳。也就是说，晏子这次的胜利不仅仅是因为他的外交，更是因为他的背后有一个强大的齐国在支持着他。

师：看来，国家（**板书**）获得尊重，不是靠一个人或一次外交，需要每个人的努力（**在“一个人”前面加“每”**），才能维护国家的尊严，才能彰显由内到外的实力。

师：看看历史学家的话，再看看课文结尾的这句话。既然晏子赢得了楚国的尊重，楚国又是大国，而且晏子代表的是国家，楚王尊重的应该是齐国，可楚王不敢不尊重的却是晏子这个人。如果你是楚王，请讲讲你为什么这么说。（**教师把黑板上的叹号变成问号**）

生：我首先尊重的是晏子，而不是齐国，因为晏子的才华使我非常佩服。

生：我尊重晏子，就是说我要让大臣们好好向人家晏子学习。

生：没有对晏子的尊重，哪来对齐国的尊重？！

师：看来，不管怎样，晏子个人赢得尊重是事实，这也是最重要的。因此，有一组同学讨论时这样说，请默读。

（甲）你以为晏子使楚最神圣的责任是什么？

（乙）还用我说吗？是晏子对齐国的责任。

（甲）晏子还有别的责任同这一样神圣。

（乙）咦？你说说，是什么？

（甲）是晏子对自己的责任。

（乙）噢，首要的是做一个有尊严的人。

师：你读出了什么？你的观点就可以作为课题的副标题。

生：如果连一个使节都没有尊严，那平民百姓又会怎样呢？所以要做一个有尊严的人，让楚国看得起齐国。

生：按理是“楚王不敢不尊重齐国了”，可“楚王不敢不尊重晏子了”，楚王尊重的是晏子这个人，这是为什么呢？因为晏子有尊严，所以才能得到楚王的尊重。

生：原来，楚王首先想到的是这个人，如果要实现班级、集体、国家等获得尊重，每个人首要的是做一个有尊严的人。

师：的确，每个人都努力做一个有尊严的人，在此基础上，才能谈得上班级、集体、学校，乃至国家的尊重。所以，首要的前提是——你必须首先做个有尊严的人，除此，才能谈到其他。

结束——

师：现在，我们每个人都有压力和竞争；对国家来说，国际风云变幻莫测。大到国家，小到个人，不管从哪个角度，首要的是先做一个有内在实力的人。现在，牌匾上的点虽然已经不写了，但这“点”要，而且必须要“点”到我们的心里。晏子和楚王发生的故事已经逾2500年。让我们用一首歌的歌词感谢这些千古人物给我们的这份沉甸甸的思考。

师：“黯淡了刀光剑影，远去了鼓角铮鸣。眼前飞扬着一个个鲜活的面容。湮没了黄尘古道，荒芜了烽火边城，岁月啊，你带不走那一串串熟悉的姓名。……历史的天空闪烁几颗星，人间一股英雄气在驰骋纵横。”（**伴着乐曲，教师一边深情地唱词，一边擦黑板，最后留下“尊重”**）

师：这英雄气是——

生：尊重。（**教师演唱《三国演义》的片尾曲结束本课的教学**）

晏子使楚

春秋末期，齐国和楚国都是大国。

有一回，齐王派大夫晏子去访问楚国。楚王仗着自己国势强盛，想乘机侮辱晏子，显显楚国的威风。

楚王知道晏子身材矮小，就叫人在城门旁边开了一个五尺来高的洞。晏子来到楚国，楚王叫人把城门关了，让晏子从这个洞进去。晏子看了看，对接待的人说："这是个狗洞，不是城门。只有访问'狗国'，才从狗洞进去。我在这儿等一会儿。你们先去问个明白，楚国到底是个什么样的国家？"接待的人立刻把晏子的话传给了楚王。楚王只好吩咐大开城门，迎接晏子。

晏子见了楚王。楚王瞅了他一眼，冷笑一声，说："难道齐国没有人了吗？"晏子严肃地回答："这是什么话？我国首都临淄住满了人。大伙儿把袖子举起来，就是一片云；大伙儿甩一把汗，就是一阵雨；街上的行人肩膀擦着肩膀，脚尖碰着脚跟。大王怎么说齐国没有人呢？"楚王说："既然有这么多人，为什么打发你来呢？"晏子装着很为难的样子，说："您这一问，我实在不好回答。撒个谎吧，怕犯了欺骗大王的罪；说实话吧，又怕大王生气。"楚王说："实话实说，我不生气。"晏子拱了拱手，说："敝国有个规矩：访问上等的国家，就派上等人去；访问下等的国家，就派下等人去。我最不中用，所以派到这儿来了。"说着他故意笑了笑，楚王只好陪着笑。

楚王安排酒席招待晏子。正当他们吃得高兴的时候，有两个武士押着一个囚犯，从堂下走过。楚王看见了，问他们："那个囚犯犯的什么罪？他是哪里人？"武士回答说："犯了盗窃罪，是齐国人。"楚王笑嘻嘻地对晏子说："齐国人怎么这样没出息，干这种事？"楚国的大臣们听了，都得意扬扬地笑起来，以为这一下可让晏子丢尽脸了。哪知晏子面不改色，站起来，说："大王怎么不知道哇？淮南的柑橘，又大又甜。可是橘树一种到淮北，就只能结又小又苦的枳，还不是因为水土不同吗？同样的道理，齐国人在齐国能安居乐业，好好地劳动，一到楚国，就做起盗贼来了，也许是两国的水土不同吧。"楚王听了，只好赔不是，说："我原来想取笑大夫，没想到反让大夫取笑了。"

从这以后，楚王不敢不尊重晏子了。

补充材料一：胯下受辱

一天，韩信在街上闲逛。一个无赖少年迎面挡住韩信的去路，故意侮辱他说："韩信，你平时腰里总挂着个宝剑，能干什么用？别看你是高高的个头，其实不过是一个外强中干的懦夫。"围观的人都哈哈大笑起来。那无赖见状，更加得意："你如果是条汉子，不怕死，就拿剑来刺我。如果你没有这点勇气，贪生怕死，就从我的裤裆下钻过去。”说着便叉开两腿，作骑马式，立在街上。韩信看了看那个无赖，虽然感到很难堪，最后还是忍气吞声地伏下身子，从那无赖的胯下钻了过去。在场的人哄然大笑，那无赖也显得神气十足。但韩信却像什么事情都未发生似的，起身而去。

于是，这件事成为当时淮阴家喻户晓的笑谈。

补充材料二：狼和小羊

狼和小羊碰巧同时到一条小溪边喝水，那条小溪是从山上流下来的。

狼非常想吃小羊，可是它想，既然当着面，总得找个借口才好。

狼就故意找茬，气冲冲地说：“你怎么敢到我的溪边来，把水弄脏，害得我不能喝？你安的什么心？”

小羊吃了一惊，温和地说：“我不明白我怎么会把水弄脏。您站在上游，水是从您那儿流到我这儿的，不是从我这儿流到您那儿的。”

“就算这样吧。”狼说，“你总是个坏家伙，我听说，去年你在背地里说我的坏话。”

“啊，亲爱的狼先生，”可怜的小羊喊道，“那是不会有的事，去年我还没出世哪。”

狼觉得用不着再争辩了，就龇着牙咆哮着，逼近小羊，说：“你这个小坏蛋！说我坏话的不是你就是你爸爸，反正都一样。”说着就扑到小羊身上，抓住它，把它吃掉了。

补充材料三

1．孔子曰：“恭而无礼则劳，慎而无礼则葸，勇而无礼则乱，直而无礼则绞。”（意思是说，恭顺无礼就劳累，谨慎无礼就懦弱，勇敢无礼就莽撞，直爽无礼就尖刻。）

2．晏子对曰：“齐之临淄三百闾，张袂成阴，挥汗成雨，比肩继踵而在，何为无人？”

3．“一人之辩，重于九鼎之宝；三寸之舌，强于百万之师 。”

4．“橘生淮南则为橘，生于淮北则为枳。”

八、探求课例的课程论意义

——郭初阳老师《愚公移山》研讨

郭初阳老师执教的《愚公移山》，是一堂很富于冲击力的课。这不仅仅指课堂教学的现场效果，还指对语文课程与教学来说，《愚公移山》提出了一系列极具挑战性的理论问题，需要我们去面对。对这堂课，我想从以下两个方面进行评议：关于文本解读；关于课程实施。

（一）关于文本解读

1. 对阅读取向的审议

在《语文科课程论基础》里，我专门讨论了语文课程中的听说读写取向问题。[1]在我看来，语文课程不但在总体上有“面向何方”的总取向问题，而且其中的构成元素——听、说、读、写，分别也有“哪种方式”的取向问题。具体到阅读，取向问题也就是阅读的方法论问题，按照伽达默尔理解与解释一体化的观点[2]，也就是文本的解读方式问题。“哪种方式的阅读”，或者说“哪种阅读”，我以为是阅读教学的前提性问题。

在《语文科课程论基础》里，我还论述道：目前在语文教学实践中，至少混杂着四种取向的“阅读”。①概括段落大意和中心思想、寻求“思考和练习”“正确答案”的“作业者”取向；②以分析课文形式方面为主，归结为生词、语法、修辞、章法（结构特点、语言特色等）的语文教师“职业性阅读”取向；③遵循2000年《语文教学大纲》，以“诵读”为主要样式的“鉴赏者”取向；④2001年《语文课程标准》所倡导的“感受性阅读”，在教学中表现为对“讨论法”的倚重。相信在目前实验区的阅读教学中，不少语文教师正在经历着“鉴赏者”取向与“感受性阅读”，乃至与习惯了的“作业者”、语文教师的“职业性阅读”方式进行激烈争斗的煎熬；而许多学生正在学习着相互冲突、相互干扰的阅

---

1 王荣生．语文科课程论基础［M］．北京：教育科学出版社，2014：146-171．

2 洪汉鼎．诠释学——它的历史和当代发展［M］．北京：人民出版社，2001：220-221．

读姿态和方式，因而正在形成一种混杂的、无所适用的“阅读能力”。[1]

写作《语文科课程论基础》时，我的立足点是“课程”，着重讨论的是语文课程目标的分析、语文课程目标与课程内容的关联、语文课程内容的教材呈现。取向问题，当时是作为蕴含在语文课程与教学目标中的一个成分提出来的，它与“教育政策”“文化意识”“知识状况”等成分胶合，而在研究状态中予以相对的分离。因而在讨论语文教学中听说读写取向时，我主要关注的是“能力”的培养问题：“在讨论培养能力的教学之前，我们有必要事先查明，希望学生现在或将来所从事的，是哪种方式的听、说、读、写活动；这样，我们才能明了，要培养学生的，究竟是些什么样的能力，才能接下来去研究怎样去培养这些能力等一系列的课题。”[2]

也就是说，在讨论听说读写取向这一章里，我没有凸显取向的意识形态性。尽管在该著作的其他地方，我反复申明听说读写的“方式”乃至所有的语文知识，同时需要从教育政策和文化意识的角度来观照：比如阅读教学中所训练的按一定套式“归纳中心”的技能、写作教学中所练习的按一定套式“构思作文”的策略，都不可避免地同时在练习着对待语言文字、对待人生社会的一种态度、一种认识方式。“技能”“知识”，这些通常被指认为“工具性”的东西，在语文课程与教学中，不是也不可能是“单纯的工具”。[3]

在我看来，学生以何种方式阅读，是被我们的阅读教学所“构造”的，在很大程度上取决于语文教师的阅读方式，尤其是语文教师在教学中所体现的阅读方式。学生为语文教师所教的“阅读”是特定方式的阅读，其中蕴含着意识形态。

但是，取向问题长期被遮蔽，甚至被有意地隐瞒了。语文教师对自己的阅读，对自己在备课时的阅读，对自己在教学中实际对学生实施“构造”的阅读，对它具体所体现的“能力”及具体的知识和技能，对它所蕴含的特定意识形态（即通常所说的“人文性”），木然不知。人们似乎以为大家在谈论的都是同一种听、说、读、写，更经常地，是把当下的取向或者自己所主张的取向，视为理所当然。直到今天，还有一些捂住两耳、蒙住双眼的人，到处鼓吹“自然阅读”“原生态阅读”等。

我写书、写文章，是想唤起语文教师、语文教育研究者乃至全社会来关注听说读写的取向问题，我认为在语文课程与教学的研究中，包括课程目标的制定、教材的编撰和教师的教学实践，应该把取向问题放在桌面上来讨论、去审议。但现在看来，写书、写文章的声音是微弱的。我说郭初阳老师执教的《愚公移山》很富于冲

---

[1] 王荣生．语文科课程论基础［M］．北京：教育科学出版社，2014：217.

[2] 王荣生．语文科课程论基础［M］．北京：教育科学出版社，2014：146.

[3] 王荣生．语文科课程论基础［M］．北京：教育科学出版社，2014：86.

击力，其中有一点就是指它把长期遮蔽的甚至有意隐瞒的阅读取向问题，生动地、尖锐地抛在了众目睽睽之下。是哪一种阅读、主张哪一种阅读、能容忍哪一种阅读等问题，现在终于被大家看到了，或者说，再也不能假装看不见了。

然而取向问题也并不是自然而然就能被“看见”的。正如心理学告诉我们的，你想看什么才能看见什么，“看见”需要先有“思想”。据说，郭初阳老师的《愚公移山》，与他所执教的《珍珠鸟》《祖国啊，我亲爱的祖国》，以及干国祥老师执教的《斑羚飞渡》等课一样，引起了激烈的争执，有慷慨激昂反对的，有欢呼雀跃拥护的，也有充满同情宽容的。但种种见解似乎都围绕着课文的解读结论：一方说，“愚公”不能被丑化；一方说，“愚公”就是有点毒辣和可怕；另一方说，《愚公移山》反映了中国人的“老人崇拜”，这好像也有点道理。对一堂富于冲击力的课，仅仅在其解读结论上就事论事，我以为是很不到位的；何况正如我下面要分析到的，教师未必要坚守什么结论，教师的解读结论在课堂教学中也未必一定能够转化成学生们的观点。我们需要严肃面对的，是郭老师以何种方式来解读《愚公移山》，是其解读方式是否符合学理，是这堂课所体现的阅读取向。

2. 对解读方式的审议

为了评议这堂课，我上网查了相关的资料，键入“愚公移山　教学”，发现居然有4000多个网页，还不包括相关的搜索条目，打开了几个教案或教学实录，才知道让学生“讨论”愚公该移山还是该搬家，早已有之，而且愚公是好人还是坏人那种没谱的打打闹闹似乎还挺有市场。但郭初阳老师执教的《愚公移山》是有谱的，而且是“语文”的谱，它是执教者所主张的“另类”文本解读方式自觉地、系统地实践。这从课例的教学设计（尤其是对学生思考线路的诱导性提问）和执教者精心准备的“阅读材料”中，就可以看得十分清楚。

这种“另类”方式，他们归于“解构”的名义。不过根据我对解构主义和德里达著作的粗浅理解，我觉得郭老师们所张扬的“解构”，其含义可能仅仅是借此名义来表明自己的一种姿态，正如德里达所说：“解构是一种介入伦理及政治转型的姿态”“从这个角度讲，解构一直都是对非正当的教条、权威与霸权的对抗”[1]。具体到语文课程的阅读教学，郭老师们所主张的是：“必须对自觉或者不自觉的谎言（如《珍珠鸟》）进行解构。”[2]如果事情是这样的话，那么我倒建议对“解构”这个词保留必要的敬畏，而另寻其他的说法来更贴切地描述那被主张、被实践着的

[1] 德里达．书写与差异［M］．张宁，译．北京：三联书店，2001：15-16．

[2] 干国祥．成为课程开发者——语文教师专业化之路思考［J］．中学语文教与学，2004（12）．

“另类”解读。

也许可以借用韦内·布斯的“过度理解”。在《为“过度诠释”一辩》中，卡勒转述了布斯的见解：文学批评可以区分为（适度）理解和过度理解，（适度）理解就是问一些可以在文本中直接找到答案的问题，比如“从前，有三只小猪”这句话要求我们问的问题是“接下来发生了什么事情？”，而不是“为什么是三只？”。过度理解则是问一些作品文本并没有直接向“标准读者”提出来的问题。[1] 布斯认为，问文本并没有鼓励你去问的问题，这一点对诠释（即理解、即阅读）来说可能非常重要，而且极富于创造性。为了探究“过度理解”的意义，对“从前，有三只小猪”的故事，布斯问道：你想用这个关于三只小猪与一只恶狼的、看来完全是讲给小孩们听的天真小故事来表达关于那个保存了你、与你心心相印的“文化”的什么东西呢？关于创造了你的那个作者或民间集体作者的潜意识的梦？关于叙事悬念的历史？关于白色人种与黑色人种之间的关系？关于大人物与小人物、有毛与无毛、瘦与肥？关于人类历史的三合一模式？关于圣父圣灵圣子三位一体？关于懒惰与勤奋、家庭结构、民用结构、节食与减肥、正义与复仇的标准？卡勒总结说，如果认为（适度）理解只是对“文本意图”（与“作者意图”是两个概念）的重建，那么上述这些问题想问的是“本文做了什么”“它又是怎样做的”：它怎样与其他文本、其他活动相连，它隐蔽或压抑了什么，它推进着什么或与什么同谋。

《愚公移山》《珍珠鸟》等课例，从阅读方式上看，有点像“过度理解”。也就是说，郭初阳老师的《愚公移山》《珍珠鸟》等，所实践的阅读方式，是把教材里的这些选文，当作我所界定的“用件”，是把《愚公移山》《珍珠鸟》等当成“引起议题文”来用，通过“对自觉或者不自觉的谎言进行解构”，表达“一种介入伦理及政治转型的姿态”。郭老师在这堂课最后所说的那句话，尤其是我在引用时改为黑体的几个词语，清楚地表明了这一点：“愚公这个**话题**，还可以继续**引发**我们的**思考和讨论**”。

当然，将郭老师的《愚公移山》《珍珠鸟》所实践的阅读方式与“过度理解”相类比，未必能够完全描述出郭老师们所主张的“另类”阅读，也有拔高之嫌。

那么与阿尔都塞的“症候阅读”联系如何？在《问题式、症候阅读与意识形态》一书中，张一兵介绍了阿尔都塞的“症候阅读”[2]：阿尔都塞是从“无辜的阅读”和“有罪的阅读”这两个概念进入讨论的，所谓“无辜的阅读”（或者译为“清白的阅读”），指日常生活经验层面的那种理想化的“直接”阅读（有点类似现在有

---

1 卡勒．为“过度诠释”一辩［M］// 艾柯，等．诠释与过度诠释．北京：三联书店，1997：140-142．

2 张一兵．问题式、症候阅读与意识形态［M］．北京：中央编译出版社，2003：64-73．

人鼓噪的“自然阅读”“原生态阅读”)，假设在阅读中将不加任何外来因素地直接“看到”作者所表达的全部东西。阿尔都塞认为，“凡阅读必定有罪”，无辜必是虚妄，这就是阅读的意识形态的本质。也就是说，任何人的阅读只是在一定的知识背景或生活阅历中负载自己主观投射的“看”，“没有一种阅读不包含着（至少是含蓄地）决定阅读性质的一种理论”。（如果我没有理解错的话，这与我所说的“阅读总是特定取向的阅读”有一致的含义。）任何阅读都是“有罪的阅读”，阿尔都塞说，他所求的是一种“有道理的罪过”，并且要证明它的必然性，以此来捍卫它。阿尔都塞所说的“有道理的罪过”，指他所主张的“症候阅读”，即把文本明确的论述与文本未曾言明的论述——那些“欠缺部分、空白点和沉默之处”，结合起来读，文本的“欠缺部分、空白点和沉默之处”，这些就是“症候”，它们往往是作者所无意识形成的，而症候阅读“意味着把隐匿的东西表现出来”。

《愚公移山》《珍珠鸟》所实践的阅读方式，看来比较像“症候阅读”，尽管阿尔都塞的观点属于“结构主义”，而将三五个课例与阿尔都塞并列，显然是拔得过高了。

那么“必须对自觉或者不自觉的谎言（如《珍珠鸟》）进行解构”，究竟是一种什么样的阅读方式呢？或者，《愚公移山》《珍珠鸟》仅是特例，执教者所追求的其实是“如何新翻杨柳枝”（郭初阳《项链》教案导言）？其实是“来重新打量这首诗”（郭初阳《祖国啊，我亲爱的祖国》教案导言）？其实是“文本解读的别的可能性”（郭初阳《愚公移山》教案导言）？也就是说，并不存在自觉、系统的“另类”文本解读方式，动机其实只是求新、求异（相比较“教学参考书”或“平常”的教学），因而执教者读出“新义”的每篇课文，其实都是个案化处理的，因而我们也需要个案地审议其处理的合理性、合法性。

我认为，作为一种社会的公共事业，语文教学中的听说读写取向必须加以彰显，而对取向的任何主张，我们有权利要求主张者做出学理的陈述。这种要求不仅仅针对郭老师的《愚公移山》，而且包括所有语文教师所执教的所有语文课。也就是说，语文教学中的听说读写取向，是必须“有道理”的，并且必须证明其“有道理”。

（二）关于课程实施

1. 课程的“语文”，还是教师的“语文”

从语文课程与教学的观点看，问题还不仅仅是彰显被遮蔽、隐瞒的取向，或者要求对主张做出学理的陈述；我们还必须考察这种或那种取向与课程目标的关系。然而要考察取向与课程目标的关系，前提是对语文课程目标——尤其是阶段目标的相关条目，有确切的解释。而这样的前提我们目前似乎还不具备。因此，我无能分析《愚公移山》这堂课所体现的阅读取向与语文课程目标的关系。因此，我也不能认同对这堂课所体现的阅读取向的任何赞赏或者反对，除非他们能进行上述的分析。

语文教学大纲过于笼统早已为人诟病，条目可以随意解释导致过去的语文教学大纲几乎失效（许多语文教师从来没有见过大纲）。这种情况现在有所改变，语文课程标准为此做出了很大的努力，新课程标准的宣传和教师培训也很有力度。但是，阶段目标许多条目的文本含义尚缺乏确切的解释，理解因人而异的现象仍相当严重地存在着。这带来了很大的问题，人们在许多情况下难以把握所实施的教学内容是否合理、是否合法。

事情本来应该是相当清楚的：即使是能够做出学理陈述因而是“有道理”的阅读取向，也不是全部都能够进入中小学的语文课程。相关条目无确解，致使人们在许多时候难以判断什么能够进入而什么不能。事实上，我们的语文课程，在很大程度上一直是语文教师“我认为”“我喜欢”甚至“我就这样”的课程。在评述著名语文特级教师魏书生老师的一篇文章里，我指出：其实，将个人性的“师之法”移交给学生，本来就是现行语文课程中的常态，只不过多数语文教师是不自觉地在做，由于不自觉，多数也做得相当糟糕。[1] 在 20 世纪 80 年代开始的语文教学改革实践中，许多优秀教师创立“教学模式”的路子，也是自觉地用自己的“师之法”来改造占主流的教师们的“师之法”，出发点也多是“我喜欢”“我觉得”，尽管在后来不断添加理论为其佐证，像魏老师对“六步法”“四遍八步阅读法”一样。关于个人性的“师之法”，过去我们用“语文教学的个性特点是很突出的”来解释，但这种解释是不对头的，而且制造了一个陷阱，使我们想不到要去问：学生学的到底是语文课程里的“语文”，还是语文教师的“语文”？

在我看来，这一提问至关重要。在我看来，问题的答案确定无疑。语文教师当然是教语文课程，学生当然是学语文课程里的“语文”。所谓教语文课程，所谓学语文课程里的“语文”，也就是教学的内容要“有道理”且足以达成语文课程与教学目标。但正如对听说读写取向关注的呼吁一样，我这两个“当然”的认定，声音是微弱的，至今还很少有人把“谁的语文”当成问题。现在，郭初阳老师富于冲击力的课，他所执教的《愚公移山》《珍珠鸟》等，鲜明地、尖锐地呈现出了“谁”这个问题，并且迫使人们去思考语文教学中的“教师风格”或“教师个性”。

在语文教学内容这个含义上，“教师风格”或“教师个性”，指的是教师对语文

---

[1] 王荣生．语文课程与教学内容［M］．北京：教育科学出版社，2015：371-372．

教学内容的选择与创生，即在语文课程与教学内容研制严重落后的情况下语文教师对教学内容所做的创造性开发，或者说，是教师“实践性知识”的显现。显然这里有两面性。在语文课程与教学内容研制严重落后甚至空缺的情况下，应当鼓励教师的创造性开发；即使在课程与教学内容研制相当齐备的情况下，也应该大力张扬教师的“实践性知识”。“教师即课程”，无论是导向还是现实，我们都应该把这作为基点。但是，开发和张扬是有界的，教师并不能代替课程，或者篡改课程。有界，意味着“有道理”，意味着对课程与教学目标的达成；不能代替或篡改，意味着教师对教学内容的开发需要审议，意味着教师的“实践性知识”需要反思。即使是在教学方法这个意义上，“教师风格”或“教师个性”也不是“我是这样，我就这样”，也有个“有道理”的问题，也有适应具体学生学习风格的问题，也需要审议，也需要反思。

我们面临的问题其实相当棘手。一方面，语文课程内容的研制严重落后乃至空缺（不知道该教什么）；另一方面，课堂里的语文教学内容随意性过大（不知道在教什么）。一方面，语文教学内容的“教师风格”或“教师个性”显著而需要对其合理性、合法性进行审议反思；另一方面，语文课程标准的阶段目标的许多条目的文本含义尚缺乏确切的解释。在我看来，出路在于语文课程目标和“教师风格”或“教师个性”，语文课程内容研制和语文教学内容审议反思，双向或多向的互动。其中的一个方向，就是用体现“教师风格”或“教师个性”的“好课”来确解课程标准的目标乃至修正目标。也就是说，把过去和现在的一堂堂“好课”当成一个个“判例”，用哪些“好课”符合目标、哪些与目标有差异但应该进入、哪些不符合目标但可以接受、哪些违背目标等情况做具体的分析，从而使课程目标得到相对确切的解释，并做必要的修正。

2. 对教学内容的审议

郭初阳老师的《愚公移山》，有足够的资格成为一个“判例”，因为它满足一堂“好课”的标准。语文“好课”的标准，我称之为“最低标准”[1]，也就是在不考虑教学内容与课程目标关联性的情况下，就课论课（从上课铃响到下课铃止）而提出的“好课”（区别于“坏课”）标准。语文课“好课”的最低标准，是要有合宜的教学内容：①教师对自己的教学内容有意识，即知道自己想教什么、在教什么，并且知道自己为什么教这些内容。②一堂课的语文教学内容相对集中因而使学生学得相对透彻。

---

[1] 王荣生．合宜的教学内容是一堂好课的最低标准［J］．语文教学通讯：初中刊，2005（1）.

我是从语文教学内容的角度来分析语文课堂教学的，提出“最低标准”，是鉴于我们的语文教学中“坏课”实在太多，尽管这些课相当生动甚至十分机巧。但“最低标准”只能满足于对教案、教例静态的、定性的分析，由于立足点是教师的“教”，因而还不足以描述课堂教学中“教”与“学”的张力以及“教”的种种复杂情况。我想借《愚公移山》，将研究往前推进一步。

郭老师教《愚公移山》时，显然知道自己在教什么，并且为什么教这些。但在我看来，其中也有些含混的地方，需要提出来讨论：这堂课，是教《愚公移山》这篇课文，还是教《愚公移山》的一种“另类”的解读方法？换句话说，学生是“学”教师对这篇课文的解读结论，还是学习一种“另类”的解读方法并据此由自己探询文本或者“引发思考和讨论”？这个问题还可以从课堂中的学生活动这个角度来提出：学生的口头应答和反应，是以回答教师所组织或诱导的问题为主，还是努力采纳一种“有道理”的方式来表达自己的体验？

阐释结论与解读方式，在那些频频上出“坏课”的教师身上往往是分裂的，而对上出“好课”的语文教师来说，它们则胶合在一块，不过是同一件事情的两个侧面。因为能上出“好课”的语文教师对文本的阐释结论，是自觉地用一种“有道理”的解读方式得出的。但是，对语文课程与教学来说，教师在课堂中所关注、所展现的是结论这一侧面还是解读方法这一侧面，实际上会构成不同的课程与教学内容。对学生的学习来说，由于很难同时注意到教师所呈现的侧面和所隐蔽的另一侧面，在还不能熟练地运用教师欲教的解读方式之前，阐释结论与解读方式在他们身上往往也是分裂的。我们就《愚公移山》来做点具体分析。

教学内容 1：从“山”“人”“过程”“结局”这四个抓手，把握课文的总体内容，了解民族的硬朗精神。

课堂所展现的显然是结论的侧面，因而学生的学习活动就是回答教师所组织的 4 个问题。为什么要思考这 4 个问题呢？这就牵涉到解读方式，这 4 个问题指向记叙文的要素，因而是阅读这篇文章的抓手。解读方式处于背面在这里是好理解的：一则学生已经学过，二则这个步骤主要是个预热，以逐步引出下面重点要教的内容。

教学内容 2：指出《愚公移山》与《夸父逐日》《精卫填海》的共同点，从“人数”“外援”“结局”三方面比较它们的不同点。

所关注的仍然是结论的侧面，而将“症候阅读”十分注重的“比较”方式隐藏在背面。为什么要从这三方面做比较呢？对此不予追究似乎也可以理解。

教学内容 3：澄清“愚公是怎么认为的”而将视点引到“亡以应”的智叟。

这是一个过渡的片段，尽管为什么要把视点落在智叟身上本来也可以讨论。

教学内容 4：仿拟智叟，在两个地方继续“反对”的“发言”。

为什么要仿拟智叟“永远做一个反对者”？这是一个必须予以关注的问题，因为它切入了“症候阅读”的关键，成为赖以揭示文本的“欠缺部分、空白点和沉默之处”所“隐匿的东西”的关键。然而教师把增补的两次发言机会理所当然地赠送给了智叟，因而学生也理所当然地应答老师所诱导的问题。在这里，学生的阐释结论（观点）与解读方式（思考方式）明显地呈现分裂。学生的仿拟，与其说“有道理”，毋宁说是按照教师所规限的“反对”要求而进行的比较随意的即兴发言。其中有碰巧与教师的构想合拍因而教师点头并重申的，比如教师重申“第一，血缘的不断。第二，思想的不变”。也有与智叟的智商明显相距甚远因而教师也好像不知道该如何应对的，比如“不要忘记地球还在不断地进行造山运动”“掠夺性开发”等。

教学内容 5：按张远山（智叟？）的立场来“评价愚公这个人”，以当事人（受害的现代人？）的身份来“评价愚公这个人”。

为什么“假如智叟来做总结”？为什么“假如愚公早就料到帝会‘感其诚’”？为什么“假设‘时至今日，尚未休矣’”？为什么“而今的你”就一定是这副样子？为什么继续挖山就必定是“受罪”？如果不交代这些，而让学生沿着教师所规划的线路应答教师所诱导的问题，就像一家当地报纸对《愚公移山》的现场采访录所说，此时“学生的回答更加天马行空”[1]。那么教师在教什么呢？学生在学什么呢？将基于现代生活的学生与“愚公”的“对话”，跟后面所展示的凭借西方文化来解读《愚公移山》的那两位外教的言论相比较，应可以看出“有路数”和“没路数”的区别。是不是本来就想让学生不顾路数地“思路打开来了”？我们是不是先要教点“路数”而不只是用下发材料的观点来影响或暗示学生的思考？语文教学是不是要凸显解读方式这一侧面，哪怕是“另类”解读？文章解读的关键，难道不是在该问问题的地方会问问题吗？

教学内容 6：参考两位外教对《愚公移山》的评议以及下发的“阅读材料”，“探究愚公移山故事的文化内涵”——“聪明的中国人为什么会对这样一个疯狂的愚老人津津乐道？”

针对这个片段的教学，我想从另外的角度来讨论，因为出现了新情况。

3. 教师的“教”与学生的“学”

教学内容 6 的教学出现了三个新情况：

（1）学生似乎忘记了刚才关于一系列“假如”的讨论，许多学生乃是按“励志

---

[1] 金璐．愚公移山与语文变法——我市初中语文优质课展示现场实录［N］．金华日报，2004-10-30.

故事”的解读方式来展开“探究”，就像郭老师所感觉到的，“回到了我们这节课的开头”。

（2）与前面一系列“假设”的讨论相比较，学生的论述系统性突然增强了许多，如果排除事先准备的情况，有理由推测是前面两位外教“讲道理”的论述方式影响了学生。值得注意的是学生并没有认同外教的观点，郭老师在引文上打黑体的词句，比如“指望他的家人”“运用的是体力，而不是脑力”“愚蠢的老头”“疯狂的老头”等，这些词句及其所蕴含的意思，学生在后面的陈述中均未提及。

（3）有些学生有选择性地参考了下发的“阅读材料”，而所选择的点与教师所意图的有差异。比如一位同学说到“中国相对来说比较人性化”“孝字当先”，子子孙孙努力帮助完成老人的遗愿“很符合常理”，郭老师紧接着就按自己的解读方式（从强调处读出意味）牵引到“我们都喜欢儿孙满堂”“中国人注重血缘”。再比如学生提到“愚公是个老人，是最重要的”，郭老师马上就牵领到“他一说话，下面的子孙就没有人表示反对意见”，而学生对“老人崇拜”的理解却是“更有教育意义”，在人一生中最弱的时期去移山“可以显出他志向的远大”。

上面三个情况很有意思，有兴趣的教师可以再做更细致的研究。郭初阳老师的《愚公移山》，对研究来说是个很理想的课例，它鲜明而生动地呈现了语文课堂教学中“教”与“学”的张力以及“教”的种种复杂情况。这堂课给我的感觉是：教师按自己的解读理路阐释文本的意图非常明显，但似乎在学生身上没有显效；教师在这节课设计最巧、用力最猛的地方，即由一系列“假如”牵引的讨论，也许对学生的阅读行为并不产生实质性的影响。换句话说，内容 4 和内容 5 的教学，按高标准看很可能是不成功的，它根本就没有实现郭老师在教案里所允诺的“懂得真理的相对性”，在这两块里，学生的应答甚至很难说与“真理”发生了关系。

阅读《愚公移山》教学实录，我一直试图想象上课的情景，我关注学生的现场感受，尤其想知道他们在若干天之后心中所驻留的东西。我希望学生能告诉我：我的上述感觉是错误的。我也希望我们今后的课例研究能够延伸到学生们的实际收获，对公开课做中长期的具体评估。我认识到，联系学生中长期的实际收获，课例研究才是完整的研究。

［附：课例及课文］

《愚公移山》教学实录[1]

师：同学们好！

生：老师好！

师：请坐，很高兴我们今天一起来学一篇课文——《愚公移山》。请大家看这个题目，其实就其中的“大”和“小”而言，这样四个字的排列似乎不是很合理，合理的应该是这样一种排列（出示幻灯片）。

师：愚公，移，山。因为山实在是太大了。

师：我们接下来思考这样四个问题：第一，山是怎么样的？第二，愚公是怎么样的？第三，“移山”，“移”的过程是怎么样的？第四，最后的结局又是怎么样的？我们一边听录音，一边来思考这四个“怎么样”。（听录音）

师：在这段朗读里，有一个非常明显读错了的字，“惩山北之——”？

生：塞（sè）。

师：好。那这四个问题，我就请同学直接用文中的语句来回答，好不好？这位同学，你来说好吗？山是怎么样的？

生：“方七百里，高万仞”。

师：很好，请坐。请把话筒往后传，传给后面的同学。那么，愚公是怎么样的？

生：“年且九十”。

师：愚公年且九十，这是他的一个特点。不过对愚公的特点更加明确的概括，是在智叟对他所说的话里，是哪四个字？

---

[1] 原载《教育科学论坛》2005 年第 3 期。承郭初阳老师同意援用本课例。

生：“残年余力”。

师：“残年余力”。请坐，非常好。再往后（传话筒）。

师：移山的过程，有八个字，最能体现出这中间的艰辛——

生：（犹豫）“寒暑易节，始一反焉”。

师：非常好。移山是这样的漫长，冬去夏来，才能够往返一次，太累了。后面一位同学，最后结局怎么样？

生：“冀之南，汉之阴，无陇断焉”。

师：非常好，请坐。“无陇断焉”，再也没有垄断了，一马平川。其实，山、人、过程、结局，这可能是我们每个人都有过的体验。

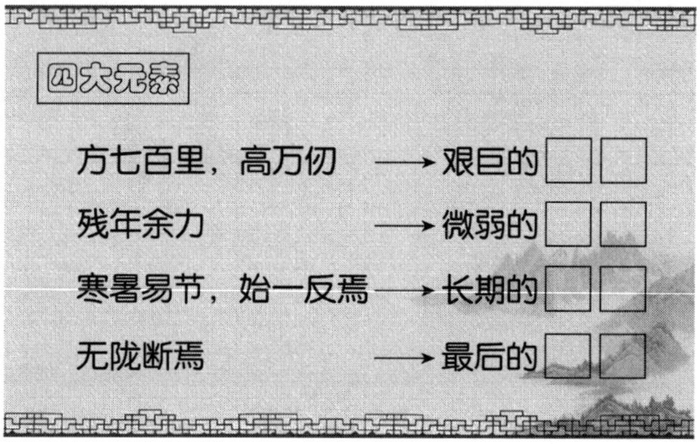

师：这是一个隐喻。幻灯片右边有几个空格，我请同学来把空格里的词语补充完整。后面这位男同学，你来说。“方七百里，高万仞”，这是一个艰巨的——

生：艰巨的“任务”。

师：非常好，请坐。往前（传话筒）。“残年余力”——

生：微弱的“力量”。

师：请坐。面对一项几乎是不可能完成的任务，无论是一个老头，还是一个年轻人，年龄都显得不重要了。（示意）继续。

生：长期的“努力”。

师：不错，请坐。继续往前（传话筒）。

生：“无陇断焉”，是最后的“胜利”。

师：所以我说这是一个人生寓言，我们每个人都可能有过这样的体验。来，前面这位男同学，你有没有过这样的体验？

生：（停顿）没有。（众笑）

师：（笑）有时候，放假了有这么多作业，就像一座大山一样，怎么做得完呢？但是在开学前几天疯狂地赶，好不容易第二天上学了，把所有作业都带去了，也稍微有点移山的感觉……那么，这个故事，它这样一种说法，其实和我们的一种传统精神是一脉相承的——儒家的一种非常朗健的、非常积极的精神。

师：大家再看屏幕。这里选了三句话，我们一起来念一下好吗？第一句，“知其不可”，一、二，开始。

生：“知其不可而为之！”

师：第二句，“子曰——”

生：子曰：“三军可夺帅也，匹夫不可夺志也。”

师：一个男子汉，不能强迫他放弃他的主张。最后一句，开始——

生：“天行健，君子以自强不息。”

师：“愚公移山”这个故事，经常和另外两个故事一起出现。一个是“夸父逐日”，这个我们非常熟悉，夸父在那里追赶太阳，最后道渴而死；还有一个就是“精卫填海”，精卫本来的名字叫女娃，她是炎帝的女儿，后来在游泳的时候被淹死了，魂魄化成一只精卫鸟，经常衔一些微小的土、石、木头，要把大海给填平。

师：这三个故事中，显然有共同的东西，对吗？（话筒往后传）有什么共同点？

生：都经过不懈的努力，完成自己的梦想。

师：请坐。前面最好加一个词语——“试图”——试图完成自己的梦想，对不对？最后能不能完成可能还不知道，而且他们努力的目标，好像过于艰巨，艰巨的任务。

师：那么，有没有不同的地方？（停顿）愚公移山的故事，和夸父、精卫的故事，至少有三处差异。想一想。（停顿 20 秒）我给一点提示好吗？请大家看屏幕。

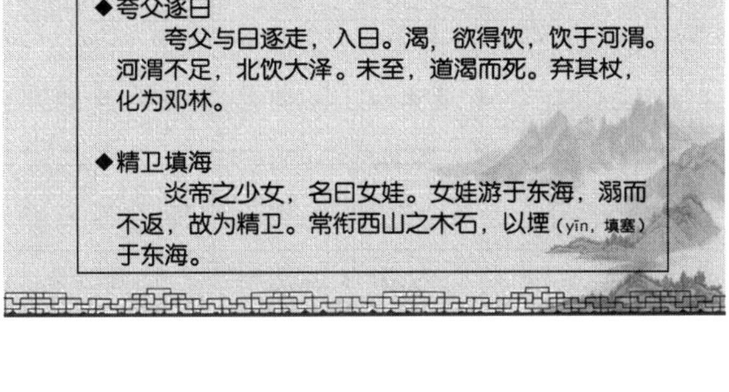

师：（**示意**）请你来谈一谈。

生：夸父逐日和精卫填海，都只有一个人。

师：都只有一个人，而愚公移山呢？

生：有很多人。

师：到底几个人？

生：四个。

师：四个？愚公以及子孙荷担者三夫，还有一个小孩不要忘记，一共有——

生：五个人。

师：请坐。一家子人。（**示意往后传话筒**）还没完，请你继续就刚才那位同学的话题讲下去。这一家子人真的只有五个人吗？

生：不是。因为后面还是“子子孙孙”无穷无尽的。

师：噢，其实有无穷多的人，N个人。好，往后（**传话筒**）。（**示意看屏幕**）“外援”呢？

生：愚公移山的话，最后是有夸娥氏二子帮他们把两座山背走。

师：夸娥氏二子看愚公很辛苦，主动地说，愚公啊，我们来帮你搬掉吧，是这样吗？

生：没有，是天帝命令他们把这两座山搬掉的。

师：（**点头**）是天帝派来的。继续讲。

生：但是夸父逐日和精卫填海，他们两个都是靠自己的力量，没有其他人来帮忙。

师：非常好，请坐。没有外援。“愚公移山”里面，有外援。（**示意话筒往后传**）区别三，结局呢？

生：愚公移山最后成功了，夸父逐日和精卫填海应该没成功吧。

师：很好，请坐。夸父和精卫，都是失败的故事；而愚公移山，这是一个成功的结局。那我们继续思考下去——愚公移山，他最后的成功，究竟是因为他“子子孙孙无穷匮”，究竟是因为“人数”，还是“外援”？

众：（**轻声**）外援。

师：好，我们还是请这位同学来回答好吗？轮到谁就是谁。你认为——

生：愚公移山的成功是因为外援。

师：是因为天帝的帮助，是吗？（**生点头**）

师：好，请坐。继续往前（**传话筒**）。愚公是怎么认为的？愚公认为他成功的保障，是不是因为有天帝的帮助？

生：不是。他认为是（**因为**）子子孙孙无穷无尽而山不加增。

师：愚公显然认为，他相信自己的能力，是吗？（**生点头**）

师：你把愚公那段话给大家朗读一下好吗？我们听。

生：（**朗读**）“汝心之固，固不可彻（**误读为‘chì’**），曾不若孀妻弱子。虽我之死，有子存焉；子又生孙，孙又生子；子又有子，子又有孙；子子孙孙无穷匮也，而山不加增，何苦而不平？”

师：非常好，请坐。“汝心之固，固不可彻（chè）”，翘舌音，“通”。你的心太顽固了。愚公坚信自己会子子孙孙无穷无尽，是吧？他的话是在和另外一个人的争辩中说出来的，是和谁呢？

众：智叟。

师：智叟，对吧，智叟起先是怎么说的？

生：他说，愚公是以残年余力，不能毁山之一毛。

师：你，年纪这么大了，力气都没有了……（**请坐**）你连山上的一根草都拔不掉，你还怎么去移这么两座大山呀？

师：但是，经过愚公这么一番话说下来以后，智叟却……什么以应啊？念什么？

生：亡（无）以应。

师：通假字哦，亡（无）以应。河曲智叟却什么话都说不上来了。

师：因为愚公说：我儿子又有儿子，儿子又有孙子；孙子又有儿子，孙子又有孙子……子孙会无穷无尽；山不会变，终有一天会被移平。非常理直气壮，所以这幅画（**出示幻灯片**），我觉得表现得很好——愚公一副很凶的样子，智叟吓死了，吓得说不出话来。

师：但是我们要知道，有一个成语，叫作“后息为胜”。它的意思是说，两个人在争辩，最后停下来的那个人，最后发言的那个人，其实就是隐含着的胜利者。

师：那么在我们的课文里，谁最后停下来，最后留下的是谁的声音？

生：（众）愚公。

师：是愚公的声音呀，对吧——“何苦而不平”！然后就在那边回荡，何苦而不平，何苦而不平，何苦而不平……然后智叟就呆掉了。

师：那么假如，我们再给智叟一次发言的机会，假如让智叟最后一个来发言。其实智叟有两个地方可以发言，文中有两处。

师：一处就是，愚公反问他“何苦而不平”的这个时候，智叟可以说，他会说一番话；还有一处，就在文章的结尾，等到“冀之南，汉之阴，无陇断焉”的这个时候，智叟还是可以站出来，再来说一番话，是不是？

师：好，那我们分一下工好不好？这样吧，一、二两组来探讨一下，上面的智叟如果应一应，他应该怎么说，他可以怎么说？三、四两组来探讨一下，最后山搬掉了，智叟如果再跳出来，再叽里呱啦叽里呱啦，永远做一个反对者，他会怎么说？想一想，独立思考。（**生思考约1分钟**）

师：（**插句**）不要忘记，智叟智叟，他智商很高噢，他说的话是很有水平的。

师：好，我们讨论一下，四人小组讨论一下。（**小组讨论约两分钟**）

师：好，请转过来。首先请这边两组的同学，“河曲智叟曰”，你来应对一下，怎么说比较好，怎样才能说得有针对性和说服力？谁想发言，举一下手。好，请那位同学，（**递话筒**）简单谈一谈，请你来“应”一下。

生：我觉得，首先智叟可能会说，你能保证你的子子孙孙全部都是男的吗？（**众人笑**）

师：生了女儿嫁人了，怎么办？非常好！这是一个基本前提——不但每一代都要有小孩，而且必须保证是男的——这太难了吧？（**示意**）请继续讲，好像你还有话要讲。

生：还有的话，智叟可以认为，移山这是愚公他本人的行为，而他的子孙可能会有自己的理想抱负，比如说读书、当朝廷大臣之类的。可能有些人不愿意去参加搬山这么傻的活动。

师：（**点头**）说得太好了。说不定他子子孙孙中的哪一代想移民到其他国家呢，你还非要叫他在这里搬山吗？好像有点困难。所以说，这里他有着双重的要求：第一，血缘的不断。第二，思想的不变。对吧？只有符合这两个前提，这个工作才可能继续下去，愚公的观点才得以成立。这边还有同学要补充吗？哦，这边有位同学要补充（**属于三、四组的一位同学**），你是要补充他们的观点吗？

生：是的。

师：太好了。（**递话筒**）

生：我还认为，他完全可以这么说，引用现代人如邓小平的话。

师：哦，用邓小平的话来反驳愚公。

生：“实践是检验真理的唯一标准”，如果你能完全靠你们家族的力量，搬掉这座山，如果我还能看见，我就会相信。

师：说得非常好，但是让我想起一句话，就是“一失足成千古恨，再回首已百年身”啊，你们移山事业的成功要等到很多年以后，在这个时候，这两个人恐怕老早就已经作古了，对吧？

师：旁边的一位同学，你还有什么要补充的？

生：河曲智叟会说，不要忘记地球还在不断地进行造山运动。（**众生笑**）

师：喜马拉雅山每年都还会增高几厘米，你说得也有道理。

师：好，那么请这边两组的同学来谈一谈。最后，我们继续刚才这位同学的话题，实践是检验真理的唯一标准，结局出来了，山被搬走了，他们在有生之年就看到了山被搬走，就看到了这样的坦途。那么这个时候，如果智叟继续站出来，他还要再说一番话，他还要坚持自己的观点，他可以批判什么，怎样才能讲得又合情又合理呢？谁来？

师：怎么老是这几位同学举手呢？我请一个不太爱说话的。（**递话筒**）你来！

生：因为当初愚公说“子子孙孙无穷匮也，而山不加增，何苦而不平”，可见他是想依靠自己的能力和他的子孙来搬掉这两座山，而结果是他的行为感动了天帝，天帝来帮助他完成了这样的愿望。最后实际上根本不是由他自己来完成的，所以说……那个……（**沉默，笑**）

师：没事，请坐。意思已经表达清楚了，归结为一句话——没错，山是移走了，但是，是靠你自己的力气吗？靠别人帮忙的呀，有什么了不起的！是这个意思吧？（**生点头**）

师：还有没有？喔，那么遥远的地方，有一位同学。那就不把话筒递给你了，请你站起来，大声地说，好不好？

生：我觉得智叟会说，俗话说，“靠山吃山”，你现在把山移走了，我们靠什么吃饭呀？（**众笑**）

师：这位同学，是从现代旅游开发的观点来看的，也有道理。（**递话筒**）继续来，还有什么话可以说？

生：这是不可持续发展的典型代表。

师：怎么讲？

生：因为自然界都有自己一定的自净能力，像他这样的掠夺性开发，已经超过了自然自净能力的限度，必将遭到自然界更加残酷的报复。

师：好高深啊。（**众笑**）

师：一个环保主义者。我倒想起了杭州灵隐的一个著名景点。

众生:（轻声）飞来峰。

师：峰自何处飞来？哦，我们终于明白了，这个峰原来是夸娥氏二子背来的。后来这两座山到哪里去了？咦，怎么没有人回答我？话筒在那里的那位女同学，请你来告诉我们，两座山到哪里去了？

生：朔东。

师：朔东，还有呢？

生：雍南。

师：雍南！那边有没有人？

众生：有人。

师：那边有没有像愚公这样年纪很大的人？

众生：有。

师：从天而降两座山！（众一惊，继而笑）

师：我想问，山阻碍人的出路这个问题，有没有得到根本上的解决？

众生：没有。

师：刚才这么多同学，怎么没有一个人说呢？所以说，智叟还可以从这个角度来讲。

师：那么怎么评价愚公这个人，好像比较困难。有人这么说，有一位学者叫张远山，他说过一段有点偏激的话。

师：请一位同学来读一读，（示意）你来朗读，好不好？

生："愚公虽然说出了可圈可点的豪言壮语，但最后还是没有靠自己的力量完成壮举。也就是说，智叟当初认为愚公不自量力，口气比力气大，并没有大错。按照这个结局，羞愧的不应该是智叟，而应该是愚公。如果愚公要想不羞愧，当时应该这样回答智叟：'我自己是挖不平两座大山，但是我这样一直挖下去，迟早会感动天帝。一旦感动了天帝，事情就好办了。你等着瞧吧！'那样才是老实话。"

师：请坐。这是某一种意见。再来看，另一个"假如"，假如这个结尾变一变。那位女同学，请你把这个结尾读一下好吗？

生："后三年，愚公死，子孙承其志，世代挖山。时至今日，尚未休矣……"（众笑）

师：那么我们就从这两个"假如"来探讨问题。

师：第一，张远山的思路，假如愚公早就料到帝会"感其诚"；或者，他老早就和帝达成了某种协议或契约，那我们如何来重新评价愚公？这是一个"假如"。第二，假如结尾是刚才同学念的，那么你又如何来重新评价愚公？想一想。（生思考约 1 分钟）

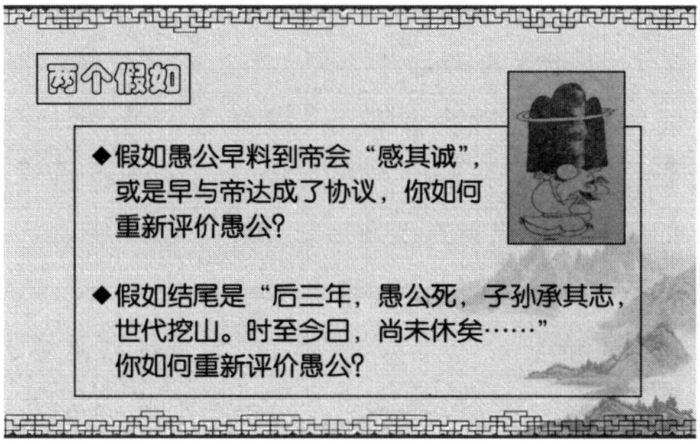

师：同桌商量一下也可以，同桌可以交换意见。（**同桌讨论，约半分钟**）

师：好，我们时间有限。太好了，我看到有同学举手，真高兴啊。话筒呢？（**递话筒**）请你来说。

生：如果这样的话，愚公是很聪明的。因为《孙子兵法》里讲，"不战而屈人之兵，善之善者也"。愚公挖山就像一场战斗，他没有用力气就能获得胜利，这种是最聪明的。

师：请坐。愚公在这里，如果按照这种说法的话，他用的是"头脑"，是吗？（**示意**）好，请你来继续讲好吗？有什么补充？

生：我觉得如果这样的话，愚公还是很傻。

师：（**惊讶**）还是很傻？为什么？

生：他既然知道天帝会"感其诚"，或者说他早与天帝达成了协议，那他何必自己去挖呢？直接跟天帝说一声，"你帮我搬走"好了。还有一点，他如果真的和天帝达成了协议，他只是和智叟这么说一说，如果是我的话，我一定会和智叟打个赌，下点赌注。（**众笑**）

师：你赢智叟一把，是吧？我倒是想到三国里面的一个故事，周瑜和黄盖的故事，后来引申出一个词语叫作……什么计啊？

生：苦肉计。

师：苦肉计。那也许他们（**天帝和愚公**）有更大的阴谋呢？也许这更加能够帮助建立帝的秩序呢？可能他们有着更多不可告人的东西，所以他们要上演一出戏。但是不管怎么样，如果是这样的话，我们会发现：愚公，他给我们的形象，感觉有点……

生：（**轻声**）狡猾。

师：有点狡猾，是吧？甚至有点阴险。甚至还有点……

生：毒辣。

师：毒辣，可怕。怎么这个蠢老头，竟然是一个阴谋家？（众笑）成了个谋略家，太厉害了。（**示意看幻灯片**）那么第二种评价呢？请你来说。

生：第二个“假如”，我有两个看法。先是关于“愚公”这个名词，一开始作者给他取名叫“愚公”，这个“愚”的意思大概是指他一根筋到底，然后想到什么就去做什么，直到成功为止。

师：说得真好，“一根筋到底”。（众笑）

生：但是现在我觉得这个“愚”，真的有点“笨蛋”的意思了。还有一个看法，我觉得，愚公也是一个很自私的人。

师：怎么讲？

生：在这里，之后三年，愚公死了，世世代代，都是因为他的缘故而挖山，不能去实现自己的想法。直到今天，这么长时间下来，还在世世代代挖山，他死之前这三年，影响了他的整个“世代”。

师：请坐，说得太好了。刚才这位同学说了两个观点。第一个观点，说了“愚”的两重含义：前面一个“愚”，是大智若愚的愚；而后面这个“愚”，则真的成了愚不可及的愚。还有一点她提到的就是——他把个人的意志，强加给了他的子孙，剥夺了子孙生活的自由。（**递话筒**）你还有什么要补充的？

生：愚公是害群之马。

师：害群之马？愚公成了一匹马？（众笑）

生：他不但耽误了自己，也耽误了子孙后代。因为他的错误，造成了所有人的错误，给所有人造成了重大损失。

师：好，我们继续顺着这位同学的思路讲下去。

师：（**点击幻灯片**）假如你很幸运，假如你很幸运地生出来就是愚公的子孙，

上面那个就是你。

生：啊？（笑）

师：从换牙那天就开始，你就去跟他们一起移山了。“换牙齿”大概几岁？

众：六七岁。

师：文章中怎么表达的？

众：“始龀”。

师：“龀”，不要写错，齿字旁一个“匕”。一直挖到现在，六十岁了。这个时候，你来发言，你跟亲属愚公说一句话。我请后排的同学，最后几位同学被人遗忘了。

师：（递话筒）你说一句话，你变成了这般模样！（众大笑）

生：我会跟他说，因为你这么一句话，就害了我们，你的后代非常痛苦。

师：哦，“你害得我好苦啊”。

师：（示意）你也来说一句吧！

生：你一个人想这样做，就要我们跟着你一块儿干，好像是不是有点不大公平？

师：请坐。这涉及一个公平和自由的问题。从某种意义上来讲，也许我们中国人都是愚公的子孙。至于智叟的子孙呢？没有。智叟这样的人，他没有留下子孙。

师：我们总是在这个圈子里绕来绕去。我后来去采访了两个人。我们学校的两个外教，他们都是年轻老师。一个英国人，26岁；一个加拿大人，也很年轻。

师：这个故事，我请英语老师翻译成英文，让外教读了读，然后请他们评价。我们来看看对他们采访的视频。采访的文字，就印在讲义的反面。大家对照着看一看。（播放采访视频）

安德鲁（Andrew）：But he starts the job which he knows he can’t finish. And for me, that’s very strange, he expects …what does he say …my sons produce my grandsons. So the work will go on, he expects his family will continue what he wants to do. In the west, at least if my father starts the job, he wouldn’t expect me to finish it, he will finish the job by himself.（但是他开始了一项他自己知道不能完成的工作，这令我觉得很奇怪。他的说法是“子又生孙，孙又生子；子又有子，子又有孙；子子孙孙无穷匮也”。他指望这项工作能够持续下去，他指望他的家人继续他想做的事。在西方，至少如果是我的父亲开始了这项工作，他不会指望我去完成，他会自己完成它。）

安德鲁（Andrew）：（the gods are helping him）But it's a very physical task, he has. It's not using the brain power, he is using muscle power. Physical power, yes. And of course, there is no mention of daughters. There are no daughters in the story, no girls, except for the widow who is important, because she has no man. I think that's a very important point. If this was written in Britain, we would have probably more women in the story. Maybe a heroine, also, there are all heroes.［（神灵们帮助着他）这是一项机械的工作。它**运用的是体力，而不是脑力**。很显然，故事里没有提到他的女儿，没有涉及女性，除了那个寡妇。而她之所以重要，是因为她失去了丈夫。我认为这是很重要的一点。如果这个故事发生在英国，故事里会出现更多的女性，可能会有一个女主角，而不像这里，主角都是男性。］

安德鲁（Andrew）：It is a story about an old foolish man, a foolish old man, who has a foolish idea to move a mountain. And the first thing I would say is in the West, we will not move the mountains, we'll go around.（这是关于一个**愚蠢的老头**的故事，他有一个荒谬愚蠢的想法——移山。首先我想说的是，如果在西方，我们不会想到移山，我们会绕道而行。）

瑞安（Ryan）：You know, Yu Gong, if you put down characters, I can know something about what the name means. What does his name mean? Yu means foolish, oh, really? Gong means an old man. A foolish old man. But is he foolish? That's a question. Because he did it, succeeded, in the end.（愚公，如果你加入中文，我就可以了解一点他的名字的含义。他的名字是什么意思？——"愚"是愚蠢的意思，哦，是吗？"公"的意思是老人——一个愚蠢的老头。但他愚蠢吗？这是个问题，因为在最后，他确实做到了。）

瑞安（Ryan）：Maybe I think he's a crazy old man, he has a dream, and he will convince his family to follow the same dream. I have to ask, why didn't he do this when he was young? When he has youth and strength?［也许我可以认为他是一个**疯狂的老头**，他有一个梦想，而且他会去说服他的家人追随他的梦想。我很想问的是，为什么他不在年轻力壮的时候做这件事呢？（而现在这么老了，还要其他人来继续他自己的事情。）］

师：提供了一点新的视角。从采访里面可以注意到，他们在强调："愚"——"foolish"。最后瑞安还说了句："crazy！"那么我们，是不是可以顺着他们的思路追问？

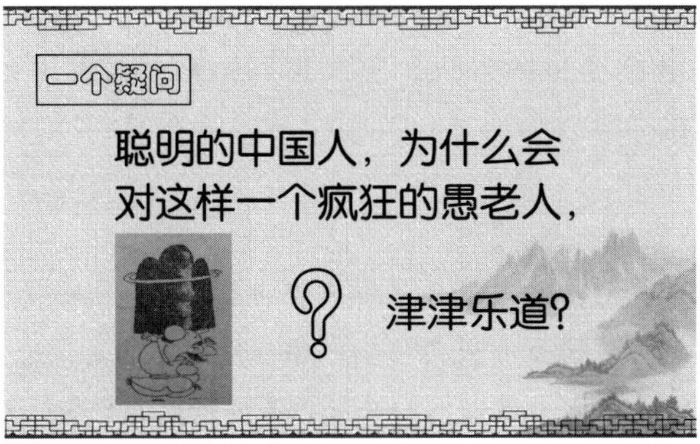

师：中国人都这么聪明，为什么会对这样一个疯狂的愚老人，如此津津乐道呢？会千年传诵呢？思考1分钟，好不好？把你的观点酝酿得成熟一点。你也许可以结合我们发下来的讲义上的材料。它背后肯定隐藏着中国人非常喜欢的，或者我们非常熟悉的一种密码，文化的密码。你可不可以跳出来阐释一下，到底有哪些理由？（**学生思考约1分钟**）

师：要不要讨论一下？好，那就直接请同学来说吧。谁想发言，请举起你的手。

师：请边上那位同学，你来谈一谈，为什么？

生：首先，大家之所以会关注，是因为移山这种事情是非常非常少见的，可能中国历史上也只听说过这么一个事例；其次，移山虽然的确是非常傻，但是它具有一定的可取之处。就是坚持不懈，积极去完成，靠自己的力量。

生：我记得以前有篇文言文叫《秉烛》，文中说，年轻人读书就像初升的太阳，老年人读书就像夜晚的月亮，虽然说不是很亮，但是总比不亮好。所以他虽然老了，但他还能够这样努力地移山，这是他可取的地方。

生：鲁迅也曾经写过："所以中国一向就少有失败的英雄，少有韧性的反抗，少有敢单身鏖战的武人，少有敢抚哭叛徒的吊客；见胜兆则纷纷聚集，见败兆则纷纷逃亡。"大多数人面对这两座山，不会有反应，不会去怎么样，在那里就在那里吧。而愚公却有自己的勇气，胆敢去挑战这两座山，所以我觉得这一点十分可取。

师：说得太好了。有一点像堂吉诃德战风车，孤独英雄，对吧？知其不可而为之，非常好，回到了我们这节课的开头。"Just do it"，就是去做。（示意）好，你继续讲。

生：我想可以打一个比方，写这篇文章的作者就可以是一个愚公，然后我们就可以成为他的子孙，一直推崇他，对这个疯狂的愚老人津津乐道，所以说这样也是蛮有道理的，我觉得。

师：哦，因为我们是他的后代，所以我们就喜欢他所讲的故事，我们就服从他。是这样吗？

生：嗯。

师：（示意）请你继续来讲。

生：我认为，愚公的精神，就是坚持不懈的努力，还有是为了创造更美好的生活，也是为了他国家的繁荣昌盛；然后他以他的真诚感动了上天，追求真诚也是做人的原则，他以他的原则去实现自己的梦想，追求自己的理想。

师：这其实契合了中国人的一个观念，好人有好报。是吧？所以我们都喜欢。（示意）请你再来讲，把话筒递给她。

生：我觉得这篇文章有一点和中国的传统是分不开的。

师：怎么讲？

生：中国相对来说比较人性化，国外相对来说比较理性化，所以外国人的很多想法，都和中国不一样。它是写在战国时期，现代的中国人对传统的思想都是很敏感的，不是有句话叫“孝字当先”吗？他会有子子孙孙这样一种想法，子子孙孙也会努力地帮他开垦……也不是开垦……

师：完成他的事业。

生：完成他的想法。或者说，他死了，（子孙）完成他的遗愿，也都是感觉很符合常理的。

师：很符合中国人的常理，请坐。

师：其实从文章写作的角度来看，也是特别有趣的。这篇文章其他都写得非常简洁，唯独在某个地方，它反复强调，其实那段话，缩减成一句话就够了，怎么说？（众沉默）

师：“而山不加增”，前面怎么说？一句话就够了。

生：“子子孙孙无穷匮”。

师：“子子孙孙无穷匮也，而山不加增”，一句话就够了，但是它要绕、绕、绕，它在强调。强调什么习惯？我们都喜欢儿孙满堂。中国人注重血缘，这个很重要。（递话筒）你还有什么话要讲？

生：我补充一下，这则故事告诉我们要团结。一个人的力量是渺小的，只有大家一起才能完成伟大的事业。愚公的成功始于他们的团结，中国人十分推崇团结。

师：非常好，我们一直到现在还在强调集体主义，对吧？团队精神。

师：最后那位同学，你还有什么意见要发表？

生：我觉得在这篇文章里，愚公是个老人，是最重要的。

师：这怎么讲？为什么说他是老人，就最重要？

生：因为他“年且九十”，比较老呀。中国有道德的人，都是老人。老子、孔子……（众笑）

师：胡子一大把。

生：所以他的语言，说出来的话，比较有权威性。

师：他一说话，下面的子孙有没有人表示反对意见？都同意了。

生：材料五里还提到，中国是“老人崇拜”的，连武侠小说的顶尖高手，都是老年人。老人都去移这两座山，更有教育意义，因为人家都知道，人老了，力气也没有了，连小孩都不如。所以他用老人，在人（一生中）最弱的时期去移山的话，可以显出他志向的远大。

师：请坐。根据这位同学的说法，愚公移山下面可以加个破折号，一个副标题，“愚公移山——一个老人的梦想”。这也正是刚才那个外教所提出的一点疑问——为什么他不在年轻的时候就开始这项事业呢？（示意）好像那位女生还有意见要发表，是吗？

生：我认为，愚公移山给我最大的感想，就是某种精神，在内心里的依托。就像鲁迅在《希望》里曾有这么一段话，他说，“在我老的时候，回忆起以前的往事，那苍白的颜色，就像内心里把生活孤立起来……”。那个时候，大家也都知道，鲁迅的主张并不是得到很多人的赞同。或许这里愚公得到他的非常多的子孙的赞同，因此才会有后面把天帝感动的故事，这同样是心灵的一种寄托，因为他相信天帝在帮助着他。所以这种心灵寄托，就让他的梦想能够实现。这更让我想到，三毛在她丈夫刚刚去世的时候，心里是非常孤寂的，但她始终有一个美好的愿望，相信有一天，在天空里会看到她丈夫的影子。所以说，她始终选择活下去。（众鼓掌）

师：说得太好了。好，我们就以这位女同学的发言，作为我们这节课的一个结束，不要忘记鲁迅说的那句话——“希望之为虚妄，正与绝望相同”。

师：愚公这个话题，还可以继续引发我们的思考和讨论，大家课后再花点时间想一想，好吗？下课！

愚公移山

太行、王屋二山，方七百里，高万仞，本在冀州之南，河阳之北。

北山愚公者，年且九十，面山而居。惩山北之塞，出入之迂也，聚室而谋曰：“吾与汝毕力平险，指通豫南，达于汉阴，可乎？”杂然相许。其妻献疑曰：“以君之力，曾不能损魁父之丘，如太行、王屋何？且焉置土石？”杂曰：“投诸渤海之尾，隐土之北。”遂率子孙荷担者三夫，叩石垦壤，箕畚运于渤海之尾。邻人京城氏之孀妻有遗男，始龀，跳往助之。寒暑易节，始一反焉。

河曲智叟笑而止之曰：“甚矣，汝之不惠！以残年余力，曾不能毁山之一毛，其如土石何？”北山愚公长息曰：“汝心之固，固不可彻，曾不若孀妻弱子。虽我之死，有子存焉；子又生孙，孙又生子；子又有子，子又有孙；子子孙孙无穷匮也，而山不加增，何苦而不平？”河曲智叟亡以应。

操蛇之神闻之，惧其不已也，告之于帝。帝感其诚，命夸娥氏二子负二山，一厝朔东，一厝雍南。自此，冀之南，汉之阴，无陇断焉。

课例评析

九、合宜的教学内容是一堂好课的最低标准
——《竹影》课例评析

怎样的一堂课才算好课？许多教师在考虑这个问题的时候，心中想的是“怎么教”的方法问题。比如怎样导入、怎么利用多媒体、组织什么活动、怎么把握教学的节奏，乃至怎么突出教学的“对话”、怎么体现“合作”等。教学方法是重要的；但研究表明，仅仅是教法的探索，仅仅在教学程序、教学方法上做文章，作用有限。过分地关注教学方法，还会形成一种观课评教的不良导向，引导教师追求往往很难移植的“教学模式”，有的还蜕变为个人的“教学艺术”表演。

我们以为，教学方法受制于教学内容，“怎么教”服务于“教什么”，很大程度上还可以归结为“教什么”。根据我们的研究，语文课堂教学的失败、无效，问题主要出在教学内容上。一堂语文课，如果没有合宜的教学内容，那么无论在教学方法上玩什么花招、竖什么大旗，都不可能是成功的语文课。

什么叫合宜的语文教学内容呢？教学内容是对“教什么”的回答，从学生的角度也就是“学什么”，合宜的教学内容涉及一系列的问题，我想提两个最起码的要求：①教师对自己的教学内容要有意识，即知道自己在教什么，并且知道自己为什么教这些内容；②一堂课的教学内容要相对集中，因而使学生学得相对透彻。

举一个某省初中语文课堂教学评比中获奖的课例来说明（其中的宋体字部分是对这堂课的评议）。

《竹影》教学实录整理及评议

1. 课件导入。

2. 请学生以最快的速度阅读课文一、二段，并思考两个问题：

（1）这两段写出了光的________。

（2）表达了孩子对光的________感情。

教学内容1：以最快的速度阅读。为什么要最快？对描写的语句需要细细地咀嚼！

学生说：写了光的时间变化。// 写出了光的美。// 表达了喜欢和留恋的心情。

教学内容 2：用理性的语言来概括感性的描写。为什么要回答这样的问题？这里教师犯了两个错误：①混淆了科学观察（说明）和文学观察（描写），把作者所感之景误读为人人能见着的自然之景；②混淆了心身感受和理性概括，对文学描写重在感悟体验，而不是用概念化的语言去篡改、替代。比如，“一种幽暗的光弥漫在窗际，仿佛电影中的一幕”“天空好像一盏乏了油的灯，红光渐渐地减弱”“看见那光一跳一跳地沉下去，非常微细，但又非常迅速而不可挽救”“院子里的光景已由暖色变成寒色，由长音阶（大音阶）变成短音阶（小音阶）”。这些描写显然是作者的独特所感，概括为“时间变化”“美”“喜欢和留恋”，是把入情的具体描写平庸化，只能败坏对文学作品的感受力。

3. 学生朗读上述两段。要求边读边想象。

教学内容 3：有感情地朗读，边读边想象。用齐声朗读（学生腔）的方法，能边读边想象吗？孟浪地读一遍，能做到读出感情来吗？体会到作者的感情与把体会到的感情读出来，这中间是怎么回事？

4. 要学生用自己的话，对上述两段描写“赞美”一番。“小组合作讨论”约1分钟后，3 位学生用优美的、充满修辞的、散文诗般的语句“朗读”出自己的“赞美”，显然是事先精心准备的。

教学内容 4：利用修辞方法表达自己的感受（这一点教师并没有意识到）。为什么要插入这个内容，是为了锻炼写作吗？看来教师没有想过“为什么要插入”的问题，或者是从“教学方法”的角度觉得这是一个“好”设计。

5. 教师问：刚才我们赞美的是光。假设这个晚上没有光呢？

教学内容 5：不知道是什么。为什么要讨论这个问题？这是哪来的问题？

6. 教师插入：作品中的“我”≠作者。

教学内容 6：不知道是什么。为什么要插入这个内容？似乎教师对散文中的人称与小说中的叙述角度混淆了。

7. 那么，在月光下孩子们做了哪些有趣的事？讨论下一段。

教学内容 7：不知道是什么。这是典型的弱智问题，凡是有眼睛能识字的人，都能“发现”写了哪几件事。教《背影》，要学生去“找”写了几次背影、流了几次泪等，皆是没事找事。

8. 学生“概括”，说到“人的影子上有烟气”，教师即打断（学生的回答只是为了引到教师的“设计”），教师来劲儿：“作品中的孩子在猜人影头上的烟气，我们也来猜猜那是怎么回事。”

教学内容 8：不知道是什么。作品说：孩子们觉得今晚很美，那做什么呢？“弟弟说：‘我们谈天吧。我先有一个问题给你们猜：细看月亮光底下的人影，头上出烟气。这是什么道理？’”大家到竹林外的水泥地上细瞧，果然如此，“蹲在地上争论了一会儿，没有解决”。“华明（弟弟的同学）的注意力却转向了别处，……”作品为什么要写这一处呢？①当时就是这样；②写在作品里以表现月色下的朦胧之美，接下来顺势连到“描竹影”。也就是说，作品中的人没有将其当作正经的科学问题来研究，写入作品或者是因其好玩，或者是为了意脉连贯。不知道为什么要花时间让学生也“猜”，或许只是由于教师觉得这里有讲头吧。因为教师说她专门请教过自然教师，但却竟然只是玩了一个噱头，没说出个所以然——也许是想着下面的进度，忘了说出答案。

9. 接下来说了什么有趣的事？生答“描竹影”。师说：“好，坐下。我发现描竹影的对话很有意思。”请生读。师说：“比较一下爸爸的语气和孩子的语气有什么不一样，为什么不一样？”

教学内容9：不知道是什么。为什么要比较？

10. 要学生分角色（孩子和爸爸）朗读。学生的朗读显然没有进入状态。

教学内容10：通过分角色朗读体会人物的声情音貌（这一点教师并没有意识到）。为什么要扮演角色？这里为什么要分角色朗读？或者反过来问，不朗读、不分角色朗读对学生理解课文有什么妨碍？

11. 师觉得：“其实爸爸的内容更有趣。爸爸说了什么？分四人小组讨论，看你从爸爸的话中学到了什么，‘发现’了什么。”生说：学到了知识。// 画马与画竹的区别。// 中国画与西洋画的区别。// 用墨画最好。// 画反映了画家的心态。

教学内容11：爸爸话中的知识。教师显然忘了这是散文中的一个片段，似乎也没有读懂作者为什么写这一个片段，而把爸爸话中的“知识点”抽出来做“客观正确的知识”让学生知道。也许因为这里有讲头吧，所以接下来教师就一个劲儿地往这条路上走，以致似乎忘了自己在教《竹影》，忘了自己本来应该教怎么解读、鉴赏丰子恺的散文。也就是说，从这里开始，学生们可以把课本收起来放进书包了。

12. 多媒体展示，比较中国画与西洋画的区别。

教学内容12：不知道是什么。也许是觉得爸爸没有介绍清楚？

13. 多媒体展示吴昌硕的画《风竹》，让学生“看这幅画画出了怎样的美的姿态”。讨论：“为什么取名‘风竹’？”

教学内容13：不知道是什么。文中最后一段写道，听了爸爸关于画竹的一番道道，我回到堂前，看见中堂挂的“吴昌硕描的墨竹，似觉更有意味。那些竹叶的方向、疏密、浓淡、肥瘦，以及集合的形体，似乎都有意义，表现着一种美的姿态，一种活的神气”。教师似乎忘了什么叫散文；似乎以为作者在这一段里所抒发的独特感受，人人都能自然产生；似乎以为散文的阅读教学不是引导学生通过作者的言语去体认、感受、分享作者的独特感受，而是把散文中的景、物当作实景实物。这就好像我写一篇散文，抒发粉笔（有情人眼里的粉笔）之美，而上课的老师却撇开我的文章，也拿一支粉笔（自然之物），在那边自说自话地演绎我那也许是怪癖、荒唐的感受，然后企求面对他手里这支粉笔的学生们，统统生发与我一样怪癖、荒唐的感受。我们许多语文教师，就是这样教散文的！

14. 师引出（课件展示）郑板桥写竹的诗，诵读。之后总结：大家有没有“发现”，孩子的游戏不仅是有趣，而且蕴含着艺术。

教学内容 14：不知道是什么。

15. 多媒体展示丰子恺的儿童画，欣赏“游戏中的艺术，艺术中的游戏”。

教学内容 15：不知道是什么。

16. 师说自己的“感悟”，展示（课件）自己写的一首“小诗”，和大家一起分享。“让我们带着童年的回忆，有感情地朗诵这首诗好吗？”

教学内容 16：不知道是什么。教师看来再也不想理会《竹影》这篇文章了。

17. 让学生也写诗或文，“写出游戏中的艺术”。

教学内容 17：不知道是什么。也许是仿写？因为时间不够，教师草草了事，因为是借班上课，学生也不会认真对待。所以大家都不知道要干什么，也都不会去干点什么。

这是一堂由多人谋划、演练多次、具有较高教学技巧教师执教的、被某省评为获奖的课，在我看来一无是处。理由无他：其一，教师不知道在教什么（教学内容有许多是错误的），听课的人从语文的角度也分析不出在教什么（有许多东西与语文、与《竹影》的解读鉴赏无关），想必学生也弄不懂这堂课在学什么，久而久之，学生也已经不想弄懂自己在学什么。其二，一堂课从文章的开头到结尾，从文本的“可讲处”到“可衍生处”，大大小小，几乎有二十个“教学内容”，实际上等于什么也没有教、什么也教不会。我曾多次讲过这样的意思，一个小小的比喻，从小学一年级开始讲，一直到高三的高考复习班还要讲，结果是学生仍然学不会。十二年语文课教不会一个比喻，只能有一个解释，那就是没教过——老师每次碰到比喻都要讲，但每次都是在同时要“教”二三十个内容的情况下点一下、晃一眼，或者 50 秒，或者 1 分钟，其结果等于没有教——从来没有教！从上述这堂课也可以看出，45 分钟教二三十个内容，势必是对课文的肢解，过去是用老八字，字、词、句、篇、语、修、逻、常，所谓“讲知识”；现在是用新花样，用媒体课件、用小组讨论（真不知道 1 分钟不到的时间里能讨论什么）、用课程资源、用学生的自由言说。

如果我们的语文教学没有觉醒，仍然像过去那样，一堂课庞庞杂杂二三十个内容，教师又多不知道自己在教什么，偶尔教了点什么还不一定正确，那么大家围坐在一起谈论什么“好课”，就有点痴人说梦的味道了。常言说得好，“回头就是岸”，如果我们的老师能以学生的学习为关注点，并能依此经常对自己的教学进行反思，那么我相信离成功的课就不会相距太远。

［附：课文］

竹　影

丰子恺

吃过晚饭后，天气还是闷热。窗子完全打开了，房间里还坐不牢。太阳虽已落山，天还没有黑。一种幽暗的光弥漫在窗际，仿佛电影中的一幕。我和弟弟就搬了藤椅子，到屋后的院子里去乘凉。

天空好像一盏乏了油的灯，红光渐渐地减弱。我把眼睛守定西天看了一会儿，看见那光一跳一跳地沉下去，非常微细，但又非常迅速而不可挽救。正在看得出神，似觉眼梢头另有一种微光，渐渐地在那里强起来。回头一看，原来月亮已在东天的竹叶中间放出她的清光。院子里的光景已由暖色变成寒色，由长音阶（大音阶）变成短音阶（小音阶）了。门口一个黑影出现，好像一只立起的青蛙，向我们跳将过来。来的是弟弟的同学华明。

“唉，你们惬意得很！这椅子给我坐的？”他不待我们回答，一屁股坐在藤椅上，剧烈地摇他的两脚。椅子背所靠的那根竹，跟了他的动作而发抖，上面的竹叶做出萧萧的声音来。这引起了三人的注意，大家仰起头来向天空看。月亮已经升得很高，隐在一丛竹叶中。竹叶的摇动把她切成许多不规则的小块，闪烁地映入我们的眼中。大家赞美了一番之后，我说：“我们今晚干些什么呢？”弟弟说：“我们谈天吧。我先有一个问题给你们猜：细看月亮光底下的人影，头上出烟气。这是什么道理？”我和华明都不相信，于是大家走出竹林外，蹲下来看水门汀上的人影。我看了好久，果然看见头上有一缕一缕的细烟，好像漫画里所描写的动怒的人。“是口里的热气吧？”“是头上的汗水在那里蒸发吧？”大家蹲在地上争论了一会儿，没有解决。华明的注意力却转向了别处，他从身边摸出一支半寸长的铅笔来，在水门汀上热心地描写自己的影。描好了，立起来一看，真像一只青蛙，他自己看了也要笑。徘徊之间，我们同时发现了映在水门汀上的竹叶的影子，同声地叫起来：“啊！好看啊！中国画！”华明就拿半寸长的铅笔去描。弟弟手痒起来，连忙跑进屋里去拿铅笔。我学他的口头禅喊他：“对起，对起，给我也带一支来！”不久他拿了一把木炭来分送我们。华明就收藏了他那半寸长的法宝，改用木炭来描。大家蹲下去，用木炭在水门汀上参参差差地描出许多竹叶来。一面谈着："这一枝很像校长先生房间里的横幅呢！""这一丛很像我家堂前的立轴呢！""这是《芥子园画谱》里的！""这是吴昌硕的！"忽然一个大人的声音在我们头上慢慢地响出来："这是管夫人的！"大家吃了一惊，立起身来，看见爸爸反背着手立在水门汀旁的草地上看我们描竹，他明明是来得很久了。华明难为情似的站了起来，把拿木炭的手藏在背后，似乎害怕爸爸责备他弄脏了我家的水门汀。爸爸似乎很理解他的意思，立刻对着他说道："谁想出来的？这画法真好玩呢！我也来描几瓣看。"弟弟连忙拣木炭给他。爸爸也蹲在地上描竹叶了，这时候华明方才放心，我们也更加高兴，一边描，一边拿许多话问爸爸：

"管夫人是谁？""她是一位善于画竹的女画家。她的丈夫名叫赵子昂，是一位善于画马的男画家。他们是元朝人，是中国很有名的两大夫妻画家。"

"马的确难画，竹有什么难画呢？照我们现在这种描法，岂不很容易又很好看吗？""容易固然容易；但是这么'依样画葫芦'，终究缺乏画意，不过好玩罢了。画竹不是照真竹一样描，须经过选择和布置。画家选择竹的最好看的姿态，巧妙地布置在纸上，然后成为竹的名画。这选择和布置很困难，并不比画马容易。画马的困难在于马本身上，画竹的困难在于竹叶的结合上。粗看竹画，好像只是墨笔的乱撇，其实竹叶的方向、疏密、浓淡、肥瘦，以及集合的形体，都要讲究。所以在中国画法上，竹是一专门部分。平生专门研究画竹的画家也有。"

"竹为什么不用绿颜料来画，而常用墨笔来画呢？用绿颜料撇竹叶，不更像吗？""中国画不注重'像不像'，不像西洋画那样画得同真物一样。凡画一物，只要能表现出像我们闭目回想时所见的一种神气，就是佳作了。所以西洋画像照相，中国画像符号。符号只要用墨笔就够了。原来墨是很好的一种颜料，它是红黄蓝三原色等量混合而成的。故墨画中看似只有一色，其实包罗三原色，即包罗世界上所有的颜色。故墨画在中国画中是很高贵的一种画法。故用墨来画竹，是最正当的。倘然用了绿颜料，就因为太像实物，反而失却神气。所以中国画家不喜欢用绿颜料画竹；反之，却喜欢用与绿相反的红色来画竹。这叫作'朱竹'，是用笔蘸了朱砂来撇的。你想，世界上哪有红色的竹？但这时候画家所描的，实在已经不是竹，而是竹的一种美的姿势，一种活的神气，所以不妨用红色来描。"爸爸说到这里，丢了手中的木炭，立起身来结束说："中国画大都如此。我们对中国画应该都取这样的看法。"

月亮渐渐升高了，竹影渐渐与地上描着的木炭线相分离，现出参差不齐的样子来，好像脱了版的印刷。夜渐深了，华明就告辞。"明天白天来看这地上描着的影子，一定更好看。但希望天不要落雨，洗去了我们的'墨竹'，大家明天会！"他说着就出去了。我们送他出门。

我回到堂前，看见中堂挂着的立轴——吴昌硕描的墨竹，似觉更有意味。那些竹叶的方向、疏密、浓淡、肥瘦，以及集合的形体，似乎都有意义，表现着一种美的姿态，一种活的神气。

十、小学低段教学的问题与改进建议

——《一分钟》《肥皂泡》课例评析

在我看来，小学语文教学在三个方面要改换思路：①回归我国传统语文教育，识字与写字要分流；而且，在信息技术背景下，写字教学还要与计算机输入法贯通。②“学文识字”，以“学文”带“识字”，以“识字”促“学文”。也就是说，识字教学要从念准、写对，转向在课文语境中对字义、词义的理解和感受。③以语文知识“大概念”来组织课文学习和识字教学。这里主要讲后两个方面。

先看一篇小学一年级课文《一分钟》：

丁零零，闹钟响了。元元打了个哈欠，翻了个身，心想：再睡一分钟吧，就睡一分钟，不会迟到的。

过了一分钟，元元起来了。他很快地洗了脸，吃了早点，就背着书包上学去了。走到十字路口，他看见前面是绿灯，刚想走过去，红灯亮了。他叹了口气，说：“要是早一分钟就好了。”

他等了一会儿，才走过十字路口。他向停在车站的公共汽车跑去，眼看就要到了，车子开了。他又叹了口气，说：“要是早一分钟就好了。”

他等啊等，一直不见公共汽车的影子，元元决定走到学校去。

到了学校，已经上课了。元元红着脸，低着头，坐到了自己的座位上。李老师看了看手表，说：“元元，今天你迟到了二十分钟。”

元元非常后悔。

一年级小朋友阅读理解《一分钟》，当然是他们自己在阅读、自己在理解。但是，限于他们的语文经验与人生经验，学生自己阅读理解这篇文章颇有难度，所以语文教师就要“教”。教师应该如何“教”呢？

这是网上一位教师的教学设计，有如下三项教学目标：

（1）认识 9 个生字，会写 8 个字。

（2）正确、流利、有感情地朗读课文。

（3）知道时间的宝贵，懂得严格要求自己，珍惜时间。

教学建议是三个环节，对应上述三项教学目标。第一个环节是“识字写字”，也就是“认识9个生字，会写8个字”，重点在读音和字形的正确。这一环节的教学点很多——至少9+8=17个点。在教学中，尤其是公开课，这一环节通常会有压缩。识字教学与课文教学几乎割裂，写字教学的“写对”与“写好”同步要求，很有可能给小学生的学习造成一些需要额外“补习”“辅导”的后遗症。

1. 让学生在课文中画出带生字的词语，自主认读、识记。然后在读课文的过程中指导学生给生字正音，注意读准翘舌音“钟”“迟”，后鼻音“零”，鼻音“闹”。“欠”在“哈欠”一词中读轻声。

2. 引导学生运用学过的方法自主识字，说说哪些字是自己已经认识的，从什么渠道或用什么方法认识的。如：

（1）熟字加偏旁识字：钟、零、闹、哈、迟、叹、悔。

（2）熟字换偏旁识字：快—决、海—悔。

（3）猜谜语识字：“大门里边是市场”（闹）。

（4）运用汉字构字规律识字：哈、叹、钟、迟、悔（比如，让学生说说“哈”为什么是口字旁）。

3. 可用下面的方法巩固识字。

（1）同学之间相互考考生字是否认识。

（2）用“找找说说”中的偏旁和字组成新字，比一比，看谁组得多。

（3）游戏巩固：从“我会认”和“我会写”的生字中，选择几个，分组进行组词比赛，哪组组词多，哪组获胜。

4. 指导写字可分两步进行。

写字之前要仔细观察要写的8个字，把部件和笔画看清楚，保证把每个字写正确。如：“包”字里边是“巳”；“钟”字金字旁的最后一笔不能穿过上横；“迟”字里面的“尺”，末笔捺变点。

其次要仔细观察字的部件和笔画在田字格中的位置，把字写得匀称、美观。比如：“包”字的竖弯钩要拖长；“叹”和“哈”都有口字旁，口字旁要写得小一些，位置偏上；“闹”字的“门”要写得稍大一点，给里边的“市”留出足够的空间。

第二个环节是“朗读感悟”，对应第二项教学目标，在教学中的具体展开，是对课文中这个词、这一句、这一处的理解与感受。在教学中，尤其是公开课，这一环节通常会花较多的时间。对课文中这个词、这一句、这一处的理解与感受，与本课所要识认和会写的字几乎不发生关系。

1. 创设情境导入新课，初步感知“一分钟”究竟有多长。

2. 教师范读，学生整体感知课文，想一想：听了老师读课文，你知道了什么？（学生自由谈）

3. 自由朗读，讨论：元元两次叹气说“要是早一分钟就好了”的时候，他会想些什么？先让学生自己读书感悟，体会元元当时着急的心情；再小组讨论，谈谈自己的想法，揣摩元元的心理；然后派代表到全班交流；最后通过朗读表达元元当时的心情，注意读出叹息、自责的语气。

4. 在理解、感悟的基础上，讨论：你觉得这一分钟重要吗？为什么？

当同学们看见元元“红着脸，低着头”走进教室时，一定会受到强烈的感染——就这一分钟，使他迟到了整整二十分钟；就这一分钟，耽误了学习，使他感到愧疚和后悔。再通过小组讨论，让大家领悟到每一分、每一秒的重要。

5. 有感情地朗读课文。学生一边读，一边体会元元的心情。

第三个环节是“实践活动”，主要对应第三项教学目标，由课文延伸的思想教育，与课文的理解和感受无甚关系。在我听的一堂课上，老师出示了一个教学视频，展示工人、清洁工等在一分钟里可以（像卓别林那样）做好多事，引得这班的小学生啧啧呼叹。

1. 课后练习“找找说说”是组字练习。用偏旁“门”“口”和“欠“合”“市”“又”等字可以组成：“闹”“哈”“吹”“叹”等字。如果学生用“门”和“口”组成“问”，也应给予肯定。

2. 组织学生从活动中体会“一分钟”的价值。

（1）通过查找资料说明，人们一分钟能做多少事（如，工人、农民、解放军、清洁工）。

（2）以“我一分钟能做什么”为主题，交流自己的切身感受，体会时间的宝贵。

识字教学与课文教学割裂，思想教育跳空于课文的理解和感受——如果我没有读错，这篇故事讲的是“守时的重要性”，而不是“每一分、每一秒的重要”。

上述教学设计及其教学，看来需要改造。改造的途径是用概括性的语文知识来统领具体的语文知识。

在上述教学设计中，“认识9个生字，会写8个字”，了解这篇课文的具体内容，理解课文中的一些语词、语句等，是具体的语文知识，我们叫它“事实性知识”。事实性知识的学习方式是“知道”，学习目标是“记住”。

从小学一年级开始一直到高中，语文学科的每一篇课文都免不了记背字词、了解课文内容的一些细节等。这一点、那一点，这一处、那一处，一堂课下来，教师在课堂上要教的东西很多，学生要记的东西也很多。语文教师常常会发现这样一种现象：学生在课堂上好像都知道了，但一段时间过去，又好像什么都不知道了。为什么会出现这种现象呢？因为学生在课堂上知道的大量的事实性知识，其实都是临场的强制记忆。

语文课堂教学的最大问题，就是只要求学生“记住”一些零散的事实性知识。在语文课堂教学中，绝大部分教师可能更多地偏向事实性知识；但是，事实性知识几乎是无限的。今天教一篇课文，这一句、那一句，这一处、那一处；明天又是另一篇课文，又是这一句、那一句，这一处、那一处。这样的语文教学，看来是不行的。

那么如果要改造我们的课堂，应该怎么做呢？应该把教学的重点放在另一种语文知识上，我们把它叫作“概括性知识”。语文科学的概括性知识，其本质还是知识，但具有概括性。概括性知识的学习方式是“探究”，学习目标是“理解”。

仍以《一分钟》这篇课文为例，学生该学习什么呢？我把上面的教案中的教学目标，改造为：

（1）联系课文语境理解（学习）课文中的一些重要字词。

（2）阅读（朗读）故事时，结合自己的经验在头脑中展现具体形象。

（3）用讲述的语气、语调朗读故事。

（4）按照虚构故事、小说的模式来阅读理解。

与原教案相比较，第一条同样是学习字词，但把字词的学习放在上下文的语境中。

比如《一分钟》里有好几处“就”字，但在不同的上下文中词义是不同的：①“元元打了个哈欠，翻了个身，心想：再睡一分钟吧，就睡一分钟，不会迟到的。”②“他很快地洗了脸，吃了早点，就背着书包上学去了。”③“他叹了口气，说：‘要是早一分钟就好了。’”在这三句里，包含了原教案设计中要认和写的字，如“哈欠”“迟”“快”“叹”。

最后一句“非常后悔”很重要，元元不是现在才后悔，他一路都在后悔，两次“叹了口气”是后悔，“要是早一分钟就好了”的“要是……就……”是后悔，所以在最后就“非常后悔”，“悔”的竖心旁在这里讲，学生应该会记忆深刻。

第二条同样是课文理解和感受，但重点放在语句理解时的想象画面上，并且与课文中的一些关键字词的学习相勾连。比如："元元打了个哈欠，翻了个身，心想：再睡一分钟吧，就睡一分钟，不会迟到的。"在"心想"后面，元元从三个角度反复说服自己的模样。再如："他等啊等，一直不见公共汽车的影子，元元决定走到学校去。""一直不见公共汽车的影子"的模样，"决定"的模样等。

"联系课文语境理解（学习）课文中的一些重要字词""阅读（朗读）故事时，结合自己的经验在头脑中展现具体形象"，这两条其实是相互交织的，学生结合语境、通过画面展现来理解字形、字义能够事半功倍。

第三条"用讲述的语气、语调朗读故事"是综合，在语境中学文识字，在学文识字中理解、感受课文，学生结合自己的理解和感受，用"讲述"的语气、语调朗读故事，边朗读边在头脑中展现语句所表现的那些画面。在低段教学中有一个比较严重的问题，为了强调"读准字音"，小朋友朗读课文是一字一顿地高声读字，而不是将朗读作为一种阅读理解的方式。我想起茹茉莉老师的一堂课《小猴子下山》，学生一字一顿地高声朗读："小猴子下山了。"茹老师让学生停下来，听老师朗读："小猴子"的"子"轻声，"下山了"的"了"轻声，"小猴子下山了"讲述故事的语气、语调。我听的这堂课也是学生齐声朗读：丁 / 零 / 零 / 闹 / 钟 / 响 / 了 / 元元 / 打 / 了 / 个 / 哈 / 欠 / 翻 / 了 / 个 / 身 / 心 / 想 /……与我听过的低段课一样，老师只在第一个环节"读准字音"的时候，让学生注意"哈欠"的"欠"轻声，但在学生连贯朗读时，对语音的轻重、断连和语气、语调却充耳不闻。

第三条与第四条"按照虚构故事、小说的模式来阅读理解"相联系。《一分钟》显然是个虚构的故事。虚构故事或小说有两个阅读理解的线路：一是要素，背景（时间、地点）、人物、事件；二是故事模式，愿望、阻碍、结果。按这两个线路，哪怕是一年级小朋友，也能将整篇课文加以连贯地理解和感受，而不是像上述教学设计那样，学生东一处、西一处地，散乱地"自由谈"。更重要的是，虚构的故事、小说，涉及作者的意图——也就是作者为什么要创作这篇故事呢？换句话说，作者希望小朋友从课文中获取什么样的教益。这样，就可按小学生们各自的理解和感受，交流他们的阅读感受，并探讨这篇课文的意义所在。像上述教学设计那样，由外界（教参或教师）陡然提出"一分钟的价值"——"体会时间的宝贵"，充其量只是对这篇故事的意义可能理解之一种，而且还是不那么靠谱的一种。

上述四条，在我们的语文课中不是没有。比如想象画面，记叙文教学几乎每篇课文都有这样的教学活动。但是，它们一般都是作为教学活动。我对上述教案的改造是想说明，它们不仅是教学活动，而且是教学目标，是学习的主要内容。

上述改造所内含的学习原理，大致是相互联系的三个方面。

（1）学习和应用具体的语文知识来理解课文。这也就是学文识字，比如“再睡一分钟吧，就睡一分钟，不会迟到的”中的“再”“就”“迟到”等。这是事实性知识的教学，也就是我们语文教学中一直在做的事情，学习这个字词、那个字词，理解这一句、那一句，这些都是需要的。

（2）借助于课文学习中的这些事实性知识，“探究”概括性的语文知识。比如，通过对课文中出现的三处“就”字的语义探究，一年级小朋友开始明白，原来同一个字在不同的语句中意思是不一样的。在想象、表演一些语句的场景画面时，一年级小朋友开始明白，原来记叙文阅读要在自己的脑子里出现一串画面。比如“元元决定走到学校去”，“决定”是什么样子呢？想象具体的画面。“探究”概括性的语文知识，是语文学习和课文教学的主要内容。

（3）用概括性知识去统摄、勾连具体的语文知识。其实这与上述第二条是一体两面的事情。我们知道，语文教学中的一篇篇课文涉及许多零散的知识，而零散知识不可能被牢固地记忆——如果我们想一想自己以前读过的课文现在还留下点什么印象，就知道一篇篇课文孤零零地这个词、那个词，这一处、那一处地细究，都很少会长久地在头脑中留下印记。现在，可以用大概念（概括性知识就是大概念）把这些零散的知识勾连起来，每当说到“联系语境”，同学们或许就会想起《一分钟》中的一些字词，每当说到“想象画面”，学生或许就会联结《一分钟》中的一些语句。而一篇篇课文的具体的字词、语句等经验不断丰富，又会促进学生对概括性知识的理解。

概括性知识，对学生而言是抽象的。比如“联系课文语境理解课文中的一些重要字词”，这句话本身其实是很空洞的，学生记住了这句话并不代表他们能够理解这句话的含义，只有学生在课文学习中不断地遭遇这个词、那个词，这一处、那一处，逐步积累语文经验，才能真正明白“联系课文语境理解课文中的一些重要字词”的含义。用《一分钟》这篇课文引导学生探究上述四条概括性的语文知识，只是对这四条概括性的语文知识“理解”的开始，以后再通过一篇篇课文的学习经验，逐渐地有更多的明白、更丰富的理解。概括性知识的学习，不是一教了之，而是不断加深理解的持续的建构过程。语文学习是一个螺旋式上升的过程。所谓螺旋式上升，就是给概括性知识不断地增加新的经验，在新经验的增加中不断加深对知识本身的理解。

概括性知识具有强大的迁移力。比如上面四条，如果能形成这样的阅读习惯，那么学生以后读故事、小说等叙事作品，就能迁移和运用自己理解的概括性知识：联系上下文语境理解重要字词，结合自己的经验在头脑中展现具体形象，按照虚构故事、小说的模式来阅读理解，用讲述的语气、语调在朗读中表达自己对课文的理解和感受。

新课程改革、学习方式变革有三个主题词——“自主”“合作”“探究”，最终这三个关键词都落点在“探究”上。那么具体“探究”什么呢？谁来探究呢？怎么探究呢？语文课改近二十年来，似乎都没有说明白。我们现在知道了：谁来探究呢？当然是学生在探究，是学生在老师的组织下自主、合作地探究。我去听课，最怕听到的就是“老师带领学生探究”，因为“老师带领”的“探究”往往演变为学生看着老师在探究。探究什么呢？在语文学习中，学生探究的是概括性的语文知识。“探究”就意味着自己去“发现”，发现概括性的语文知识，对概括性的语文知识不断有新的理解。概括性知识具有较强的迁移力，学生必须经探究而持续建构对概括性知识的理解。那么怎么探究呢？探究的过程就是上面所归纳的三条：①学习和应用具体的语文知识来理解课文。②借助于课文学习中的这些事实性知识，“探究”概括性的语文知识。③用概括性知识去统摄、勾连具体的语文知识。

当然，在《一分钟》这篇课文的教学中，可能还会涉及一些语文知识“大概念”，即概括性的汉语知识，如汉字的笔画和结构是有意义的，汉语的读音是传达词义和情味的等。这样，“哈欠”的“哈”的口字旁、“欠”与“口”的关系，“迟到”的“迟”的形声字以及“迟”末笔捺变点等，由“大概念”统摄、与概括性的汉语知识相勾连，学生逐渐“理解”汉字字形和读音的一些规律，在很大程度上可避免这一笔、那一笔地，这个字、那个字地，一笔笔、一个个地，散乱地强制记忆。

再看一篇课文，冰心的《肥皂泡》，是小学三年级的一篇课文。

小的时候，游戏的种类很多，其中我最爱玩的是吹肥皂泡。

下雨的时节，不能到山上海边去玩，母亲总教我们在廊子上吹肥皂泡。她说阴雨时节天气潮湿，肥皂泡不容易破裂。

方法是把用剩的碎肥皂放在一只小木碗里，加上点儿水，和弄和弄，使它融化，然后用一支竹笔套管，蘸上那黏稠的肥皂水，慢慢地吹起，吹成一个轻圆的网球大小的泡儿，再轻轻地一提，那轻圆的球儿便从管上落了下来，软悠悠地在空中飘游。若用扇子在下面轻轻地扇送，有时能飞得很高很高。

这肥皂泡，吹起来很美丽，五色的浮光，在那轻清透明的球面上乱转。若是扇得好，一个大球会分裂成两三个玲珑娇软的小球，四散分飞。有时吹得太大了，扇得太急了，这脆薄的球，会扯成长圆的形式，颤巍巍的，光影零乱。这时大家都悬着心，仰着头，停着呼吸，不久，这光丽的薄球就无声地散裂了，肥皂水落了下来，洒到眼睛里，大家都忽然低了头，揉出了眼泪。

那一个个轻清脆丽的小球，像一串美丽的梦，是我们自己小心地轻轻吹起的，吹了起来，又轻轻地飞起，是那么圆满，那么自由，那么透明，那么美丽。借着扇子的轻风，把她们一个个送上天去送过海去。到天上，轻轻地挨着明月，渡过天河跟着夕阳西去。或者轻悠悠地飘过大海，飞越山巅，又低低地落下，落到一个熟睡中的婴儿的头发上……送着她们，我心里充满了快乐、骄傲与希望。

《肥皂泡》原文为《胰皂泡》，作者为冰心。原文在最后一段，交代了写文的缘由和主旨："今天从窗户里看见孩子们奔走游戏，忽然想起这一件事，夜静无事姑记之于此，以志吾过，且警后人。"对儿时吹肥皂泡的回忆，落点在易破的"画梦"；所谓"吾过"，其实是作者人生态度的表露——虽知"画梦"易破，但"我"依然愿意做一个不断有"画梦"的人。课文摘选的是《胰皂泡》原文的前部分，课文的最后一段有较大幅度的改写。

课文中颇有一些对学生而言较难理解的字词。它们不是常用字词，而是带有当时那个年代作者自己风格的词语。例如："轻清透明""玲珑娇软""光影零乱""光丽""轻清脆丽"等。

教科书设计的学习活动，除了这一课的生字词外，有三道题：

（1）朗读课文。用自己的话说说吹肥皂泡的过程。

（2）课文中有一些句子不容易懂，如："五色的浮光，在那轻清透明的球面上乱转。"在课文中找一找，查阅资料，说说这些句子的意思。

（3）读句子，体会丰富的想象，再想一想：这些轻清脆丽的小球，还有哪些美丽的去处呢？（句略）

这是某名师工作室活动的一堂公开课，任课者是一位很有教学才能的青年教师。课的组织基本按教材的要求，落实识字与写字，用课文中的动词说说吹肥皂泡的过程，重点放在第四段的想象画面和有感情地朗读。课前教师给学生每人准备了吹肥皂泡的器具，激发学生的学习兴趣。第一环节是几个字词的学习，包括字形、字音。第二环节是教师解答学生预习中提出的两个问题。第三环节是让学生两两分组，一人读课文，另一人随着朗读的语句进行表演。在学生表演的过程中，教师不时地进行解释、补充，让学生们能够更好地理解与想象课文中的语句。想象画面是读懂句子的好方法，但在这里，凭学生的已有生活经验，那些词语是不那么容易想象的。就像许多语文课一样，这节课里的想象画面也只是作为教学活动，而不是教学目标和主要学习内容。第四环节是教师和学生配乐朗读课文第四、五段。

课前活动

教师问学生："大家喜欢玩什么？"准备充分的学生纷纷答："吹肥皂泡！！！"教师为每名同学准备了吹肥皂泡的器具，学生做吹肥皂泡的活动。

第一环节：学习生字词

出示生字词。谁来读？

1. 读对了吗？一起读一读。

2. 讲"廊子""颤巍巍"。

3. 写"廊"字：（广字头，右耳旁）空书后学生写字。

（以上 10 分钟）

第二环节：回答学生预习中的提问

出示课件，回顾预习中的提问。

1. 为什么"阴雨时节天气潮湿，肥皂泡不容易破裂"？

2. 为什么"其中我最爱玩的是吹肥皂泡"？

……

师：为什么她最喜欢吹肥皂泡呢？

生 1：因为带来了快乐和希望。

师：那我们在课文中找答案吧。学生自己读课文。

师：读好了吗？为什么喜欢？

生 2：读课文第三段。（师评"扇"）

师：一个原因。还有吗？

生 3：读第四段。（师复述）

师：还有其他原因吗？

生 4：找到下一段读。

（下一个问题："阴雨时节……"？播放科学教师解释的录像：肥皂泡为什么破裂？明白了吗？生齐答：明白。师：遇到不懂的句子，就要会请教别人。）

（以上 10 分钟）

第三环节：读课文第三段

1. 要求一人读，一人做动作。

（1）同桌两人活动。

（2）选两组展示。

（3）一起玩吧。（师表演读，生做动作）

2. 出示动词，用自己的话说过程。

师：你自己吹肥皂泡是怎么样的？

生：（用课文语句讲，背书）

师：哇，这么能说，好！还用“首先”“然后”！

第四环节：读课文第四、五段

1. 选出“好声音”。

师：选出“好声音”。两个任务：

（1）读诵，想画面。

（2）互诵，朗读给别人听。

2.“诵一诵，赞一赞”活动。

师：仿佛看到的？

（生读句子或复述语句）

师：想象画面是个读懂句子的好方法。

3. 分组读给同桌听。

师：你喜欢哪个句子？

（生读）

师：真好听！

生：（动作）颤巍巍。

师：原来读不懂的句子，可以猜一猜、想象画面，就读懂了。

4. 生齐读第四段。

5. 配乐，出示幻灯片。（第四段课文改用诗句形式）

（生读第四段）

师：现在心情如何？

生：很舒畅。

师：还有吗？

生：生动。

生：还很现实。

师：还有心情吗？

生：很紧张。

师：回到了“其中我最爱玩的是吹肥皂泡”。

师：明天语文课继续。

（以上20分钟）

这篇课文对三年级小朋友来说，有点难度。在教学研究中，我把学生的疑难处分解为两个方面：①“困难”，指学生自己意识到有阅读困难或理解障碍的地方。比如在预习这节课时，学生提出了两个他们感到“困惑”的语句。②“问题”，指学生自以为读懂但实际上却没有读懂或不可能读懂的地方。学生阅读中的“问题”，需要教师依据专业知识来分析和判断。

这篇课文的难度主要在于第四段，也就是教师这节课所重点教学的那一段。“想象画面和有感情地朗读”，实际上学生目前是做不到的。因为这段中几乎所有的关键词语，单凭学生的已有阅读经验和这节课这样的教学，学生是不能够理解的，因而他们无法想象画面，也不可能读出作者用这些文字所传递的“作者的”情感——与所有语文课一样，在这节课中学生似乎“绘声绘色”地朗读了；但这种“绘声绘色”，实际上是对教师朗读的腔调的模仿，读的声音加重一点，把自己的感情（注意：是读者的感情，往往还是生造的感情）灌注进课文语句，表现为加重语气，提升语调的“朗读腔”，有时还加上点夸张的动作。

看到这篇课文的其他课例，也有专家认为这第四段里的一些词语“精彩”，因而要求学生“积累好词好句”。实际上也是积累不了的。因为学生不能理解这些词语，因而也不可能明白它们为什么好、究竟好在哪里。

那么，怎么让学生能理解这些词语呢？或者说，怎么教能使学生对这些词语理解得更好些，因而他们可能自然而然地想象这些词语所营造的画面呢？

这节课有个很好的创意，那就是上课之前的“吹肥皂泡”活动。可惜只当作课前的预热，在课文教学中没有利用学生可能有的现场经验。我们来试着改造一下，假如这节课这么上，是不是会更有效些：

先开展学生吹肥皂泡的活动，请他们描述所吹出的肥皂泡，边观察边记下自己描述肥皂泡的词语——相信学生所描述的词语，几乎不可能是课文中的这些词语；如有貌似的，那对教学就更有利。学生交流各自描述的词语，交流观察肥皂泡时的观感。引导学生注意：词语是描述自己所看到的景象。

然后带着这些既有经验朗读冰心的这篇《肥皂泡》，看看冰心看到的是怎样的景象。借助于刚才吹肥皂泡的印象，最好让学生再次吹肥皂泡，直观地体验课文这些词语所描述的景象，联系自己的经验理解（想象）课文中的描写语句。

学生读课文第四段，挑出课文中描写肥皂泡的词语，将自己描述肥皂泡的词语与冰心描述肥皂泡的词语进行对比，讨论作者所用的词语，比如“浮光”“玲珑娇软”“轻清脆丽”，然后弄明白：作家用这些词语是要准确地呈现其感官印象。

进而让学生理解“美丽”“美丽的梦”等词语，引导学生讨论这些词语，并且让三年级学生或多或少地明白：散文中的景象并不是客体的再现，散文中的描写语句渗透着作者的主观情感。学生会发现:《肥皂泡》里的一些词，我们的眼睛可能是“看不到”的，这是作家的眼睛看到的，只有作家带着自己的情感才能看到。如果能这样，那么下文中的“那么圆满，那么自由，那么透明，那么美丽”，学生或许就不会仅仅在字面意思上理解了。

如果将课文中“美丽的梦”还原为原文的“画梦”，或许还能使学生有这样的感觉：散文中对往事的回忆，目的（意图）是述说作者从中感悟的人生经验。当然，这一堂课不一定要延伸到这么远。

在上面的改造中，我插进了四条概括性的语文知识：

（1）作家的语言（词语、句式等）准确地呈现他们的感官印象。

（2）散文中的描写语句，渗透着作者的主观情感。

（3）联系自己的经验理解（想象）课文中的描写语句。

（4）散文中对往事的回忆，目的（意图）是述说作者从中感悟的人生经验。

上述第四条这节课不一定涉及。教学的过程主要是围绕上述前三条概括性的语文知识进行探究。探究的过程同样是三句话：①学习和应用具体的语文知识来理解课文，也就是学文识字；②借助于课文学习中的这些事实性知识，“探究”概括性的语文知识；③用概括性知识去统摄、勾连具体的语文知识。

能使学生或多或少地明白，作家所用的词语是要准确地呈现他们的感官印象；能使学生有意识地联系自己的直观经验，理解（想象、体验）课文中的描写语句。即使是再初步，我认为就是一堂很好的课了。如果学生通过这节课的学习，开始明白作家的语言能准确地呈现他们的感官印象，那么当学生以后再读到散文作品或小说中的描写，就能有意识地捕捉那些独特的词语，读懂作者的心灵感受。

语文学习，最主要的学习内容是概括性的语文知识，而不是一篇篇课文中的具体细节。大家都是语文教师，在自己还是学生的时候，肯定也背诵过很多课文，从小学一年级就开始背诵，这么多年过去，当时记背的课文你还记得多少呢？我相信是不会很多的。所以，现在我们认识到，在语文教学中，在阅读过程中，学生真正要学的东西是阅读的态度、阅读的方法和阅读的策略，这就是我刚才说的概括性的语文知识。我们应该从以往的“这一篇、那一篇，这一字、那一句”转向引导学生探究概括性的语文知识。

概括性知识，又称为概念性知识或原理性知识。一些教育研究者所说的“大概念”“大理念”“大观念”，都是英文“Big Idea”的翻译，其实就是概括性知识。现在语文学科开始了单元教学，就是要用“大概念”即概括性的语文知识来组织单元。虽然在语文学科中到底要怎么做，还有待进一步研究，但是我们已经明晰发展与改进的方向了。

以下是国外小学语文教学“自主学习”的一个典型课例，从中我们能够吸取一些教益：

师：（将诗例板书并朗诵）

人不过是有弱点的傻瓜。
天热的时候，他要凉爽。
天冷的时候，他要温暖。
没有啥，他偏要啥。

师：今天，我将介绍一些理解诗歌的方法。譬如我刚才朗诵的这首诗，它看似简单，但其中的每一个词都是经过作者的细心雕琢并蕴含着丰富的意义。下面我就让你们来尝试一种方法，看看这样的诗歌应该如何理解，并从中读取作者的意图。首先，我们一起来识别一下这首诗的关键词。博比，你认为哪些词是关键词？

博：哦，我认为是“人”，因为它是第一个词。

师：还有吗？（仍然看着博比）

博：没有了。

师：阿妮塔？

阿：“热”和“冷”这两个词应该很重要，因为它们都出现了两次，并且同首句和尾句的最后一个词押韵。

师：还有其他关键词吗？里克？

里：哦，我觉得“有弱点的傻瓜”有特殊含义，但我不知道究竟是什么。

师：好的，我想大家找出的这些关键词对于我们理解这首诗是很重要的。我们可以借助于词典查查那些我们不知道或不确定的词，这是第二个步骤。特德，你查一下“mortal”一词的含义。现在我们开始第三个步骤，解释作者要表达的意思。苏珊，你能解释一下吗？

苏：我想作者的意思是说，我们总是在改变主意，那就是为什么我们看似愚蠢的原因。

师：我们都是人，因此免不了需要常常改变主意，对不对？朗达看来有话要说，朗达？

朗：哦，我认为我们改变主意并不是因为我们愚蠢，而是因为那是人类天性中的一部分——我们总是想得到我们所没有的东西。

师：好的，你又补充了苏珊的解释。你认为呢，苏珊，你同意吗？

苏：是的，我同意。我们并不愚蠢，只是我们是人。

师：克里斯，你想补充点什么？

克：我认为，我们人类一点也不笨。如果要想真正享有什么，首先得经历相反的情况，不然，我们不会知道它真正好在哪里。

师：好的，克里斯的发言将我们带到了第四个步骤，也是最后一个步骤。让我们试着将他所说的与我们的实际经验结合起来。准备好了吗？博比？

博：我同意克里斯的看法。我还记得去年夏天的炎热才让我们那么渴望冬天的到来。

师：（玛利亚在举手）玛利亚，你对此有什么看法？

玛：但是一到冬天，我又迫不及待地希望冬天的结束，那样我又可以去游泳了。（全班同学都点头赞同）

师：克里斯的观点似乎是正确的。我们要完全欣赏一件事物，就必须看到它的两面——如热和冷、好和坏、亮和暗。噢，特德，你查到“mortal”一词的意思了吗？

特：它有“致命的”“不免一死的”“有弱点的”几个义项。

师：你觉得哪个义项最符合这首诗中“mortal fool”的含义？

特：哦，最后一项。因为它好像和我们正在谈论的话题有关，也就是我们选择了甲事物时，又想选择乙事物。就像我们太冷时，就会向往夏天；当夏天到来时，我们又嫌它太热。

师：我同意你的观点。这正如我们在生活中的经历一样——我们已接近作者的意图了。好，让我们再深入一步，如果把所有的观点汇聚起来看，这首诗表达了什么意思呢？（朝亚历克斯点头）

亚：噢，我想生活是一种循环，我们不停地绕圈——终点回到起点，然后又逃开去——也许这正是我们的弱点——就像词典中的解释那样。

师：很有见地。博比，既然我们从你开始，我还是要把最后的发言权交给你。

博：我认为亚历克斯是对的。我现在明白了作者为什么说我们都是傻瓜，我们就像转着圈追自己尾巴的狗，总是想得到不现实的东西。这正好可以用来解释首句和尾句，不是吗？因为我们都是人，我们的弱点就是“贪心不足”。是的，我们都是有弱点的傻瓜，我明白了。

师：很好，现在我们回顾一下刚才解读这首诗时所做的四个步骤，我复述一遍，你们把它记下来，作为其他几首诗的阅读指导。[1]

---

[1] 鲍里奇．有效教学方法［M］．易东平，译．4 版．南京：江苏教育出版社，2002：241-243．

上述课例的学习内容是三个方面：①对这首诗的理解和感受，也就是学文识字；②解读诗歌的四个步骤，也就是学习读诗的方法；③一些核心的大概念，即概括性的语文知识，统摄和勾连具体语文知识及阅读方法和技能。这堂课涉及的概括性的语文知识，我归纳为三条：①诗看似简单，但其中的每一个词都经过作者的细心雕琢并蕴含着丰富的意义；②识别、理解诗中的关键字词，并结合自己的经验解释诗句的意思；③联系自己的理解和感受，探求作者的意图并深入理解诗的含义。

老师们可以联系上面所说的探究过程来进一步研习这个课例。复习一下，对于探究的过程，我们归纳为三句话：①学习和应用具体的语文知识来理解课文；②借助于课文学习中的这些事实性知识，“探究”概括性的语文知识；③用概括性知识去统摄、勾连具体的语文知识。

课例兼评

十一、阅读教学要走向高层次的理解
——评一次教研活动的几堂课

以下是我在一次省级教研活动中现场听课后的现场评议，由同场听课的《语文学习》杂志社周燕编辑根据录音整理，并以《阅读教学的问题在哪里——广西观课印象及讨论》为题，发表在《语文学习》2012年第3期。

（一）从学生在一堂课中的反应说起

和大家一样，在昨天和今天上午的一天半时间里，我学习了黄厚江老师执教的《孔乙己》，也倾听了7位老师的展示课。根据听课时的一些想法，我谈谈个人的观感，联系昨天听的7堂课，简评黄厚江老师执教的《孔乙己》。我是第一次听黄厚江老师的课，当场听课当场消化，不一定说得到位。

先谈一下我对黄厚江老师的这堂课的认识。我把黄老师这堂课的环节大致做了梳理，老师们可以边看听课笔记，边查验这样的梳理是否与黄老师所上的课一致。

第一个环节，大概七八分钟，同学们自读课文。之后，黄老师请一位自称刚才已看了三遍的同学回答一个问题：文中你印象最深刻的是什么？同学吞吐，所谈的"印象"与教师所期待的，明显有较大的落差。其他同学看来也不得要领。

第二个环节，是这堂课的主要环节。黄老师试图要教会学生：读小说最重要的是对人物形象的把握。黄老师带领学生分两步走：第一步，让学生回忆孔乙己的形象："你对孔乙己形象印象最深刻的是什么？"有同学讲："是他所说的话语。""是些什么话语？"黄老师问。同学们进行了简略讨论。第二步，黄老师请同学们再回到课文中：看课文中反复出现的东西。针对课文中反复出现的东西，可以从不同的角度入手，比如孔乙己的语言、服饰等。黄老师抓的是"手"。确实，在这篇小说里，对"手"的描绘非常关键，"手"是刻画、揭示孔乙己这个人物形象的抓手。黄老师要求同学们把课文中写到"手"的地方找出来，对其进行揣摩。所谓揣摩，就是不断地扩展对孔乙己这个人物形象的感受和认识。

在语文课上，很多老师注重"品味语言""揣摩语言"。到底"揣摩"什么？在这堂课里黄老师告诉我们，应该揣摩人物形象及形象的含义。在老师的带领下，学生们讨论了几个词：“排”“长指甲”“走”和“摸”。尤其是“排”和“摸”，黄老师要求学生联系上下文、联系描绘孔乙己的前后片段，通过对“手”的动作的揣摩，把握或试图把握孔乙己的形象、孔乙己的内心世界。

第三个环节，是加深对课文的理解和感受。第一步，黄老师让学生再看课文，在适当的地方加进“手”的动作。通过这样一个写的活动、加的活动，进一步让学生去揣摩，去理解和感受孔乙己的形象；然后进行交流，加深对课文的感受和理解。第二步，关注课文最后一句：“大约孔乙己的确死了”。着重在“大约”。为什么是“大约”？让学生在了解“大约”的含义的基础上去想象，想象孔乙己死时的可能场景；而在这种想象当中，又回到对《孔乙己》这篇小说的理解和感受。

第四个环节，是试图提升学生对主题的认识。主要的活动是让学生写碑文：孔乙己是个什么样的人？用一句碑文给他下个定论。

最后是结束语，回到这堂课的学习重点：怎样读小说。黄老师帮学生总结了两点：记住精彩或经典的细节；然后想象、揣摩、思考。想象、揣摩是对人物形象的理解，思考则是从作品的形象中看出它的意义。

从上述的梳理中，我们可以看出，黄老师的这堂课有三个要点。

第一个要点，让学生读课文。整个课堂活动的展开就是学生在老师的指引下读文、理解、感受。阅读教学中的理解、感受，是学生在理解、在感受；课堂的大部分时间是学生“学的活动”。我们看到，黄老师先让学生找“印象最深刻”的地方，接着是找写到“手”的位置，在适当的地方加进写“手”的语句，然后是“孔乙己大约死了”的可能场景，最后是写一句碑文。整堂课都是学生在动，或者试图让学生动，而不是学生听老师的理解、记老师所讲。

第二个要点，要把语言文字转化成读小说的感受。这是文学鉴赏的核心标志。一位教师教文学作品，是不是把它“当文学作品在教”呢？读一篇小说、读一首诗歌，是不是在欣赏、鉴赏小说和诗歌呢？核心的标志在这里：能不能借助于想象把文字转化为形象。好的小说阅读者、文学阅读者，头脑中有非常丰富、生动、具体的想象活动。文学鉴赏能力相对比较低的学生，在阅读的时候，则往往文字是文字，文字和想象是分离的。读小说的关键，是把文字转化为形象的感受，也就是老师们所说的“揣摩语句”“品味语言”。

这里我稍微做一些展开，与昨天听的几堂课联系起来说。文学教学不是让学生简单地在课文里找东西，而是找到东西以后进行情境性的推论、想象。比如找到“手”之后，尽可能生动、丰富地想象孔乙己当时“排”的时候是什么样态，“摸”的时候是什么样态。在找的过程中，是学生根据对孔乙己形象的把握，联系上下文、联系前后左右这样一个连贯的阅读行为。阅读不是一个线性行为，而是根据理解不断地连贯全文的行为。

第三个要点，在形象感受中“看到”主题。我特意用了这个词——“看到”。老师们喜欢用“归纳”，但“归纳”这种说法可能会有误导，所以我用了“看到”。主题就在形象中！主题就在孔乙己的“排”“摸”的变化中！主题就在孔乙己长衫、短褂的变化中，脸色的变化到“大约的确是死了”！

上述三个要点，对文学作品教学，都是至关重要的。

黄老师的这堂课，据我观察，学生有两个反应。

第一个反应：几乎被打蒙了。学生不知道怎么读小说，不知道这篇小说要读什么，找“手”的地方不知道要找什么，加语句的地方不知道要加什么，加的东西和教师的要求落差比较大。

第二个反应：是对这篇课文几乎不能理解。我们来回顾一下学生最后写的碑文：“一个热爱读书的人”“一个嗜酒如命的人”“一个贫困的读书人”“一个死要面子的人”“一个不劳动的人”。针对这些“碑文”，对孔乙己这个人物，学生们有深刻的感受吗？对《孔乙己》这篇小说，有深入的理解吗？学生们的表现，说明他们没有很好地进入这篇小说。

为什么会出现这种情况呢？我分析可能有两个原因。

第一个原因，今天我在吃饭的时候特意问了黄老师：对于这篇课文，你采取这样的教学方式，为什么没有让学生预习呢？因为这样的教学显然需要学生预习，需要学生做有针对性的准备。而在这堂课上我们看到，材料是现场发的，学生匆匆地看了几分钟。黄老师告诉我，是会务安排没有衔接好，本来以为学生是提前拿到课文的，结果到现场才知道学生没有课文。这是一个原因，学生没有较充分的阅读时间。

第二个原因，我认为是主要原因。虽然这堂课学生没有预习，但从他们课堂上的阅读行为看，我认为反映了他们平时在语文课中的阅读习惯和阅读样态。简单地说，学生原来会的那套武功，在黄老师这堂课上全被废掉了，他们不知道怎样来应对。

这堂课如果这样上，我想学生们肯定能跟上教学节奏：

（1）请同学们看课文，分分段。

（2）这篇课文是从哪里开始写孔乙己的？让学生去找。学生看一遍，找到了，孔乙己是从第四段开始写的。

（3）然后让学生再看一遍课文，主要写了孔乙己的哪些方面？学生再去找一遍，有语言、有肖像、有动作，学生找到了。

（4）再让他们找一遍，在动作描写中主要写的是什么动作啊？有可能学生会找到“手”。

（5）找到“手”以后，再让学生找，“手”写了几处啊？学生再找，找到了。

（6）然后让学生再找，前面一处和后面一处相对照的地方是哪里啊？学生找到了。

如果这样教的话，学生一定跟得很顺畅。但这是阅读教学吗？这是阅读理解吗？按教师的指令，学生找一遍，再找一遍，这是阅读小说吗？

我的意思是，这第二个原因就是学生长期以来在阅读教学中形成的阅读习惯。这种阅读习惯使他们很难进入文学作品的理解、鉴赏的状态，而只能是像考试答题那样，根据外部的指令寻找相对应的信息点，一遍一遍地、散乱地找教师要他们找的东西。

也许有人会说，我这话未必对。下面，我带老师们回头看看昨天的 7 堂课，我们到底在教什么，到底是怎么教的，到底想教会学生什么样的武功。

这 7 堂课老师们都听了，可以帮我核实下面的梳理是否符合这些课的原貌：《明天不封阳台》《老王》《窗》《如果人类也有尾巴》《勇气》《祖国啊，我亲爱的祖国》以及一堂写作指导课。

我这里主要讲阅读课，顺便提一下写作课。其中在一堂课上，我正好有一个紧急电话，前半段没有听到，就是《祖国啊，我亲爱的祖国》，我只听了后半段，我也说简单一点，因为我没有听完整，不敢说。还有一篇《如果人类也有尾巴》，我待会儿也提一下，因为我吃不准，授课教师把它当科学小品来教的，但我觉得它是幻想的作品。[1] 这样我们剩下来的主要是 4 篇课文《明天不封阳台》《老王》《窗》《勇气》，前两篇是散文，后两篇是小说，显然都是文学作品。

（二）先看两堂散文阅读教学课

1.《明天不封阳台》课例评议

先来看第一堂课《明天不封阳台》。

首先是照片导入，之后是让学生找“线索”。“线索”一词我先打个引号，在后面我会说到“线索”是什么意思。学生很配合，一位同学一下子拎出三句话来：开头处“今天要封阳台”，中间处儿子问“明天还封阳台吗”，后来父亲决定“明天暂时不封阳台”。这就是我刚才讲的学生会的武功：教师发一个指令，学生明白了要找什么，机灵的同学能一下子找到。这位学生对文学很有感觉，他还看出来了：“明天要封阳台”表明坚决的态度。但教师不敏感，因而没能在这里停留住——对文学

---

[1] 与两堂课相关的内容，在原实录中已被删除。

语言的敏锐感觉，本来应该是教学的重点之一。“你怎么知道他很坚决呢？”教师随意问了一句。学生答：“‘明天要封阳台’，一句说定，可以感觉到态度的坚决。”

“好。”教师随即转到他认为更重要的点上，“这是一只怎样的鸽子呢？”——不封阳台，就是因为这只借居阳台孵蛋的鸽子。学生就从课文中去找，这是一只什么样的鸽子。教师不厌其烦地反复问，要学生不停地去找。我把教师的话跟大家念一下：“还有什么描写？”学生讲了一处，神态描写。教师接着问：“还有什么描写？”学生明白了，哦，还不够；再找，找到了，动作描写。然后教师再问：“还有什么描写？”学生一看还没找够，再找一处。教师再问：“还有什么描写吗？”终于有一位学生怪异地找到了：鸽子的叫声“咕咕”，对话描写！这堂课的大部分时间是花在这里的。

这些都找全之后，学生齐读课文。齐读之后，教师问：“假如要你对小鸽子说些话，你要说什么呢？”学生模拟对话。

然后进入下一个环节：“父子俩是持什么态度呢？”答案在哪里？当然在课文中。于是学生去找：儿子，在这里；父亲，在这里。然后，教师做了些延伸：“父亲仅仅是关爱小动物吗？”不是的，父亲想得更多。哪里想得更多啊？找到了。课文写了，在内蒙古草原，他“趴”在地上……我记得教师在“趴”这里还展开讲了一下：讲了我们现在的环境如何如何，让学生看了不少自然生态的图片。从图片的对比中可以看到自然环境被破坏得很严重，所以作者呼吁……于是让学生去读第七、八段，再找，找了一通之后，教师说结束语：如果我们人人都关爱动物，我们的生活、生活环境会更加美好。最后是学生们齐声朗读教师的课件上的一首小诗。

这是我对这堂课的环节的梳理。老师们可以对照自己的笔记看，我这样梳理符不符合？是不是这么回事情？如果是，我们可以归纳出这堂课的三个特点。

（1）教学过程基本上是学生按照教师的指示把课文的角角落落都找了一遍：鸽子怎么样？儿子怎么样？父亲怎么样？或者说，是教师领着学生把课文重新“耕”了一回，从这个角度去“耕”一回，从那个角度去“耕”一回。“耕”完了，教师说结论。阅读变成了在课文中“找东西”。根据外在的指令在课文中“找现成的东西”，这不是阅读理解能力，而是“扫读”能力。或者说，根据外部指令去找文本表面的信息，这是阅读最低级的一个理解状态。

（2）以课文中的某些语句为支点谈论。从课文里找到某一句话，然后学生开始谈论：爱护环境、爱护动物……等会儿我们可以看到，其他的课也基本上是这种类型。

（3）结课、结束语是激情语，是号召。我们有几堂课，一开始让学生读目标，这很好，但是读目标是为了什么呢？目标应该落实到最后的结课当中。但我们不是，我们是做号召：让我们爱护动物，让我们的家园变得更美好。

大家可以看看，这堂课和黄厚江老师的课，在哪几个地方有区别呢？

（1）黄老师是让学生读课文，让学生去理解；而这堂课是教师发指令，让学生找一遍，再找一遍。

（2）黄老师说，读小说是让形象转化为感受，是让学生去理解、去感受。我们这堂课呢？是学生借助于课文中的一句话去谈论别的东西。

（3）黄老师的结课，是回到这堂课教学的核心内容；而这堂课的结课，是和这篇课文的理解、感受相脱离的“口号”。

2.《老王》课例评议

我们再来看一堂课《老王》。

先是教师激情导入，接着学生齐读目标，然后看作者照片，再然后是“速读”课文，让学生“思考”问题。我在“速读”和“思考”上打了引号，因为这里的“速读”不是速读，“思考”不是思考。教师所谓的“思考”是什么呢？他提了三个问题。第一个问题：“作者是怀着怎样的感受写这篇文章的？”这本来是个很好的问题，但教师生怕学生找不到，加了一句：“哪个词？”学生明白了，要在课文中找一个词。以前都训练过了，这个词要么在课文头部，要么在课文尾部。所以学生很配合，一下子就找到了，在尾部：“愧怍”。第二个要学生思考的问题，其实是拿眼睛看：“写了哪三件事？”这是不用动脑筋的。而思考恰恰是需要动脑筋的。第三个问题：“作者印象最深刻的是哪件事？”当然是最后一件事，它写得最长。好了，三个问题，找到了三处。

找到之后，“品读”老王。我在“品读”这里也打了引号。品读，如果按照黄厚江老师的《孔乙己》的教法，应该是去揣摩老王的形象。黄老师那堂课讲的是小说，揣摩孔乙己的形象是对的；但这篇是散文，应该是去揣摩老王的形象，还是作者的情感？教师所做的是，揣摩和品味老王。先让学生读最后一段，然后找课文中对老王的描写，肖像、动作、语言……一遍遍地找，东一个学生找到一处，西一个学生找到另一处，合起来看，似乎该找到的地方学生都能找到。但是，不同的学生散乱地找到一些语句与学生在整体上形成对课文的理解，这中间的差距是很大的。教师似乎以为，张三找一句，李四找一句，王五找一句，合起来就是对整篇课文的理解；但是对学生来说，他找到一句就只知道一句，找到哪一句就只知道那一句。找到描写，其实是给它定名：这是肖像描写，这是动作描写，这是语言描写……教师又问：“最能打动人的描写是在哪里？”学生找到了：“不要钱”。把这么珍贵的鸡蛋、香油送过来，却不要钱。为什么不要钱呢？等会儿我们来看学生到底有没有理解。接着让学生模仿“直僵僵的”，一个男生表演得蛮好的。然后学生分角色朗读最后一段，读得蛮好的，一男一女，一共两对。

老王这部分找完了，教师接着问：为什么“愧怍”呢？教师的核心意思是，杨绛认为自己对老王的关怀还不够——我不知道教师觉得怎么才算够。然后，岔开来问：“如果我们碰到不幸的人该怎么办呢？”学生开始胡讲，即学生在完全没有理解文章的情况下，说了一通与文本毫无瓜葛的话，这些话都是套话。我记得一共是三个学生再加上教师的结语。一个学生说，要善良一点；一个学生说，要关心他人、帮助他人；一个学生说，关心他人不一定要用钱来衡量；最后教师总结：愿我们每个人都有一颗善良的心。——这些跟杨绛表达的情感有关系吗？

（三）再看两堂小说阅读教学课

1.《窗》课例评议

我们再看一堂课《窗》。

《窗》是一篇微型小说，这堂课开始由一幅窗的图片导入，伴有很好听的鸟语。教师问：“同学们看到这扇窗想知道什么呢？”学生瞎说一通，想知道什么什么。

不管想知道什么，教师都不管，反正是下面这个环节：复述情节。怎么复述？一遍遍地找。时间呢？地点呢？前面是什么呢？后面是什么呢？怎么变化呢？学生很配合，因为这些都是他们会的，是他们原来就会的武功。你让他找一遍，他就找一遍，张三找不到，李四找到了，李四找不到，王五找到了。五十几个人，总有人找得到。最后，教师很满意，都找到了。

然后是第三个环节：感受人物。什么叫“感受人物”呢？也就是像黄厚江老师讲的“感受人物形象”，就是把文字转化为形象的感受和体验。但这里不是，教师还是让学生去找：描写在哪里呢？找到了。这段描写是什么描写呢？心理描写。两段心理描写是什么关系呢？对了，心灵的对比。结论来了。也就是找到地方，然后贴个标签。

标签贴好后，让学生去猜最后那一句：窗外到底有没有风景呢？到底有没有公园呢？学生按照小说的逻辑（学生其实是部分地读懂了小说）猜了：没有公园，没有比赛。好，最后回到所谓的对课文主题的认识——心灵之境。

快结束时，教师问：“有疑问吗？”这个环节很有意思，我把学生的提问给大家念一遍，因为学生所提的问题，表明他们对课文的理解程度，反映出上几个环节到底有没有达到我们想要达到的教学目的。一共有四位学生提问。第一个学生问：“为什么见死不救呢？”学生的不理解，表明这节课在前面讲的那些心灵对比之类的，等于啥也没讲。第二个学生问：“为什么靠窗的那个人要讲述美景呢？”学生的不理解，表明这篇小小说的“心灵之境”等，等于啥也没讲。第三个学生问：“这样安排的意义是什么呢？”第四个学生问：“为什么病人过几天才提出来要换那个床位呢？”教师解答了这些问题，其间也有学生的配合。学生有问题，教师告知这个问题的答案是什么，这是理解吗？

之后，教师开始讲苏东坡的故事，讲“窗”的含义，讲顾城的诗歌，一路延伸，最后到了激情结束语：要有一颗善良的心、一双善良的眼睛。——这与《窗》这篇小说有关系吗？

2.《勇气》课例评议

再看《勇气》这堂课。

教师先给学生看一个影片片段“诺曼底登陆”，请同学们谈谈感受。我的笔记在这里写着“生胡讲”。我说“生胡讲”，不是指责学生说得不对，而是学生说的话与对课文的理解没有关系。学生讲的是：“为什么人要打仗呢？国家与国家和平谈判不是很好吗？”我不知道在场的老师是怎么想的，学生的这个观念是很朴素、很珍贵的，但显然不是一种理性的认识，并且与课文无关。

教师不管，也没有说前面放这个影片片段有什么用，总之接下来是要学生用“最简洁的语言”来概括课文内容。我为什么要把“最简洁的语言”打上引号呢？因为学生概括出来的语言，简洁或不简洁，实际上教师是不管的。那位学生的概括，其实很不简洁，非常不简洁，十分不简洁。学生甚至是跳着说的，一会儿说这个，一会儿说那个。有些学生还不是概括，而是一边挑一个细节，一边讲自己的解释。我们知道解释是不包含在概括里的。总而言之，这个环节过了。

然后是问题：“勇气在哪里呢？”教师问得很巧妙，但生怕学生找不到，暗示学生：“勇气在哪个地方呢？”学生很配合，找到了：课文中的法国女人的话——“哦，当然。”这个其实很好找，但教师在这里玩了个花招，让学生画关键字句、合作学习等。找到以后，开始“分析”。我把这个“分析”也打上引号。小说中的“分析”到底是怎么回事？小说中的分析，就是理解、感受、揣摩，就是把文字转化成形象去感受和理解。学生找到两句话，教师就讲：“信仰”是什么呢？我的笔记在这里写着：生胡讲。我刚才已经讲了，“生胡讲”并不是说学生说得不对，学生的任何理解和感受都是他们基于自身的认识和生活经验而产生的，但学生讲的显然和小说里要传达的东西没有关系。我给老师们念一下，学生们讲的“信仰”是什么：一个学生讲，“美军必胜”；一个学生讲，“邪不压正”；一个学生讲，“保护美国士兵就是保护正义”；一个学生讲，“追求和平，渴望为和平事业做贡献，显得十分伟大”。学生说的“信仰”是这个东西。等会儿老师们看看，这篇课文里说的

“信仰”到底是什么。

然后教师要学生读出美国大兵两次求救的语气。学生非常棒，好几个学生还读出了不同的语气。接着开始“分析”美国大兵。所谓“分析”，我也打了引号。总而言之，要找出课文里写的美国大兵求生的勇气。生胡讲。我给大家念一些：一个学生讲，“拼命”。这个是对的，课文里有这个词。第二个学生讲，是“相信正义一定可以打败邪恶”。第三个学生讲，“他厚着脸皮还要去求救，为什么呢？因为这个美国士兵被抓过了，对敌军阵地有一点了解，回到原来的队伍还可以做一些贡献”。大家看看，这个美国兵对德军阵地了解吗？降落伞落错了地方，他拼命跑，看到前面有一个屋子，跑到屋子里躲起来，还没躲几分钟就被德国兵抓住了，抓到一个小棚屋里，他又逃跑，跑回原来的屋子，躲了三天三夜，然后诺曼底战争胜利了。这个美国大兵到底有没有完成侦查任务？还有个学生说，“他的勇气表现在对那个女人的信任”。他对女人信任吗？读过小说的老师知道，他不知道那个房间里的人到底是亲德的，还是亲法的。

接下来，教师问：“你认同将军说的‘幸福’吗？”“幸福”何在？去找。这篇课文老师们可以好好研究，其实很多东西光凭眼睛是找不到的。学生找不到，只有一个办法就是胡讲。他们怎么讲呢？我也给大家念一下：“女人用自己的行为换来了和平，所以是幸福”“信仰和平，迎来了胜利，所以是幸福”“被别人信任，所以是幸福”“如果美国胜利，就换来了和平，以自己丈夫的生命换来和平，所以是幸福（看过小说的老师知道，她的丈夫和胜利毫无关系）”“知道自己信仰的是什么，所以帮助别人，这是幸福（这个依据课文里是有的）”。有一个学生提出质疑：“不幸福，她死了丈夫怎么会幸福呢？”很可惜，教师马上把他摁住。总之，她应该幸福。教师说：“舍小家为大家，所以是幸福。”

接着开始旁逸出去，今天你对“幸福”怎么理解呢？学生答“家庭和睦”“生活安定”“成绩很好”“考上重点中学”——这些和小说里讲的“幸福”有关系吗？最后是激情结束语。我忘记了是哪堂课，最后下课铃已经响了，但老师最后的那句结束语好像非要讲不可，就像电脑一个键按下去，停不住。

（四）再联系 13 堂议论文课来看

以上是我对几堂课的描述，老师们可以核实我梳理得对不对。当然我在描述的时候有一定的倾向性。总而言之，我们的课是什么样的课呢？

（1）让学生找一遍，再找一遍。老师们以为学生找到那个地方、会说课文中的那个词，就是理解了。

（2）学生找到了那个词，说几句话。不管说什么，都是好的。

（3）最后总是激情号召语。希望学生们能够占有课文中表达的好的思想：要有善良的心灵，要有勇气等。不管这个号召有用没用，总之，要号召。

这就可以解释，为什么在黄厚江老师的那堂课里学生的武功全废掉了。因为在那堂课里，要学生做的，是他们自己进行理解，按照自己理解的思路去看课文、看课文的上下左右，开动自己的大脑去思考。于是学生不会了。虽然在黄老师的努力鼓动下，有几个学生开始配合，但是他们说的内容和课文阅读没有关系。

因为学生光凭眼睛是找不到的。孔乙己的那个“排”字，到底蕴含着什么？课文里直接表述的语句是没有的，只是一个“排”字。课文里的那个“摸”字，表现孔乙己的身体和精神状态如何？课文里也没有直接表述的语句可找，课文里只有一个“摸”字。为什么前面写穿长衫，后面写穿短袄呢？作者没有说，只能靠读者自己的“脑袋”去揣摩，去发现。要学生主动阅读、自主阅读，要学生动用自己的感官去想象，要学生结合自己的生活经验去思考，可惜学生们一下子都不会了。

我想，这是各位老师需要反思的。阅读真的是我们发一个指令让学生去找到那个地方吗？学生找到这个地方就真的理解了吗？不同的学生散乱地找不同的地方，真的就表示全班同学对课文理解了吗？文学作品的理解到底是怎么一回事？老师们可能需要做一点思考。

并不是只有我昨天听的那几堂课的教师是这样教学的，根据我看课的经验，绝大部分地方、绝大多数教师，差不多都是这样教阅读课的。学生从小学开始直到高中毕业，就是不停地在教师的指令下找东西，然后借助于零散的语句开始胡讲，最后听一通教师的激情结束语。

不仅仅是文学作品，其他课文的教学也是这种套路。

我前一阶段去听河南某个市的课堂教学大赛。13堂议论文的课[1]，七年级4堂，八年级4堂，九年级5堂（见表6）。

表6 听课清单

七年级	八年级	九年级
《事物的正确答案不止一个》（励志文） 《我若为王》（杂文） 《论逆境》（哲理散文） 《读书杂谈》（杂谈）	《纪念白求恩》（悼词） 《敬业与乐业》（演讲词） 《多一些宽容》（报刊言论） 《人的高贵在于灵魂》（随笔）	《成功》（杂感） 《创造学思想录》（随想录） 《学问与智慧》（论辩文） 《论美》（哲理散文） 《最苦与最乐》（论辩文）

[1] 课文出自当地使用的多个版本的初中语文教科书。

13 堂课听下来，我看明白了两点：

（1）七年级、八年级、九年级的教学，毫无差别。九年级教师所教的东西，就是七年级教师教过的东西——在九年级的最后一堂课上，教师竟然还在教“怎么区分论题和论点”。如果九年级学生竟然连“怎么区分论题和论点”还没搞清，那么，七年级、八年级的议论文教学在干什么呢？到底有没有教会学生什么呢？

（2）议论文教学“四部曲”的程式。什么叫议论文教学呢？先让学生找到论点、论据，不管这篇文章是什么，总而言之，找论点、论据；然后开始命名，这个论据是事实论据，那个论据是道理论据，这个论证是比喻论证，那个论证是对比论证；找完了，开始随意拓展，学生们说一些显然与课文理解不搭界的话；拓展完了，教师说出激情号召语。

有一篇课文，在座的教师应该都教过，即苏教版的培根的《论美》。

与“议论文教学”的通常程式一样，教师先让学生找论点、论据。其实教参中写得很明白：《论美》这篇文章是一篇“断想式的随笔”。“断想”就是不连贯。不连贯的意思，就是不能根据论点、论据论证这个套路来教。教参中还有一处写得更直接：“这篇课文有很大的跳跃性。”“跳跃性”就是不能按照严格的思维逻辑去理解。但教师不管，仍旧找论点、找论据。

找到以后是命名——事实论据、道理论据、对比论证等，贴上标签。

贴完以后，依例是“拓展”，就是前面讲到的“随意拓展”。教师开始问：“你觉得哪些人最美啊？”学生很配合，异口同声：“老师最美！”老师最美，当然很好；但是这个“老师最美”和课文里讲的“美德”有关系吗？这篇课文讲的是，所谓“美”，不仅仅是形体的美，更是一种精神状态、一种内在的美、一种美德。有学生说：“父母最美！”父母最美，当然很好；但是父母的美和这里的“美德”有关系吗？学生对课文本身毫无理解，就开始胡讲。

拓展以后，就是教师发号召：让我们人人都带着美好的心灵，走好自己的人生路。

那次评课，我本想做一件事，请 13 堂课的老师再把上课的最后那段话（激情结束语）连起来高声念一遍。我猜想，还没有念几个，全场一定会哄堂大笑。

我要问的是：这些话，教师自己相信吗？今天上完一篇课文《安塞腰鼓》，请同学们带着“安塞”的精神走好自己的人生路，学生糊里糊涂地带着精神回去了。明天换一篇课文《百合花开》，教师又说，请同学们带着百合的精神走好自己的人生路，学生又糊里糊涂地带着精神回去了。第三天，又上一篇课文，请同学们带着什么精神……三天过后，学生的脑子该糊掉了，或者说，该精神分裂了。

上面是我对所听这些课的一些评议。我评议的目的不是批评，而是希望老师们来想一想："阅读教学"，到底是怎么回事？阅读教学中的"理解"，到底是怎么回事？文学作品的"欣赏"、文学作品的"感受"，到底是怎么回事？我们要教给学生的，到底是什么样的"阅读能力"？

在教研活动中上展示课的教师，都是优秀教师。如果连优秀语文教师的课，都是让学生一遍又一遍地找东西，都是让学生在课文中东一点、西一点地，不停地找东西，都是七年级、八年级、九年级的学生同样找东西——就像我听的 13 堂议论文课一样，七年级、八年级、九年级的教学，毫无差别，那我们的阅读教学还会有什么指望呢？

阅读教学徘徊于低层次、低水平"扫读"的这种状况，必须改变。阅读教学如何指引学生走向高层次、高水平的"理解"，这是我们当前迫切需要研究的课题。

十二、“用件”类型选文及其教学

——评语文教改的几个课例

长期以来，我国的语文教材以“文选型”为主流、为正宗，语文教学又习惯于“教教材”，因而语文教材乃至语文教学的研究，很大程度上便落实为“选文”问题的讨论。而讨论“选文”，确认“选文”的类型及不同类型的功能发挥方式，是极为重要的。根据我们对中外语文教材的比较和研究，语文教材里的选文，大致可以鉴别出四种类型，即“定篇”“例文”“样本”和“用件”。它们在语文教材中的地位、性质、功能和功能发挥方式等，都有本质性的分别。

将第四种类型命名为“用件”，是想表达这样一层意思：“定篇”“例文”“样本”，选文都是学生在语文科里的“学件”——在“定篇”，学习经典的丰厚蕴含；在“例文”，学习其生动显现的关于诗文和诗文读写的知识；在“样本”，学习其阅读过程中形成的读写“方法”。就“文”来说，或者将其看成内容与形式的紧密结合体，或者更多地关心其“形式”的方面。而现在所说的这一种类型，关心的主要是其“内容”的方面，也就是课文“说了什么”；对“怎么说”，则只关心其逻辑的合理性与否，即说得对不对、说不说得通。在这种类型中，学生其实不是去“学”文，而主要是“用”这一篇文里的东西，或者借该选文学习文章里所讲的那东西，或者由文章里讲的那东西触发，去从事一些与文章相关性大小不等的学习活动。

在莫斯科教育出版社出版的教材《文学》（五年级）中的“19 世纪文学”这个单元，第一篇课文是传记《伊凡·安德列耶维奇·克雷洛夫》，编撰者就只让学生了解文中所讲的以下四个“内容”（信息）：

（1）克雷洛夫寓言以什么东西令同时代人感到惊讶？他生活中的哪些事实使你感到惊讶？

（2）克雷洛夫的哪些行为表明了他对知识、艺术和交往的爱好？

（3）为什么正是寓言在克雷洛夫的创作中占据了主要地位？

（4）讲述下面两则寓言之一的创作简史：《杰米扬的汤》《狼落狗舍》。[1]

这里没有要学生注意到传记“文”的方面（即“形式”的方面）的任何暗示，显然，这篇传记的编撰者是把它当作一般的读物资料，学生要做的是获悉传记中所

---

[1] 柳士镇，洪宗礼．中外母语教材选粹［M］．南京：江苏教育出版社，2000：287．

提供的信息。而之所以要了解这些信息，是因为下面的语文学习要动用文章所提供的这些资料。另一方面，这些信息又不是非得由这篇文章，甚至不是非得由书面的文章才能获得，选其他人而不是由 H. G. 塞尔写的传记、通过看传记影片或由教师做口头的介绍等，一般也都照样能获取那些信息。具有易替换性，是“用件”类选文的特点；而目的主要是提供信息、介绍资料，使学生获知所讲的事物（东西），则是“用件”的实质。

语文教材里的“用件”，大致有以下几个品种。

（1）语文知识文。比如《打开知识宝库的钥匙——书目》（陈宏天）、《怎样写总结》（张志公）、《语言的演变》（吕叔湘）、《咬文嚼字》（朱光潜）、《不求甚解》（马南邨）等。过去，语文教材以及语文教学往往将上述选文处理成“说明文”——既想使学生获得“书目知识”等东西（用件），又要使学生学习“说明方法”“说明顺序”（例文），还要解决学生阅读中遇到的困难问题（样本），往往还要让学生“掌握”这篇课文（定篇）的“说明文”，其结果是几败俱伤。现在情况有所改变，比如有部教材在《打开知识宝库的钥匙——书目》后面只出了两道题：①为什么说目录学是一门重要的学问？请用课文材料加以说明。②以小组为单位，统计一下初中阶段读过的课外书籍，然后将它们分类，编制一个图书目录。[1] 可以看出，这里的要点在“语文知识”，而不在“文”。换句话说，如果学生对“文”里所讲的知识有难解之处，教材或教师就应该“讲解”这些（知识的）难点，或者改用其他的文章、其他的媒介，以使知识得到更为清晰、易懂、有效的传递。事实上，也正是因为能清晰、易懂、有效地传递知识，人们才把“语文知识文”编进教材。

王土荣主持的课题“活动性教学中培养学生语文素质”，措施之一是“新的课堂教学模式构建”：“如把（广东省）初中语文第五册第四单元的《我的长生果》《人类的知识宝库——图书馆》《找书的金钥匙——书目》《自学的好帮手——工具书》进行创造性的设计。步骤是：①让学生把四篇课文中关于图书馆的知识全找出来；②弄懂以后，每人设计一份‘图书使用活动方案’；③小组讨论方案和全班选评方案；④按照方案直接到学校图书馆进行实践活动；⑤（略）；⑥（略）。”[2] 这里所说的“新模式”，其实就是将上述选文当作“用件”并组合使用。华东师范大学附属中学魏国良老师在教学《咬文嚼字》时，借助于《不求甚解》进行横向比较[3]，其实也是将选文处置为“语文知识文”，尽管他标注的是“研究性学习”。

---

[1] 倪文锦．中等职业教育国家规划教材语文（基础版）［M］．北京：高等教育出版社，2001：31.

[2] 王土荣．活动性教学中培养学生语文素质的实践与思考［J］．语文教学通讯：2001（Z1）.

[3] 何勇．研究性学习调查［J］．语文学习，2002（2）.

（2）引起议题文。这与陈启天（1920）所提出的"问题文"[1]有相通之处，但又不同于他"是反映社会、政治、人生重大问题的文章"的界定。引起议题文的"议题"，既可以是语文方面的，如果有必要的话，也可以是社会、政治、人生的重大问题以及其他的问题。比如：《讲究语言的文明和健康》（人民日报社论）、《继续为祖国语言的纯洁健康而斗争》（许嘉璐）就宜处理为引起语文方面议题的选文类型；《个人与集体》（刘少奇）、《讲讲实事求是》（邓小平）等文章，如果认为有必要的话，也较宜处理为重大问题方面的引起议题文。要之，引起议题文的关键也不在"文"，而在于文中的观点和理据。换句话说，如果学生因文字的原因对文中的观点和理据认识含糊，教材或教师就应该"讲解"那些含糊点，或者改用其他的文章、其他的媒介；如果学生对文中的观点和理据持有不同的认识，教材或教师就应该商议那些不同的见解。当然，之所以要引起这方面的议题，带有语文训练的目的，如阅读训练、写作训练、说话训练等，也就是说，对议题的讨论，要规范在语文课的格局里。

曹勇军老师执教的《个人与集体》，是引起议题文教学的一个适宜课例，其教学过程如下：

（课时一）①课前预习，分析全文 12 个段落的段落层次；画出课文结构提纲，两人"板演"，讨论，"完成对课文的整体把握"。②全班齐读 10—12 段，"要学生用自己的话概括文中'个人与集体'的关系"，师生讨论，明确三点：（略）。概括起来就是：集体需要杰出的个人，个人必须服从集体。③补充王小波《个人尊严》一文，要求课后阅读，概括文中的基本观点。

（课时二）①交流阅读王文的心得体会，师生讨论其观点。②学生分组讨论，"你认为这两篇文章的观点截然对立吗？为什么？""一石激起千层浪"，同学们热烈讨论，最后形成共识——年代不同、写作对象不同、写作目的不同、两篇文章的侧重面也不同。③然后提出第二个思考讨论题："你认为当今社会个人与集体应该是什么关系？"各小组认真讨论后，推举代表发言。④留作业《个人与集体新说》，"再一次品尝思想收获的喜悦"。[2]

这是一堂成功的语文课，尽管对曹老师所总结的"传统与现实对话，历史与发展对话，文本与心灵对话，情感与理性对话……同学们开阔了视野，丰富了思想，增长了智慧，学到了真正的语文""将课内课外两篇文章紧紧缝合在一起，跳出课文讲课文，虽没有明讲课文，却处处不离课文，这样的效果比单纯讲课文要好得多"等，我们认为需要保持节制。"用件"类只是选文类型的一种，处置为"用件"只

---

[1] 陈启天. 中学的国文问题［M］// 顾黄初，李杏保. 二十世纪前期中国语文教育论集. 成都：四川教育出版社，1991：158-159.

[2] 曹勇军. 照亮课文，点燃学生——《个人与集体》教后谈［J］. 语文建设，2002（4）.

是语文教学的一种途径、一种方式。

另一方面，如果突破“文选型”的制约，如果大方向转到“用教材教”，那么引起议题文就会有更大的用武之地。英国语文教材《新阶梯》第 2 册第 1 单元的主题是“儿童广播剧”，教材内容包括写作、阅读、表演、评定等方面，阅读部分有两篇选文，一是剧本《稻草人》，一是署名为 L. W. 马丁的有关这个剧的一封信，信的内容是对这个剧目的强烈抗议，因为他认为稻草人根本就不能说话、吃东西、做事，更不能跳谷仓舞，同时他又提出了如何为稻草人改制服装的建议。[1] 这封信便是“引起议题文”。显然，没有人会让学生去“学”这封信，教材的编撰者是“用”这封信来引起学生对“儿童广播剧”的讨论：要求学生以剧本制作人的身份给马丁写封回信，指出他对“稻草人”的误解。这的确是巧妙的教材内容设计，不难设想，学生在制作回信的过程中，将重新审视自己对“儿童广播剧”的把握，包括对知识的理解、对作品的感悟、对自己刚写作的剧本的评估。

（3）提供资料文。这种类型的运用在我国以往的语文教材中是缺门，而国外的教材却使用较频繁，不但有文，还有许多画。《现代德语》第 9 册专题板块的第一部分，主题是“同一个话题在不同媒介的反应”，教材涉及的“话题”是关于第二次世界大战期间德国反法西斯宣传小组“白玫瑰”的斗争故事，教材先让学生调查、收集反映这一史实的大量资料，从史料汇编册、有关故事片到 1943 年的德国报纸、“白玫瑰”小组当时的传单等，接着指导学生按一定要求分类整理所搜集到的资料，同时提供丰富的“材料选粹”，其提供的材料文计有：①摘自史料汇编的关于“白玫瑰”的文章一篇；② 1993 年回顾这一事件的报纸文章一篇；③美国故事片《不安的良知》（1992 年）剧本选段一篇；④德国电影《白玫瑰》部分成员的剧照；⑤德国电影《白玫瑰》（1982 年）剧本剪辑一篇；⑥电影《白玫瑰》故事梗概一篇；⑦ 1943 年“白玫瑰”的一张传单打字复印件；⑧介绍“白玫瑰”成员的辞书说明文字一篇。正是在搜集和提供大量材料的基础上，学生才能对不同媒介在“材料的客观程度”“介绍信息的角度”“材料表现形式”“可读性和通俗性”等方面进行研究。[2]

“研究性学习”，在当前的语文教育界呼声甚高；而语文教材原本就有许多“思考和练习”是需要“研究”的，比如《天上的街市》那些题：“诗中的牛郎织女和传说中的牛郎织女命运有什么不同？作者为什么这样写？”“下边是对本诗中心意思的三种理解，你认为哪种正确，并说明理由。”但是，如果教材不提供神话故事、不提供明清唐宋魏晋（“牛郎织女”是我国古代诗歌的传统题材）涉及这一题材的诗文、不提供郭沫若当时的思想情绪的资料和当时创作的其他诗篇、不提供时代的

---

[1] 柳士镇，洪宗礼. 外语文教材评介［M］. 南京：江苏教育出版社，2000：77.

[2] 柳士镇，洪宗礼. 外语文教材评介［M］. 南京：江苏教育出版社，2000：404-407.

背景、不提供同时代的其他作家的思想状况以及有关联的作品，学生从何思考、从何断定正确与否、从何建立理由？所幸的是，在“综合性学习”等理念的感召下，新的语文教材在“提供资料文”方面，已开始觉悟；人们也会逐渐认识到，将“教学资源的开发和利用”完全甩给教师甚至学生，有很多现实的困难，越是趋向“用教材教”，就越需要教材提供大量的资料文。

需要指出的是，“用件”作为语文教材中选文的一种类型，其本身无所谓新旧与好坏，关键看用得适不适时、恰不恰当。我们过去的语文教材和语文教学，多数情况是使用不当：一方面，语文知识文、引起议题文试图“兼顾”其他选文类型（定篇、样本、例文）的功能，结果“文”学不成，文中所讲的东西也难搞通。另一方面，是其他类型的选文往往被不自觉地改头换面成“用件”，结果学生离开了学“文”，而杂乱地被教了一堆文中所传递的东西。有一位著名的特级教师的一堂观摩课，课题是《统筹方法》，其教学的主要内容如下：

（1）让学生不看文章，“独立思考”什么叫统筹方法。

（2）翻书找答案，要求学生“在一分钟内记住”这个概念。

（3）齐读文章中“统筹方法”的定义。

（4）让学生“推荐”男女生各一位，到黑板上进行该定义的“默写比赛”。

（5）学习文中的三个词语（“用一分钟看课文下面的注释”）。

（6）出示本课学习的定向目标：学习图表说明的方法；读懂全文，会说、会写、会用。

（7）鼓励学生“在一分钟内记住”文中的举例（烧开水泡茶）。

（8）让一位学生“说一遍”上述例子。（下面是一大段关于图表说明方法的教学内容，略）

（9）请学生把全篇阅读一遍（达到了“懂”的目标）。

（10）让学生七嘴八舌地将办法甲（即文中举例的统筹方法）“大声讲一遍”（达到“会说”的目标）。

（11）因时间关系，将“会写”目标改成课后作业，进入“会用”学习阶段。

（12）指导学生“思考”生活中应用统筹方法的实例。接下来主要讨论“窝工”的实例和怎样避免这种窝工——即达到“会用”统筹方法的目标。[1]

显然，除了学习画图表的说明方法外，这篇文章是被误植为“用件”了——究其实，学生学的不是《统筹方法》这一“文”，而主要是文中所传递的“统筹方法”这一东西。长期以来，我们的许多语文课，就是以这样的方式、用比这要糟糕得多的教学设计，不断地教学生由课文所传递的“天文地理、五花八门”的东西（课文

---

[1] 魏书生．教案、教学纪实选［M］．沈阳：沈阳出版社，2000：229-236．

内容），甚至文学作品也是被这样处置。于是，语文课程“不像语文”了，语文教师当了“杂家”，而语文教材则成了“杂货铺”。

随着多媒体课件的应用，在以“教课文”为主导意念的语文教学中，似乎有越来越远离“文”的趋势，许多设计意图不明的课件，所渲染的往往是那“文”中所讲述的那“东西”，毫无理据地将本来应该处置成“定篇”“例文”“样本”的选文，混混沌沌地处理成了“用件”。“研究性学习”是当前课程与教学改革的亮点，语文教学也颇有人尝试，但综观发表的课例，其中有些也给人不知风从何处刮来的感觉。有一位教师执教的《本命年的回想》，其主要的教学活动整理如下：

（1）布置过年气氛，如张贴对联、财神和金童玉女赐福图、年画等。

（2）问学生：“你们喜欢过年吗？为什么？”师生谈论。

（3）导入课文所描述的“信神的事情”和过年的风俗民情画。

（4）开展风俗民情画的竞赛（学生事先准备），按课文顺序师生讨论那些画如何排列。

（5）在与学生的讨论中教师总结——作者家乡的乡亲们的精神面貌：重视过年、热爱生活、作者的返老还童感觉。

（6）引到“自己采访到的民间传说”：灶神、门神、财神（鬼）守岁，师生谈论。“再说说‘压岁钱’的传说吧”，师生接着谈论。

（7）举行小记者采访活动，一人当记者，一人被采访，主题是“新港镇（即学生所在地）过年的风俗”。匆匆结束。

（8）转入比较：“家乡过年与课文所描写的过年是不是一样？”师生谈论。

（9）转入以“家乡过年”或“话除夕”为题写作文：教师先仿造一“流水账”，评议好坏；接着向学生提出写“一幅幅生动有趣的画面”的要求。[1]

对于这堂课，有教师基于“学习语文就是学习文化”的立论予以高度评价，说它具体有三个优点：①“充分开发和利用语文课程资源，使学生在语文学习的众多资源中学习文化”；②“强调学生的实践和参与”；③“重视熏陶感受与独特感受”。[2]如果从“学习文化”的角度而“文化”又被定义为“风俗”的话，上述评价也许不无道理。在“学习文化”的过程中，应该说学生也进行了“语文活动”（在原有水平上的听说读写实践），某些学生在开展“语文活动”的同时可能会自发或自觉地发生某种“语文学习”（生成听说读写的新能力），这正如历史、地理、数学、物理等学科的教学中所出现的情景一样。但是，《本命年的回想》是否该被处置成“用件”（引起议题文或提供资料文），这种课是否是“阅读教学”，乃至算不算“语

---

1 傅道春，等. 学习语文就是学习文化——《本命年的回想》教学实录与访谈［J］. 语文建设，2002（4）.

2 傅道春，等. 学习语文就是学习文化——《本命年的回想》教学实录与访谈［J］. 语文建设，2002（4）.

文课（语文学习）”，恐怕需要审议。赞扬这堂课，用心处在提倡教学的“新理念”（即上述的三点），问题是“教学理念”跟“语文教学理念”恐怕不是一回事。“新理念”的教学，也可能教出很糟糕的“语文课”，在这方面我们有太多的教训。

在“研究性学习”“综合性学习”的热潮中，“用件”处置失当的老毛病还来不及医治，又出现了新的症状：一方面，有些教师没有认清“综合性学习”与阅读教学的区别，将教材“综合性专题”中引导性的可替换的“用件”，处理成“讲读课文”而一味“按部就班地进行教学”[1]。另一方面，有些教师似乎对每一篇课文都试图衍生点“研究性”的东西，而不辨选文属何种类型、“研究”采何种样式，因而“挖掘”出一些很怪模怪样的“研究课题”，比如《拿来主义》——尼采哲学的再认识、《过万重山漫想》——如何看待对自然资源的开发利用、《内蒙访古》——对历史上“王昭君现象”的研究、《触龙说赵太后》——独生子女心理承受能力的调查研究[2]、《沁园春·长沙》——毛泽东研究、《鸿门宴》（《垓下之围》）——项羽研究或戏说项羽[3]等。这些“课题”并不一定不必“研究”或学生不宜“研究”，但那样的“研究”，与被配对的选文应该没有太大关系，勉强拉拢无疑是逼这些选文充作“用件”。这不但抹杀了这些选文在语文教学中的意义，在很大程度上也使它们丧失了之所以存在于语文教材中的理据。

［附：课文］

本命年的回想

刘绍棠

春雨惊春清谷天，夏满芒夏暑相连，秋处露秋寒霜降，冬雪雪冬小大寒。村风乡俗中，四时二十四节色彩缤纷，而最有鲜明地方特色和浓郁乡土风味的，却是二十四节之外的春节。

春节是现在通行的官称，我却跟我的运河乡亲父老一般，守旧地尊称为过年，或曰大年。

想当年，我小的时候，家乡的大年从腊月初一就开始预热。一天比一天增温，一天比一天红火，发烧直到年根下。

腊月初一晚上，家家炒花生、炒瓜子、炒玉米花儿；炒完一锅又一锅，一捆捆柴禾捅进灶膛里，土炕烫得能烙饼。玉米粒儿在拌着热沙子的铁锅里毕剥毕剥响；

[1] 黄伟．语文综合性学习教学实践中的误区辨析及导正［J］．试教通讯，2002（1/2）．

[2] 肖家芸，等．“活动式”教学与课程改革［J］．语文学习，2002（6）．

[3] 黄燕明，等．新教材研究性学习实践论［J］．中学语文教与学，2002（4）．

我奶奶手拿着锅铲，口中念念有词：“腊月初一蹦一蹦，孩子大人不得病。”花生、瓜子、玉米花儿炒熟了，装在簸箕里，到院里晾脆，然后端进屋来，一家人团团围坐，大吃大嚼。吃得我食火上升，口舌生疮，只得喝烧糊了的锅巴泡出的化食汤。化食汤清净了胃口，烂嘴角的食火消退，又该吃腊八粥了。小米、玉米糁儿、红豆、红薯、红枣、栗子熬成的腊八粥，占全了色、味、香，盛在碗里令人赏心悦目，舍不得吃。可是吃起来却又没有个够，不愿放下筷子。喝过腊八粥，年味儿更浓重。卖糖葫芦的小贩穿梭来往，竹筒里抽签子，中了彩赢得的糖葫芦吃着最甜。卖挂落枣儿的涿州小贩，把剔核晒干的老虎眼枣儿串成一圈，套在脖子上转着吃。卖糖瓜和关东糖的小贩，吆喝叫卖，此起彼伏，自卖自夸。还有肩扛着谷草把子卖绒花的小贩，谷草把子上插满五颜六色的绒花，走街串巷，大姑娘小媳妇把他们叫到门口，站在门槛里挑选花朵。上年纪的老太太，过年也要买一朵红绒花插在小疙瘩鬏上。村南村北，村东村西，一片杀猪宰羊的哀鸣。站鸡笼子里，喂养了一个月的肥鸡，就要被开刀问斩。家家都忙着蒸馒头和年糕，穷门小户也要蒸出几天的豆馅团子。天井的缸盖和筛子上冻豆腐，窗沿上冻柿子，还要渍酸菜。妇女们忙得脚丫子朝天，男人们却蹲篱笆根晒太阳，说闲话儿。腊月二十三过小年，香烛纸马送灶王爷上天。最好玩的是把灶王爷的神像揭下来，火化之前，从糖瓜上抠下几块糖粘儿，抹在灶王爷的嘴唇上，叮嘱他上天言好事，下界才能保平安。灶王爷走了，门神爷也换岗了，便在影壁后面竖起天地杆儿，悬挂着一盏灯笼和在寒风中哗啦啦响的秫秸棒儿，天地杆上贴一张红纸：“姜太公在此。”邪魔鬼祟就不敢登门骚扰了。腊月三十的除夕之夜，欢乐而又庄严。阖家团聚包饺子，谁吃到包着制钱的饺子最有福，一年走红运。院子里铺着芝麻秸儿，小丫头儿不许出屋，小小子儿虽然允许走动，却不能在外边大小便，免得冲撞了神明。不管多么困乏，也不许睡觉；大人给孩子们说笑话，猜谜语，讲故事，这叫守岁。等到打更的人敲起梆子，梆声中才能锅里下饺子，院子里放鞭炮，门框上贴对联。小孩子们在饺子上锅之前，纷纷给老人们磕辞岁头，老人们要赏压岁钱，男孩子可以外出，踩着芝麻秸到亲支近脉的本家各户，压岁钱装满了荷包。天麻麻亮，左邻右舍拜年的人已经敲门。开门相见七嘴八舌地嚷嚷着：“恭喜，恭喜！”“同喜，同喜！”我平时串百家门，正月初一要给百家拜年。出左邻入右舍，走东家串西家，村南村北各门各户拜了个遍，这时我才觉得得到了公认，我又长了一岁。

今年岁逢丙子，是我的本命年，六十“高龄”回忆往事，颇有返老还童之感。

1996年2月21日

（选自《夜光杯散文精选》，文汇出版社2000年版，有改动）

十三、谋求口语交际教学的改善

——评口语交际的几个课例

将“听说训练”转移到“口语交际教学”，是《全日制义务教育语文课程标准》（下简称《标准》）所倡导的鲜明导向。应该说，语文教材编撰者和广大语文教师，为此做出了努力，也取得了一定的成效；但是实践中的问题还是不少。下面我们结合三个课例来展开讨论。

（一）案例与问题

1. 课例一：“我的理想”教学过程[1]

一、示范、引导，创设情境

从问学生“见过采访吗？”开始，在师生问答中简介采访及答话要领——最重要的是要听清记者的问话，才能去回答。语言文明、清楚，态度大方、自然也很重要。

（教师模仿记者，采访一同学）

师：请你谈谈长大后想做些什么？

陈：我想当一名教师。

师：长大后为什么要当教师呢？（教师点拨，把原因讲清楚）

陈：教师能教给我们很多知识，教给我们怎样做人。现在甘肃有许多贫困山区的孩子上不了学，他们没有学校，没有教室，更没有教师。我想去那儿当教师，把知识教给他们，让贫困山区的孩子都能上学。

师：我代表贫困山区的孩子谢谢你，你真有爱心，谢谢你接受我的采访。

陈：不用谢！（同学们鼓掌给予鼓励，师接着连续采访一至两名同学）

二、自我实践，放飞理想的翅膀

1. 同桌进行采访交流活动。

2. 四人小组进行采访交流活动。

3. 组与组进行采访活动。

---

[1] 李莉莉. 小学语文口语交际教案选粹［M］. 北京：语文出版社，2002：234-238.

4. 学生采访教师。

5. 每组选出的优胜者进行采访实践，全班及时评价，给予鼓励。

教学片段实录：

◎第六组赵同学，第一组孙同学。

赵：你好！请问你长大后想做什么？

孙：我想当一名生物学家，把沙漠变成绿洲，让沙漠种出庄稼、长出果树，让我们生活的空间更大；让那些濒临灭绝的珍稀动物能生存下来，有一个美好的家园。

赵：你的理想真伟大，祝你成功！谢谢合作。

◎第八组李同学，第五组谢同学。

李：你好！（握手）请问你长大后想干什么呢？

谢：我想像我的妈妈一样，当一名清洁工。

李：你为什么想当清洁工？

谢：我要像妈妈一样，把我们的城市每天清扫得干干净净，当一位城市美容师。虽然这项工作挣钱不多、很累，但它同样是我们社会不可缺少的一项工作。我要发明新型的清扫工具、高效能的工具。

李：太好了，你的理想很崇高，谢谢你的合作。

三、教师小结（略）

四、课外延伸

回家后，每位同学画一张 20 年后我的理想图。

上述课例在教学中注意了师生的互动，符合《标准》提出的“重在参与”的精神。但从口语交际的角度看，教师选择的话题显然过于宏大，虽然形式上具有“采访”的具体情境，但这种宏大的“谈理想”采访，从根本上讲不具有真实性。学生的采访回答恐怕也有作假之嫌，很可能还是临时应对，而根本没想到要对自己所说的话负起什么责任。这种导向的话题，在口语交际教学中不宜提倡，教师应该将所要鼓励的“理想”转化为更为贴近学生思想水平的具体话题，以求学生真实地、诚恳地表达自己的见解，哪怕有欠“崇高”，并不“伟大”。真实、诚恳是口语交际的第一要义，也是口语交际教学的第一要义。

2. 课例二："文明之星伴我行"教案片段[1]

一、创设情景，激发交际情趣

……在寒假中，我们开展了"文明之星伴我行"的活动。……今天我们就以口语交际的形式把开展这项活动的具体情况汇报一下。

二、提出要求，明确交际要领

三、创设氛围，促进多边交际

1. 分组交际练习。

2. 全班交流，评选优胜。

四、A组汇报

（简介：我们给大家展示的是寒假期间客人来我家，我文明接待客人的场面）

（客人的敲门声）

小华：谁呀?

客人：是我，你爸爸单位的王叔叔，找你爸爸有点事。

小华：哦，是叔叔呀！快请进！

小华：请坐。我先给您倒杯茶，您稍等。

客人：这孩子真是有礼貌，谢谢。

小华：王叔叔，您喝茶。

客人：谢谢。

小华：王叔叔，我爸爸去奶奶家了，估计快要回来了。您找我爸爸有啥事呀?

客人：一点儿私事。

小华：哦，那您就先等等吧。

（小华陪王叔叔聊天等爸爸回来）

客人：时间不早了。小华，要不我先走吧，你爸爸回来，请他给我来个电话。

小华：好的。他回来我一定转告他，您慢走。

客人：小华，你这么小就会有礼貌地使用文明语言待客了，真是个讲文明的好孩子。请回吧，再见！

小华：再见！（微笑送客）

五、师生小结

师：看，这个小主人多么文明地待客啊！真是讲文明的少先队员。说说看，他们的交际中哪儿值得你学习，哪儿需改进呢?

---

[1] 李莉莉．小学语文口语交际教案选粹［M］．北京：语文出版社，2002：399-406．

生A：他们在交际中不仅使用了文明用语，而且让我们看到了他们的文明行为。比如："谢谢""请坐"等语言……

生B：他们的交际语言条理清晰，自然流畅。

生C：如果在交际中态度再大方一些、热情一些，我们就更高兴与小主人交际了。

师小结：说得好，说明你们在听的时候不仅认真仔细，而且积极地动脑子。我们一起看看下一组汇报怎么样。（下面B组、C组、D组，略，最后是师生对表演各组的评选。）

上面的这份教案，与《标准》所倡导的"努力选择贴近生活的话题，采用灵活的形式组织教学"、与专家所要求的"强调以贴近生活的话题或情境来展开口语交际活动，重视日常生活中口语交际能力的培养"[1]精神一致。应该说，交际场景的设计是相当真实的。然而，有两点恐怕需要审议：第一，它看起来更像是对外汉语教学（汉语作为外语），而不大像母语教学（汉语作为母语）。第二，其实是一位心理学教授在评论相似的一堂课时说的，"学生在课堂里所说的话，都是平常会说的话"。

也就是说，这堂课实际上是学生在原有水平上进行口语交际"活动"，而不那么具备口语交际"教学"的意义。口语交际教学，"重在交际过程中的实践能力培养"，而培养能力的通俗含义，是学生原来不会的现在会了，这里面有"教"与"学"的因素在，并不是简单地把日常的生活情景搬到教室里来"活动"一番。

从见到的大量教案和教学实例看，对口语交际教学，现在我们的思路似乎还没有完全打开，许多教师在不同的年级重复地搞"打电话""买文具""招待客人"之类的"活动"，似乎口语交际教学的天地就这么狭窄；而教师组织该类活动的着眼点，与其说是"口语交际教学"，毋宁说更像是在指导学生"学会做那件事情"，比如打电话、买文具等。问题是，这种指导需不需要放在语文课里来教（很大程度上学生在家庭生活中已经自然习得）？或者是不是值得不停地在语文课里重复地教？这些问题，恐怕是我们要好好想一想的。比如上述课例的"招待客人"，在该教师所使用的教材第七册已经有过，好像没有必要到第十册时再来一回；"您好""谢谢""请坐""再见"，好像也不至于非要从小学一年级一直"教"到六年级，甚至初中。

---

[1] 方智范. 关于语文课程目标的对话（三）[J]. 语文建设，2002（3）.

3. 课例三："到底应该怎么做"教案[1]

一、教学目的

1. 引导学生敢于发表自己的意见。

2. 培养学生多角度思考问题，并能有用准确精练的语言表达自己观点的能力。

二、教学重点：培养学生的思维条理性和语言的准确性

三、教学过程

1. 出示案例，归纳观点。

（1）出示教材中提供的案例，通过生动的语言口述给学生。

（2）学生相互交流，归纳出两个观点："李光应该去扶赵明""李光不应该去扶赵明"。

2. 创设情境，引导交流。

（1）按观点分组，改变桌椅摆放形式，两组相对。

（2）组织小小辩论会：①分正方、反方组，持中立态度的为观众。②教师担任辩论主席，宣读辩论规则（对正式辩论稍加改变）。③正反方开始辩论。④辩论主席进行小结。

（3）评价——从三个方面入手：①语言——语音是否正确，语言是否规范，用词是否恰当。②思路——说话的内容是否清楚，是否有条理。③思维——在辩论过程中思维是否敏捷，能否抓住对方的漏洞进一步维护自己的观点。

（4）学生讨论，评出两名最佳辩手。

3. 教师总结（略）。

这类课例目前也被大量仿制，但实际上作为口语交际教学并不适当。

首先，"教学目的"和"教学重点"仍然是老毛病新犯，虽口惠而实难至。通过45分钟的一堂课，就能"培养学生多角度思考问题，并能有用准确精练的语言表达自己观点的能力"，或攻克"培养学生的思维条理性和语言的准确性"的"难点"，这好像没有多少可能性。在教学中，教师应该将《标准》的阶段目标，继续加以细化和具体化，而不是在每堂课都笼统地把《标准》的言辞挂在教案纸上。

其次，这堂课与其说是"教学"，毋宁说是在教学的时间里组织了一场比赛——差不多可以看成测试，因为最后产生的结果，实际上是"评出两名最佳辩手"。以测试篡代教学，是我们过去阅读和写作教学中的弊病，比如45分钟写一篇作文多

---

[1] 李莉莉. 小学语文口语交际教案选粹［M］. 北京：语文出版社，2002：370-371.

少多少字，教师收上来打一个分数了结，隔一个星期再来一回，又是 45 分钟写一篇，又是打一个分数。这哪里是教学？语文课程与教学"重在实践"，这与体育有几分相似之处；但重在实践，绝不能理解成把学生扔到水里让他们去游，教师却只管拿着一块秒表登记学生们游到终点的时间。如果是那样的话，学生只管做那件事，教师只管评判那件事谁做得好、做得坏，那么结果就是会做的学生本来就会做，不会做的学生还是不会做，做得好的学生本来就能做好，做不好的学生很可能还是不能做好。那么，每一个学生都达成《标准》的目标，岂不是难矣？语文课程与教学，是要"教"的；口语交际教学，也是要"教"和要"学"的。

（二）借鉴与建议

下面一份名为"会话重叠"的教学活动设计[1]，是国外外语教学（英语作为外语）教师推荐的，但我们以为在母语教学中也适用，对我们当前如何开展口语交际教学很有启发。

一、教学目的

了解会话交际中的不同风格和实用技巧，以便应付会话中出现的交际冲突。

二、活动步骤

1. 将学生分成小组，让他们给"会话打断"（interruption in conversation）和"会话重叠"（overlap in conversation）下定义，并让他们决定两者是否有区别，若有区别，如何表现。如果学生需要帮助，教师应启发他们想象在真实的交际中，人们如何涉及"会话打断"和"会话重叠"，他们如何反应。

2. 选择一个会话主题（例如：体罚、毒品合法化、公共场所吸烟）。任何主题都可以，但必须能激发学生的兴趣，并且能够使全班学生分为人数相当的两组。

3. 了解学生们的不同意见，将全班分成两组，将意见相同的学生分在同一组内，然后给 5~10 分钟时间让双方准备辩论（列出论点、证据和需要用的词汇）。

4. 从两组中各选一名学生，在教室前面面对面地坐下，让两位学生代表双方就所选主题展开讨论。但不允许在相同时间内讲话。不管他们如何激动，必须等对方说完之后才可以发言。同时请全班学生专心听讲，注意发言者的互动情况，几分钟以后教师中断对话。

5. 从两组中各另选一名学生，也面对面而坐，让他们就主题展开讨论，但尽

---

[1] 陈申．语言文化教学策略研究［M］. 北京：北京语言文化大学出版社，2001：180-181.

可能在同一时间内抢着发言，不等对方把话说完，想说立刻就说，同时请全班其他学生观其言行，注意双方互动，几分钟以后停止。

6. 让全班学生围成一个圆圈坐下，共同讨论教师提出的问题：

（1）两次对话有什么不同？

（2）参加第一次会话的两人有什么体会？

（3）参加第二次活动的两人有什么体会？

（4）当你同朋友交谈时你是如何表现的，是像第一组那样，还是更倾向于像第二组？

（5）你如何与你的老师、你的上级和你的家庭成员对话？

（6）你认为你这样对话是由你本人的个性所决定的吗？或者因为别人的个性？

（7）其他人是否以你同样的方式与别人交流？

针对我国中小学口语交际教学中出现的问题，借鉴国外的经验，我们提出如下三个建议。

（1）要根据交际的场景合理地规划口语交际教学。有些话题、有些情境适宜作为口语交际教学的真实场景，有些则不必要放在语文课来教（比如“打电话”之类），不同的场景交际的讲究有所不同，也需要区别对待。

（2）口语交际教学的内容选择要针对口语交际的特点和学生的实际问题。张鸿苓调查了学生口语交际的现状，认为中小学生说话能力普遍比较低，存在“生人面前，羞于开口”“支离破碎，缺乏条理”“不分场合，高声喧哗”“别人谈话，随意插言”等九大问题。[1] 马笑霞著的《语文教学心理研究》，从“说话的心理特点”角度将口语交际的特点归纳为“临场性”“瞬息性”“审听审说”和“辅之以体态语”四个特点，其中的“临场性”尤其需要我们注意。[2]

据我们了解，小学生在课间说话普遍音量过高，有些孩子一天下来甚至会嗓子沙哑。在公益广告中我们也经常看到“请轻声说话”的宣传。“请轻声说话”，在中小学可能是必须“教”的，而且必须“教会”，这就是文明礼貌的具体显现。

现在，有不少学校的语文教师利用上课的前几分钟让几位同学上台“演讲”，这当然很好。可是我们看到的大量情况，是上台的学生背稿子的模样，眼神往往呈试图回忆状，由于紧张、记不起来等原因，话语常常吞吐难续。可见，“根据现场需要和

---

[1] 张鸿苓．中国当代听说理论与听说教学［M］．成都：四川教育出版社，2000：201-203.

[2] 马笑霞．语文教学心理研究［M］．杭州：浙江大学出版社，2001：308-310.

反馈信息临时增删、调换说话内容，变换用语及语气”[1]，也是非常需要“教”的。

（3）语文教师要大力吸收口语交际方面的知识。《标准》明确指出，口语交际教学“不必过多传授口语交际知识”。但这句话是有特定针对性的；对其精神，我们要正确地理解和把握。

其一，这里所说的“口语交际知识”，主要指我们过去那些笼统的所谓“知识”，比如“口语表达要做到自然而不做作，简洁而不啰唆，明快而不含糊”“要得体”“要充实”“要发音正确”“要姿态和表情配合”“对话时，要看对方的眼睛；交流时，要适当环视四周；坐着说话时，姿态、视线要自然”等，说了几乎等于没说的“知识”。[2] 其二，这里所说的“传授”，主要指过去所谓的“知识短文”类型的“讲”。其三，这里所说的“不必过多”，主要是对学生而言的，主要是指关于知识的名称术语。

我们认为，知识传授是必要的，甚至是教学之所以是教学的本义。但是，对“知识”、对“传授”，必须要有当代的理解。教师所传授的知识，应该是熔铸了“知识和能力”“过程和方法”“情感、态度和价值观”三个维度的真知识。教师对知识的传授，尽管可以采用“明晰式”的讲授，但为了促使学生在实践中自主建构，语文教学更宜采用“潜藏式”的教学，理想的状态是做到教师心中有知识、口中无术语。

我们还认为，对语文教师而言，关于口语交际的知识，无疑应该多多益善。掌握类似于“会话重叠”与“会话打断”、沟通交流中的“防御性倾向”与“支持者倾向”[3] 等知识，是语文教师之所以是语文教师的所在。口语交际的真知识，包括语文其他方面的真知识，我们目前不是过多，而是太少，尽快弥补这方面的缺陷，是语文教学研究和当前语文教师继续教育的一项当务之急。

---

[1] 马笑霞．语文教学心理研究［M］．杭州：浙江大学出版社，2001：308-310．

[2] 孙绍振．改革力度很大，编写水平太惨——初评新版初中、高中《语文课本》第一册［J］．中学语文教与学，2001（8）．

[3] 黑贝尔斯，等．有效沟通［M］．李业昆，译．5 版．北京：华夏出版社，2002：164-169．

后记：在两个关联中反思，审议语文课堂教学

我是主张从教学内容角度观课评教的。为此写了专著《新课标与“语文教学内容”》《语文课程与教学内容》等，主编了从教学内容角度分析教例和教案的“新课程教例与教案研究丛书”，发表了《语文教学方法与教学内容》《对两个课例的评议》《合宜的教学内容是一堂好课的最低标准》《探求课例的课程论意义》等一系列文章。我希望自己的努力能够见效。

语文教学内容，也就是对“教什么”的回答。“教什么”，就一堂具体的课来说，可分出三个层面，相应地转化为以下三个问题：①教师在这堂课里想教什么？②教师在课堂里实际在教什么，教了什么？③在这堂课里学生实际在学什么，学了什么？要全面地探讨这三个问题以及相互之间的关系，需要更阔大的背景，在目前的条件下，我建议语文教师重点关注两个关联：

（1）想教什么与实际在教什么的关联。

（2）教了什么与学生实际学了什么的关联。

根据我的观察和分析，语文教师在想教什么与实际在教什么之间，普遍地存在着阻隔、矛盾，乃至对立、冲突。比如教师主观上想教学生“如何感受和鉴赏抒情散文”，但实际在教的东西却是列出某篇散文写了什么景，浸透作者情感的“景”被当成似乎人人能见着的客观之物。比如教师主观上想提高学生的小说鉴赏能力，但实际却是把小说中的故事当成日常事件在评说。比如教师意图培养学生亲近古典的态度，但实际在要求学生做的，却是毫无趣味的死记硬背——真的是死记硬背，默写出每一个字、每一个标点。

我发现，语文教师们在课堂里好像集体性地患了专业知识的失忆症。应该说，目前的大多数语文教师都是高师院校中文系的毕业生，具备一定的专业知识，如果问语文教师，他们往往也还能说出这些知识。在外讲学时，我经常这样问教师：古代诗歌和现代诗歌有没有区别？唐诗和宋词有没有区别？浪漫主义诗歌与现实主义诗歌，朦胧诗与校园诗，有没有区别？老师们回答“当然有区别”，有些从来没想过这一串问题的，犹犹豫豫地也默认“有区别”。我接着问：那么，为什么所有的诗歌，你上的都是一样的，教学内容几乎没有差别？抒情散文“情景交融”这人人

都知道，小说是“虚构”的这也人人都知道，议论文的关键是“问题分析”而不是观点的表态，这虽不是人人都知道，但好多教师是明白的。那么，语文教师在课堂里教的是些什么呢？

长期以来，尤其是在公开课上，我们的观课评教往往是就课论课，从上课铃响到下课铃止，既没有看到教师“想教什么”与教师“实际在教什么”的复杂关系，也没有把“想教什么”“实际在教什么”与学生“实际在学什么”勾连起来。一堂语文课，似乎只关注教师的“教学设计”“教学方法”“教学艺术”；一堂课下来，学生心中所驻留的经验是什么，是否与教师所意图教的相一致或相关联，教师想教的、实际在教的、学生实际所学的与语文课程目标的哪一条相关联，是否有效达成或趋向一致，这些方面的考查均排除在观课评教之外。那么观课评教有什么基准呢？教师上一堂好课的努力有什么方向呢？语文教学被真实实现的“教学内容”，究竟是些什么呢？语文教师工作的合理性、合法性何在呢？

现在，“反思”的理念已被广泛地宣传，“审议”这个词也开始流传，但是光有“反思”的精神、光有“审议”的愿望，而不知道反思什么、审议什么，那精神和愿望我想十有八九是要落空的。我认为，反思自己想教与实际所教之间的关联，审议自己所教与学生实际所学之间的关联，反思和审议自己想教、所教、学生所学与语文课程目标的关联，应该成为语文教师校本教研的主题，应该作为语文教师专业知识发展的主要途径，也应该作为语文课堂教学研究的主要任务。